Carl Heinz Möhle · Grüne Heimat

Carl Heinz Möhle

Grüne Heimat

Roman

FRIELING

Die Deutsche Bibliothek - CIP-Einheitsaufnahme
Möhle, Carl Heinz:
Grüne Heimat: Erinnerungen/Carl Heinz Möhle.-
Orig.-Ausg., 1. Aufl. - Berlin: Frieling, 1993
(Frieling-Erinnerungen)
ISBN 3-89009-448-1

©Frieling & Partner GmbH Berlin
„Verlag sucht Autoren"
Hünefeldzeile 18, 1000 Berlin 46
Telefon: 030 / 774 20 11

ISBN 3-89009-448-1
1. Auflage 1993
Sämtliche Rechte vorbehalten
Printed in Germany

I

Aus der Reichskanzlei erging die Weisung, die zehn- bis vierzehnjährigen Kinder aus den Großstädten aufs Land und ins Gebirge zu verbringen. Der zehnjährige Harry Klaiber hatte Angst wegzureisen. Konrad, Juttas Cousin, stieg wieder aus dem Zug und ließ seinen Koffer allein reisen. Jutta Opfermann sagte, nein, vielleicht muß ich mit anderen Mädchen, die stinken, in einem Raum zusammen schlafen. Leo Klaiber winkte seinem Vater und seiner Mutter aus dem langen Zug zu und sah sie auf dem Bahnsteig stehen. Er lebte zusammen mit einem großen Teil seiner Klasse und ihren Lehrern vierzehn Monate in einer Jugendherberge, die anderthalb Kilometer von einem Dorf an einem Waldrand lag. Dann kehrten alle nach Hause zurück.

Rola stand ganz draußen auf dem langen Bahnsteig und dachte: Ich möchte wissen, wann sie kommen. Kein Zug ist mehr pünktlich. Soll zumachen, ich muß nachher zu Mutter. Wie Leo wohl aussieht? Jetzt ist er fünfzehn.

Leo stieg aus dem Zug und sah, daß Rola ganz allein stand, nicht bei den anderen Müttern. Er ließ sich Zeit, ehe er zu ihr hinging, sie blieb auf dem Fleck stehen und guckte ein bißchen zu den Jungen, die mit ihren Koffern an ihr vorbeigingen.

Rola hatte einen bunten Kittel an. Die Kitteltasche war ausgerissen, die Knöpfe hingen. Leo ekelte sich sofort vor Rola. Auf dem Arm trug sie Birga. Birgas Haar war rot, Rolas Haar hing graugrün neben dem Gesicht herunter. Sie hielt den Kopf schief, weil sie Leo so besser sah.

Rola sagte: „Hast du eine gute Fahrt gehabt?"

Leo sagte: „Sie war zu lang, vierzehn Stunden. Ich bin müde." Er faßte nach Birgas Hand. „Na, Birga?"

Birga sagte: „Er ist wiedergekommen."

Rola sagte: „Sie spricht schon ganz gut." Er hat einen hochmütigen Zug im Gesicht, war ja zu erwarten.

„Heute nacht haben wir keinen Alarm gehabt, aber sonst jede Nacht." Meinetwegen könnte er wieder einsteigen. Lebte ohne ihn ganz nett. „Ich möchte wissen, weshalb sie euch wieder herschicken. Hier sind wir mitten im Mist drin."

Völlig fremder Kerl. Was so ein Jahr ausmacht.

Leo sagte: „Ich möchte erst ein bißchen gehen, ich kann nicht gleich in die Straßenbahn steigen."

Rola grinste. „Heimatluft. Gehen wir eben ein paar Schritte."

Sie sah zur Seite und merkte, wie schwer Leo an seinem Koffer trug.

„Bißchen exklusiv sind deine Wünsche, aber für Wünsche meiner Söhne hatte ich schon immer Verständnis."

Ich muß warten, bis keiner mehr in der Nähe ist, der mich kennt. Mit ihr soll mich niemand sehen.

Leo ging vom Seitenausgang des Bahnhofs zu einer schmalen Nebenstraße hinüber, die mit Ziegelsteinen gepflastert war.

Er sagte: „Was macht Oma?"

Rola sagte: „Sie knurrt. Aus ihr könnte man einen alten Hund oder eine alte Katze machen."

Leo setzte den Koffer ab und lächelte. „Na, Birga, alte Dame."

Birga sagte: „Leo, Leo. Ein frecher Mann."

Rola sagte: „Das kann man fast sagen. In der Hauptsache ist er aber verrückt. Will zur Eingewöhnung ein bißchen seinen Koffer durch die Straßen tragen."

Birga hielt die Finger gespreizt vor ein Auge und tickte an Leos Schenkel.

Rola sagte: „Guck, selbst Birga merkt, daß du die falsche Reihenfolge wählst. Vernünftige stellen erst den Koffer im Hotel ab, danach lustwandeln sie."

Leo sagte: „Halt das Maul."

„Ja, ja."

„Warum hast du nicht einmal einen heilen Kittel?"

Rola sagte: „Das ist mir völlig gleichgültig. Man kann nicht alles ergründen, das habe ich mir abgewöhnt. Wenn ich gewußt hätte, daß es dich stört, hätte ich heute nacht noch genäht."

„Du lügst!"

„Das kommt bei mir öfter vor. So schnell komme ich nicht jedesmal zur Wahrheit."

Ist die häßliche Alte mit Warzen am Hals meine Mutter? Leo flüsterte: „Du läufst wie eine alte Hexe umher."

Rola sagte: „Ich sehe nicht nur so aus, ich bin eine. Wie die anderen Menschen bin ich längst nicht mehr. Ich gucke ihnen zu, und wenn es mir Spaß macht, jage ich sie ins Bockshorn."

„Du bist blöd und alt!"

„Wenn man es ruhig betrachtet, trifft beides zu. Du bist weltkundig und jung, das ist aber nur halb wahr."

Sie bogen aus der Nebenstraße in die Querstraße, die zur Hauptstraße führte. Leo sah die vielen Reihen der Wohnungen, die übereinanderlagen. Ganz oben putzte eine Frau die Fensterscheiben.

Leo sagte: „Die Menschen wohnen hier wie in Vogelkäfigen übereinander."

Rola sagte: „Guck, du kommst wirklich aus dem Wald. Etwas weniger blöde, als ich dachte, bist du doch. Soll ich deinen Koffer einen Augenblick nehmen?"

„Laß das! Komm, wir steigen da drüben ein."

Rola sagte: „Erwartet habe ich das, du machst schon ein Gesicht wie ein gewürgter Hengst."

Leo sah Rolas graues Haar an die Ohren springen. Warum ist das meine Mutter. Ich will nichts sehen. Ich will nicht sprechen.

Leo stand in der Straßenbahn auf dem Perron, Rola und Birga saßen drinnen auf der Sitzbank. Ich will nicht neben ihr sitzen.

Hinten im Hof stand Jutta, sie rief Rola zu: „Was haben Sie für einen schönen Jüngling mitgebracht?"

Rola sagte: „Sage ihr doch, wer du bist."

Leo winkte mit der freien Hand. „He, Jutta, ich habe dich gleich wiedererkannt."

Jutta kreischte: „Leo!"

Leo sagte zu Rola: „Kreischt noch immer wie ein Kind. Ihr seid hier stehengeblieben."

Rola sagte: „Ja, merkt man an dir, du redest wie einer, der mindestens zwei erwachsene Söhne hat."

In der Küche sah Leo vom Schrank zur Tür und vom Herd zum Spülstein. „War die Küche früher größer?"

Rola sagte: „Die Wände stehen, ohne sich zu rühren. Gefängniszelle, für vier bis acht Personen. Einzelzelle ist noch kleiner."

„Hör mit deinen Witzen auf!"

„Wer fängt mit Witzen an?"

„Ich sage, ich bin müde."

„Ich gebe dir ja schon immerzu den Schnuller."

Das alte Weib soll nicht so mit mir reden!

Harry kam mit seinem Schulränzel herein. Ihm standen die Augen ein wenig aus dem Kopf. Schellfischaugen!

„Lelelele-o, Lelelele-o!" Er lief auf Leo zu und ging wieder zurück.

Rola sagte: „Geh hin, gib ihm die Hand. Andere beißt er, dich beißt er nicht."

Leo sagte: „Rechnen gehabt, Harry?"

„Ko-ko-kopfrechnen", sagte Harry. „Drei-drei-zehn mal vi-vi-vierzehn."

Leo sagte: „Du strengst deine arme Nuß an."

Rola faltete die Hände vorm Bauch. „Das Sirenengeheul versaut ihn. Er ist schon wach, ehe es losgeht. Ihn können wir früh auf den Mist kippen." Sie setzte sich auf einen Stuhl und zog einen Fuß ein bißchen aus dem Schuh. „Onkel Gregor ist schon zweimal übergeschnappt, stottert manchmal auch." Sie sah sich Leo an. Der Junge hatte ja keine Ahnung. Jung und ahnungslos. Sie grinste. „Es ist Blödsinn, daß sie euch wieder herschicken. Unser guter Mann macht Krieg und vergißt, daß die Menschen schon vor Angst verrecken. Ich möchte ihn mal herholen, er kann sein Volk angucken."

Leo sagte: „Warum hast du kein Kleid?"

Rola zuckte die Achseln. „Ich habe eben keins mehr. Laß doch das dumme Fragen. Wenn ich wieder eins habe, habe ich eins. Die kommen und gehen bei mir wie Tag und Nacht."

Leo sagte: „Alle Menschen achten darauf, daß man von außen nicht sieht, wie elend es ihnen geht."

Rola sagte: „Ich möchte schon anders sein, als ich bin. Aber das sind schöne Träume. Ich bin, wie ich bin. Ich beiße mir in die Hand, aber davon werde ich auch nicht wach. Ich bin schon wach."

Leo sagte: „Du hilfst einem im Leben weiter."

Rola sagte: „Hart, daß du mir das sagst. Aber du brauchst keinen Buchstaben wegzunehmen, ich brauche keinen hinzuzusetzen. Ich bin die unfähige Mutter, du bist das ausgesetzte Kind."

Leo sagte: „Du quasselst schon wieder!"

Rola sagte: „Gut. Ich habe keine Zeit mehr für dich. Ich muß zu Oma. Wenn du willst, kannst du nachkommen."

Aus der Parterrewohnung waren Anna und Georg Renner in die erste Etage umgezogen. Sie wohnten in einer Passage, in der kleine Gärten, die mit Eisenspangen eingefaßt waren, vor den Häusern lagen. In der Wohnung hörte man das Surren der Treibriemen einer Kakaofabrik. Für Anna hatten sie ein breites braunes Sofa angeschafft, ihre gehäkelte Decke lag auf einem großen dunklen Tisch. Sie nähte seit Monaten an gold-blauen Übergardinen.

Anna Renner saß neben dem gelben Kachelofen in der Sofaecke. Der Ofen war geheizt, obgleich erst September war.

Leo dachte: Das ist nicht Oma! Die zottelhaarige Alte mit dem großen Kuhgesicht!

„Wie kommt hier ein fremder Kerl rein?"

Rola sagte: „Besinne dich. Das ist kein Fremder, Oma, das ist Leo."

Anna Renner lachte. „Nein, nein. Ihr wollt euch vergnügen. Leo habe ich weggehen sehen." Sie hob den starren Unterarm an die Tischkante. „Geh weg."

Rola rief: „Rede keinen Unsinn."

Leo sagte: „Ich bin Leo. Ich habe immer Tannenzweige für dich geholt."

Anna Renner sagte: „Ich habe keine Zweige gegessen. Hahahaha."

Leo sagte: „Du bist Anna Renner, neunten März neunundsiebzig geboren, früher hast du Anna Margarethe Fleißmann geheißen."

Anna Renner sagte: „Oh, das stimmt. Unten fuhren die Schiffe vorbei. Bernhard hat den Segler gefahren."

Leo sagte zu Rola: „Wer ist Bernhard?"

Rola sagte: „Bruder ihres Vaters. Du bist auf einer schönen Spur."

Anna Renner faßte um Leos Gelenk. „Wenn du hierbleibst, kannst du ihn abends sehen. Er guckt dort vom Balkon."

Leo sagte: „Dann bleibe ich."

Anna Renner sagte: „Heilst du meine Knie? Meine Knie sind schlecht. Im Parterre stand immer Wasser. Ist in meine Knie gezogen. Die Mäuse sind weg."

Rola sagte: „Aus dem Garten ist eine Ratte in die Küche gelaufen. Für sie ist eben eine Ratte eine Maus." Sie rief ihrer Mutter zu: „Heute bist du gesprächig! Sonst maulst du immer."

Anna Renner beugte sich vor und flüsterte Leo zu: „Sie soll den Mund halten. Immer redet sie. Weiß von nichts."

„Hahaha!" Anna Renner lachte. Rola legte ihr einen Übergardinenschal auf den Schoß, Anna zog die Nadel langsam durch den schweren Stoff. Sie sagte: „Leo, wir sprechen uns später."

Rola ging nach Hause, und Leo blieb in der Wohnung auf dem halbhellen Korridor stehen, weil er nicht neben der stummen Anna stehen mochte.

Georg Renner kam mit einer flachen Mütze auf dem Kopf und einer alten gerollten Ledertasche unter dem Arm in die Tür. „Wer ist das? Junge, du bist ja neu geboren. Leo, Kerl, hoch wie eine Leiter." Er stieß die Stubentür auf. „Abend, Anna." Er schob Leo mit der flachen Hand voran. „Komm mit in die Küche."

Der Topf mit den Kartoffeln stand auf der Flamme des Gasherds. Georg Renner sagte: „Was rätst du mir, nehme ich noch einmal frisches Wasser?"

Leo sagte: „Darauf falle ich nicht herein, ich weiß, in welchem Wasser die Kraft steckt." Georg Renner grinste. Leo sagte: „Das Wasser für das Gemüse laß ruhig erst kochen."

Georg Renner sagte: „Blumenkohl, habe ich unter der Hand erwischt. Leckerbissen. Scheint, daß bei dir die Fremde angeschlagen hat."

Leo sagte: „Das weiß ich noch nicht genau."

Georg Renner sagte: „Immer gut geschlafen?"

„Ja."

„Appetit?"

„Immer gehabt."

„Was hat dir an den Menschen am meisten gefallen, was am wenigsten?"

Leo sagte: „Du kommst mir vor wie ein Aufsatzlehrer. Im Gebirge sprechen sie ein wenig seltsam. Von der Stadt wissen sie nichts, aber sie rufen einem zu, nimm eine Jacke mit, wenn man noch kein Unwetter sieht. Am meisten hat mir gefallen, daß sie wissen, was sie sagen."

Georg Renner sagte: „Wenn dir das keiner vorgesagt hat, hat sich die Zeit für dich gelohnt."

Leo war beleidigt. „Du hältst mich für einen Trottel."

Georg Renner sagte: „Immer dann, wenn du einer bist. Noch guckst du nicht so in die Welt."

In Georg Renners rötlichem Gesicht zuckten lange Runzeln. Über dem roten Schnurrbart sah Leo große Poren in der breiten Nase. Auf dem runden Kopf saßen nur wenig Haare.

Leo sagte: „Deine Augen sind weiter in den Kopf gekrochen."

Georg Renner sagte: „Trottel bin ich. Ich niete U-Boote. Ich darf gar nicht an das denken, was ich tue." Er flüsterte: „Dem braunen Schlächter sollte ich den Hammer über den Kopf schlagen."

Anna Renner hatte die Stehlampe angedrückt und tappte im Zimmer auf und ab.

Leo sagte: „Oma sagt wenig."

Georg Renner sagte: „Eigentlich sagt sie gar nichts. Auch wenn wir alt sind, wollen wir nicht wahrhaben, was wirklich ist. Aber sie hat einen guten Appetit. Brauche ich abends zu lange, erscheint sie eins, zwei, drei in der Küche."

Leo gefiel sein Großvater. „Du siehst wie ein kräftiger alter Mann aus. Wenn ich dich sehe, denke ich, der hat etwas getan in seinem Leben."

Georg Renner setzte sich für einen Augenblick auf einen Küchenhocker. „Leider tut man sehr wenig. Die meiste Zeit muß man dafür arbeiten, daß man etwas zu essen hat. Ich stehe um halb fünf auf, ich muß das Schiff um sechs haben, um sieben geht die Arbeit los. Wir schaffen es noch, Oma in die Stube zu setzen. Sie hat ihren Kaffee unter der Mütze und wartet, bis deine Mutter kommt."

Leo sagte: „Ich hole die Teller aus dem Schrank, bleib sitzen."

Georg Renner lachte. „Wenn ich das Geld habe, mir einen Küchenboy zu halten, weiß ich, wen ich anstelle." Er lehnte den Kopf an die Küchenwand zurück. „Was für eine Zeit hast du gehabt. Winter, Sommer an frischer Luft, immer Kraft und Zeit zum Lernen, immer unter deinesgleichen."

Anna Renner rief aus der Stube über den Korridor: „Leo!"

Leo ging zum Sofa, auf dem Anna Renner neben der Lampe saß.

Anna Renner sagte: „Wir beide wollten uns noch sprechen. Warum kommst du nicht?"

Leo sagte: „Ich dachte, du solltest mich rufen."

„Ich dachte. Faule Ausreden. Kaum bist du wieder da, geht das Lügen los. Geradliniger Kerl sollst du werden."

„Ja, Oma."

„Ramm dir in den Kopf, alte Leute betrügt man nicht. Alte Leute kann man nicht betrügen. Alte Leute haben deine Lügen in der Tasche. Gucken durch Herzen wie durch Fensterscheiben.

Ich kann Kraut und Unkraut gut voneinander scheiden."

Leo sagte: „Du hältst mich also für Unkraut."

Anna Renner lachte. „Sage die Wahrheit, das ist alles, was ich sage. Lange überhört sie keiner. Die Lügenblüten um dich herum fallen ins Gras."

Sie ist ja gar nicht verrückt.

Anna Renner sagte: „Höre, Leo, ich will nur Gutes über dich hören, wenn ich etwas über dich höre."

Leo sagte: „Oma, du kennst die Leute, dann weißt du, daß kein Mensch immer gut ist."

Anna Renner sagte: „Hören will ich über dich Gutes. Wieder aufstehen sollst du, wenn du gestolpert bist, aber nicht im Mist liegenbleiben." Sie streckte ihre große runde Hand vor. „Versprich mir das."

Leo gab ihr die Hand. Sie ist doch verrückt.

Anna Renner sagte: „So. Nun ist wenigstens etwas Gutes an dir. Wann ist er fertig?"

Leo sagte: „Ich gucke nach."

Georg Renner grinste. „Sie erzählt schöne Sachen. Komm, springe zur nächsten guten Tat. Trage schon das Geschirr zur Stube."

Leo sagte: „Du hast gesagt, Oma sagt nichts Vernünftiges."

Georg Renner lachte. „Alte Leute wie ich reden manchmal Dummheiten."

Anna Renner schmeckte den Blumenkohl vorsichtig. „Meist hat er zuviel Salz dran, mir zum Tort." Sie legte die Hand auf Leos Arm. „Guck, wie fein du heute gekocht hast, Georg. Leo, er will dir gefallen." Sie lehnte sich im Sofa zurück. „Sogar Muskatnuß hat er gerieben. Woher hast du die, Georg?"

Klaiber sagte: „Dich hätte ich unter tausend, die dir ähnlich sind, sofort herausgefunden." Er lächelte über den Küchentisch zu Leo hinüber.

Rola sagte: „Quatsch doch nicht."

Klaiber sagte: „Mit dir am Sonntag im Fluß baden zu gehen hätte ich Lust."

13

Leo sagte: „Geht ihr mitunter im Fluß baden?" Mein Vater sitzt mit geöffnetem Hosenbund in der Küche.

„Fett ist er", sagte Rola, „da siehst du es. Ich setze ihm Keile in alle Hosen."

Klaiber sah aus kleinen blanken Augen von der Küchenbank. „Erst ist der Mensch jung und kühn, dann wird er netter und fetter."

„Netter?" sagte Rola.

Klaiber sagte: „Leo sieht die Welt ohne deine Anmerkungen. Du bescherst uns zwar noch immer Gefühl, aber den Kopf hast du irgendwann verloren."

Rola sagte: „Dein Vater ist ein altes dummes Schwein, eins noch mehr als das andere."

Leo sagte: „Alt seid ihr beide nicht."

Klaiber sagte: „Denn das ist relativ, ist doch weißes Haar um den fehlenden Kopf noch längst nicht weise."

Rola sagte: „Das Schwein will mich betrügen, und er meint, ich bemerke es nicht, wie gut er sich täglich rasiert."

Klaiber sagte: „Pinsel, Seife, Klinge. Spricht sie nicht wie in einem Tonfilm von Joseph Goebbels?"

Leo sagte: „In 'Heimatlaute' könntet ihr beide mitspielen."

Rola rief: „Siehst du, er stellt sich auf meine Seite!"

Klaiber sagte: „Du verstehst zwar nichts, aber schreist bravo."

Leo sagte: „Früher seid ihr sogar mit dem Messer aufeinander losgegangen."

Klaiber sagte: „Ich denke gerade einen anderen Gedanken. Ganz so dumm dachte der Führer der Deutschen nicht. Schicke ich das junge Rudel in die Berge, kommt es erfrischt wieder und wird seinem Volk desto entschiedener mit Herz und Lenden dienen."

Rola sagte: „Er braucht deinen gemeinen Einführungsunterricht nicht. Behalte deine Dummheiten für dich."

Klaiber sagte: „Jawohl, Madame. Aber dennoch halten wir uns in dieser Not an die Worte des Führers. Wir werden bauen Ubotte, Ubotte, Ubotte und werden bauen Fluckzeuge, Fluckzeuge, Fluckzeuge, und dann wird liegen der Sieg auf unserer Seite."

Rola sagte: „Er hält es mit einer auf der Lagerei. Ist er nicht ein Schwein?"

Leo blickte zu seinem Vater; der winkte mit der Hand ab und grinste.

Rola sagte: „Er stinkt nach fremden Weibern!"

Klaiber sagte: „Leo, hat sie nicht einen sprechenden Ausdruck? Die Dame Sissi verwaltet Hosen, Hemden und Strümpfe. Ich werde ihr verkünden, daß du zurückgekehrt bist, dann mache ich ein Oberhemd für dich locker, Leo."

Leo sagte: „Deinen Dienst brauche ich nicht, ich habe genug."

Rola lehnte sich auf dem Stuhl zurück und sah durch die Küche. „Mir ist Leo fremd. Ich hätte ihn fast lieber nicht wiedergesehen."

Leo sah Klaibers Fett über den Hosenbund drängen. Er dachte: Zwei alte häßliche Viecher.

Klaiber sagte: „Du bist der alte, was, Leo. Deine Mutter trieft ihre Albernheiten, täglich dreimal, morgens, mittags und abends."

Leo sagte: „Du hast vergessen, daß du mittags nicht da bist."

Klaiber sagte: „Höre seinen Humor. Ich meine also sonntags."

Rola sah in Leos Gesicht. Seine Augen guckten früher anders. Um seinen Mund sah sie blaue Spangen liegen.

„Ich habe Angst vor dir, wenn du so guckst wie jetzt."

Leo sagte: „Ich kann nicht anders gucken." Ich mag euch nicht ansehen.

Klaiber sagte: „Ja, so ist sie. So wiehert unser Zirkuspferd. Du bist gerade recht gekommen zur Vorstellung."

Rola schrie: „Er hält sich an andere Weiber. Leo, sieh dir deinen niederträchtigen Vater an!"

Leo sagte: „Ist gut, mache ich. Am besten gucke ich bei euch beiden von einem zum anderen."

Klaiber sagte: „Aus dem Zeitalter der Aufklärung fällt sie zurück in das Zeitalter der Empfindung. Die gute Sissi hat Beziehung zu einem gewissen Max, der den Butter- und Käseboden unter sich hat. Was sollte sie schon einer wie ich kümmern, der nichts als alte Pappe verlädt."

Rola schrie Klaiber über den Tisch an: „Du verfettetes altes Schwein!"

Leo fragte: „Was soll das?"

Klaiber sagte: „Gar nichts soll das. Das ist reine Ausdruckskunst. Du mußt nur immer zuhören, ob sie neue Wendungen am Lager hat."

Rola rief: „Du Schweinebock!" Sie schlug die flache Hand auf den Tisch. „Stinkendes Maultier!"

Klaiber sagte: „Du siehst, du hörst."

Rola stand auf und sagte: „Ich habe Bohnenkaffee. Ich mahle jetzt eine Mühle voll durch. Du sollst einen anständigen Schluck haben, Leo." Sie ging zum Küchenschrank und drehte die Kaffeemühle. Sie nickte Klaiber zu. „Auch du kriegst eine Tasse ab."

Leo dachte: Was ist nun in sie gefahren?

Klaiber rieb die Daumenballen gegeneinander. „So sitzen wir hier und wittern die Heimkehr des reisenden Sohnes. Kalb haben wir nicht, Kälber sind wir selber."

Rola weinte. Die tränennasse Hand ließ sie auf den Kittel fallen. „Können wir nicht friedlich miteinander leben?"

Klaiber sagte: „Du störst dich selbst, sonst stört dich keiner."

Leo dachte: Ich möchte wissen, warum sie nicht einmal ein Kleid hat.

Anna Renner saß auf ihrem Sofa. Onkel Gregor klappte neben ihrem Knie zwei große schwarze Kästen auf. „Vierte Bestrahlung, wird noch besser tun als die drei vorausgegangenen."

Anna Renner sagte: „Vielleicht hat es doch ein wenig Linderung gebracht."- Onkel Gregor sagte: „Das muß es, Fräulein, spürst du jetzt wieder die wohlige Wärme?"

Rola grinste und verschränkte die Arme. „Sie muckt heute wirklich weniger als sonst."

Anna Renner sagte: „Wann bin ich gesund, Gregor?"

Onkel Gregor ging im dunkelblauen Anzug in der Stube auf und ab. „So schnell schießen nicht einmal die Preußen. Die Natur setzt die Füße Schritt vor Schritt, sie springt nicht."

Tante Käte guckte vom Polsterstuhl auf Anna Renners große nackte Knie. Sehen wie rasierte Kinderköpfe aus. „Nun darfst du aber auch nicht ungeduldig sein, Annachen."

Anna Renner sagte: „Hast du einen schönen Hut auf, Käte, rot mit grüner Feder."

Tante Käte sagte: „Ja, mir gefällt er auch."

Anna Renner sagte: „Im Augenblick tut es gut, Gregor. Wärmt bis zu den Schenkeln."

Rola dachte: Dabei ist alles dummes Zeug, sein Schwach- und Kleinstrom und seine Gesundheitslampe. So einen Tick hat er schon einmal vor fünfzehn Jahren gehabt.

Mitten auf dem Tisch lag Onkel Gregors Geige im schwarzen Kasten.

Rola sagte: „Und du schleppst ihm immer die Geige nach, wenn er auf Kundschaft geht."

Tante Käte sagte: „Immer. Die muß er bei sich haben. Fast wichtiger als Kopf und Magen."

Onkel Gregor sagte: „Pillen sind Vergifter. Natur muß die Natur heilen."

Rola sagte: „Das kannst du nicht allemal sagen."

Onkel Gregor sagte: „Die Chemie ist unser Mörder. Die Herren schicken uns in weißen Tabletten die schwarzen Teufel ins Blut."

Tante Käte sagte: „So furchtbar meint er es nicht. Aber so redet er."

Onkel Gregor sagte: „Sie bringt mir täglich bei, was ich gesagt und was ich nicht gesagt habe. Käte, du liest Gedanken."

Rola sagte: „Onkel Gregor, dahin kommt man im Leben. Was der andere Dummes und Kluges denkt, sieht man ihm schon am Gesicht an."

Onkel Gregor ließ eine Hand wie eine Welle durch die Luft laufen. „Diese Drähte speisen sich im letzten Grund aus Sonne und Mond. So wie die Flut kommt und die Sonne steigt und geht, gehen in unserem Körper die Gezeiten. Anna, du hast dich irgendwo ans Land gelegt, aber die Lebensflut will dich wiederhaben." Onkel Gregor stellte die großen Augenbälle starr und beugte sich zu Anna. „Jede Bewegung in dieser Welt hat ihren Rhythmus. Die Säfte steigen, die Säfte fallen. Deine Säfte wollen wir verführen, wieder zur rechten Zeit die Treppen hinauf- und hinunterzuschleichen. Ta."

Rola dachte: Lauter dummes Zeug. Aber laß ihn reden. Ist ein alter Mann geworden. Wir leben ja alle in Angst. Gurgel und Kopf zu groß, Hals zu mager.

Anna Renner faßte in den Mund und zog einen Schneidezahn heraus. „Guck da. Ich habe Zähne übrig."

Rola ging sofort zu Anna Renner und nahm den Zahn auf die Hand.

Onkel Gregor sagte: „Lang wie eine Schreibfeder."

Anna Renner sagte: „Gib ihn wieder her." Sie steckte den Zahn wieder in den Unterkiefer.

Onkel Gregor sagte: „Das ist der Beweis. So werfen die Pillenmacher die Natur aus ihrem eigenen Haus."

Tante Käte sagte: „Du machst etwas Dummes, Anna, er entzündet sich."

Anna Renner sagte: „Weißt du das!"

Onkel Gregor sagte: „Langsam bewegen." Er faßte Anna Renners steife weiße Füße und drückte sie vorsichtig in die Höhe.

Anna Renner rief: „Au!"

Onkel Gregor hielt mit einer Hand ihr Fußgelenk, die andere Hand lag ausgestreckt unter Annas Fuß. „Tritt, Anna. – Mehr Kraft. Tritt meine Hand wie eine Fliege tot."

„Ich schwitze."

„Natürlich. Ist natürlich. Tritt."

Rola sagte: „Ihr brecht euch beide noch den Hals. Onkel Gregor mit seinem roten Kopf auf dem Fußboden und Mutter da oben."

Tante Käte sagte: „Du kannst verstehen, wie er mich früher gequält hat."

„Das war eine feine Bewegung. Tritt los, Anna." Onkel Gregor kniete auf dem Läufer, der vor Annas Sofa lag. „Du bist quicklebendig in den Zehen."

Tante Käte sagte: „Über den Krieg und die dumme Politik soll jeder denken, was er will. Wichtiger, Anna, wir verstehen uns menschlich."

Onkel Gregor blies über den Jackenärmel. „Politik, dummes Zeug, paßt in kein Orchester. Mißtöne. Mißtöne."

„Au."

Tante Käte sagte: „Quäle sie nicht."

Onkel Gregor sagte: „Muß, muß. Das ist kein Schmerz. Die Natur ringt sich wieder los. Ich freue mich, Anna. Guck nach unten."

Anna Renner guckte über den Rand ihres Rockes nach ihren Zehen. Sie bewegen sich da unten wie helle Murmeln.

„Was hast du gemacht, Gregor?"

„Verführung. Kein lebendes Wesen will von Natur stillstehen. Erst lassen wir die Sonne ein, dann bewegt sich in dir schon wieder der Mond, bald zappeln dir wieder Fohlen im Knie."

Tante Käte sagte: „Kein Übermut. Wäre schön, wenn du wieder ein paar Schritte gehen könntest."

Anna Renner sagte: „Das verdanke ich Gregor."

Onkel Gregor tippte auf seine Geräte, die noch warm waren. „Warten wir. Warten wir ab, Anna." Er drehte sich zum Fenster und erzählte den Fensterscheiben: „Der Körper besteht aus zwei Hälften, einem Frischblutsee und einem Altblutsee, überwiegt der erste, leben wir gut, überwiegt der zweite, sind wir Schlacke. Fast hinüber."

Anna Renner sang:

„Im Sommer hoch im Pflaumbaum,
im Winter unterm Eis
Georg bläst für Anna
seine blauen Melodeis."

Sie sang leise, aber Leo konnte jedes Wort verstehen. „Was machst du?" Rola war gerade nach Hause gegangen.

Anna Renner sagte: „Das hörst du doch. Ich singe."

Leo sagte: „Du singst ja Liebeslieder."

Anna Renner sagte: „Habe ich kein Recht dazu? Die Jungen wollen alles haben, und die Alten sollen nichts besitzen."

Leo sagte: „Das habe ich nicht gesagt."

Anna Renner sagte: „Aber gedacht. Wir sollen im Sarg liegen, und ihr habt den Platz oben auf dem Deckel."

Leo sagte: „Du bist nur mißtrauisch. Ich möchte gar nicht alt werden, wenn ich so würde wie du."

„Hahaha!" Anna Renner riß den Mund weit auf. „Du hast ja noch einen harten Hintern vom Schulbankdrücken. Buchstaben kennst du, sonst weißt du nichts von der Welt."

Leo sagte: „Ich bin auch noch nicht alt."

Anna Renner sagte: „Ich sage ja, du bist viel zu jung. Stütze mich. Wenn du das kannst." Sie krallte die Finger in Leos Arm und tappte vorsichtig vorwärts. „Anna, das habe ich schon schneller gesehen, Anna Renner. Machen wir eine Pause."

Leo sagte: „Aber bis zum Fenster bist du gekommen."

„Guck, die Vögel fliegen. Ich möchte fliegen können."

Leo sagte: „Das ist ein alter Traum der Menschen."

Anna Renner sagte: „Klug."

Leo rief: „Ich kann ja auch den Mund halten."

Anna Renner sagte: „Tee kochen kannst du. Geh in die Küche und koche den Tee. Ist mehr wert als Gregors Maschine."

Leo brühte in der Küche Blutreinigungstee auf und kam mit der Kanne wieder in die Stube.

„Traust du Onkel Gregors Maschinen?"

Leo sagte: „Alles, was die Blutbahnen bewegt, hilft."

Anna Renner trank Tee, sie wischte sich die Stirn. „Komm, wir gehen wieder." Sie trat mit den Hacken auf. „Heute haben sie mir Blei in die Füße getan. Jetzt reib mich ein."

Leo sagte: „Hat Mutti heute vormittag schon gemacht."

Anna Renner sagte: „Reib mich ein!"- Leo rieb Öl auf ihren breiten Rücken, vorn schaukelten die blauen Brüste.

„Du guckst nicht hin."

Leo sagte: „Wenn ich nichts sehen will, sehe ich überhaupt nichts."

Anna Renner sagte: „So. So nennst du das. Taugst später doch zum Kavalier." Anna Renner kämmte sich die Haare. Die Arme wollten nicht über ihren Kopf. „Du bist da. Kämme mich doch."

Leo hörte das alte graue Haar im Kamm zischen.

Anna Renner sagte: „Murmeltierfett hilft besser, Katzenfett noch mehr, aber finde eine fette Katze."

Leo sagte: „Im Krieg fressen die Leute die Katzen auf."

Anna Renner sagte: „Kein Wort mehr davon. Pferdeflomen nehmen wir, auslassen, fünf Tage hart werden lassen, alle vier Stunden einreiben."

Leo sagte: „Du springst wie ein blondes Fohlen."

Anna Renner sagte: „Auf meine Kosten vergnügst du dich."

Leo sagte: „Wenn du dich vor den offenen Herd stellst, während die Flomen trocknen, springt der Rost aus den Knien in die Flamme."

Anna Renner sagte: „Schönes Vergnügen, alte Leute aufzuziehen." Sie sah zum Fenster und sagte: „Bißchen gefällst du mir, bißchen nicht."

Leo sagte: „Warum gefalle ich dir?"

Anna Renner sagte: „Das fragt man nicht. Kleid, das man leiden mag, zieht man an."

Leo sagte: „Ich will immer wissen, warum."

Anna Renner sagte: „Opas Hände haben geraschelt, als er sie im Garten gerieben hat, aber er hat es nicht verborgen."

Leo sagte: „Ist es schlimm, wenn Hände rascheln?"

Anna Renner sagte: „Es ist häßlich."

Leo sagte: „Warum hast du einen häßlichen Menschen geheiratet?"

Anna Renner legte den Kopf zurück. „Wer redet davon? Leo, du bist jung. Seine Haut knirscht. Das hat mir gleich an ihm gefallen. Einer sitzt auf dem Gartenstuhl, und seine Hände rascheln. Das ist kein Geschmeidiger, der lügt nicht. Die Wahrheit raschelt, aber betrügt nicht und hält durch die Jahre."

Leo sagte: „Hatte Opa immer rotes Haar?"

Anna Renner sagte: „Kastanienblankes. Es stößt ab und zieht an. Haben einen Willen wie der Satan und eine Seele wie ein Engel."

Leo sagte: „Warum ist Mutti viel älter als Onkel Achim und Onkel Albert?"

Anna Renner sagte: „Er mußte in den Krieg gehen, da haben wir noch zwei Kinder gemacht, zwei Jungen. Zuerst hatten wir nur deine Mutter." Anna Renner stellte ihre beiden Daumen gegeneinander. „Ich merke ja, du fragst mich aus. Ich mochte ihn damals gar nicht leiden. Er bleibt fünf Schritte vom Stuhl am Baum stehen und sagt, wenn es Ihnen nichts ausmacht, bleibe ich hier stehen. Aufdringlicher junger Kerl."

An der Wohnungstür klappte der Briefschlitz, Leo ging hin und hob die Zeitung auf.

„Das Blatt."

Anna Renner sagte: „Gib den Brief."

Leo sagte: „Es ist doch keiner gekommen. Nur die Zeitung."

Anna Renner sagte: „Achim ist tot. Nun ist er tot!"

Leo sagte: „Sei vernünftig. Seine Post ist heute morgen gekommen. Da auf dem Schrank liegt der Brief." Er legte Anna Renner den auseinandergefalteten Bogen hin. „Lies doch."

Anna Renner schob das Papier beiseite. „Der Hauptmann schreibt. Ich weiß, was drinsteht."

Leo schob den Zeigefinger unter Onkel Achims Buchstaben entlang. „Mir geht es so weit tipptopp, tadellos. Alles erhalten, was Mutter- und Vaterhand bieten, Schal und die noble Zigarettenspitze. Ich werde fast dick und rund, hier pustet der Wind, daß die Pfeife doppelt glimmt." Leo sagte: „Er sitzt mit seinem Major noch immer an der besten Stelle, es geht ihm gut."

Anna Renner hielt sich mit beiden Händen die Stirn. „Albert kommt nie wieder. Er schreibt nicht, bis der Hauptmann schreibt."

Leo rief: „Du hast mir eben erzählt, was Opa als junger

Mann gesagt hat! Weißt du das nicht mehr?"

„Ich weiß nichts, ich weiß alles. Wie damals, die Männer unter der Erde, die Weiber in Schwarz, und die Bomben schmeißen sie obendrauf."

Leo sagte: „Heute kommt kein Fliegeralarm. Der Himmel ist zu grau."

Anna Renner ließ den Kopf vornüberhängen. Sie wimmerte. Leo ging auf Schuhspitzen in der Stube hin und her. Ich habe gedacht, heute ginge es ihr gut.

Er faßte auf ihren Arm. Vielleicht schläft sie.

Anna Renner sagte: „Was störst du mich?"

Rola stand in der Küche hinter der Waschwanne, Leo zog auf der Küchenbank ein Bein an und verschränkte die Hände unter dem Knie. „Ich möchte Schriftsteller werden."

Rola drückte ein Makkohemd über das Ruffelbrett. „Kannst du, kannst du."

Leo sagte: „Du sollst mir zuhören!"

„Ich überlege gerade. Am besten schreibst du über Liebeskummer, das mögen die Leute am liebsten lesen. Am Schluß läßt du das zanksüchtige Paar am Traualtar ankommen und sich heiß umschlingen."

Leo sprang von der Küchenbank auf. „Mach dich nicht über mich lustig!"

Rola strich mit den Fingerspitzen über die Wäschestücke, die in der Seifenlauge lagen. „Schreibe über die Aussprüche deiner Mutter: Reden ist billig, kostet nichts als Spucke. Oder: Wir haben das Maul immer offen, aber wenn wir etwas sagen wollen, geht es zu. Willst du noch ein paar Blätter vollschreiben?"

Leo sagte: „Gut. Ich brauche deine Unterstützung nicht. Ich weiß, daß ich alles aus mir selber holen muß."

Rola hörte gar nicht hin, sie sagte: „Nimm: Wenn man anfängt zu denken, merkt man, daß man alles nicht so genau weiß."

„Was kann ich über dich schreiben?"

Rola sagte: „Als meine Mutter einmal Zahnschmerzen hatte. Hahaha!"

Leo schrie: „Du bist eine ganz widerliche Mutter!"

Rola sagte: „Das weiß ich."

Leo setzte sich im Schlafzimmer auf die Bettkante und schrieb ganz langsam hinten in sein Schulheft.

Als er wieder in die Küche kam, sagte Rola: „Ich dachte schon, du hättest Selbstmord begangen. Erst wollte ich gukken, aber dann habe ich gedacht, laß ihn erst kalt werden."

Leo las ihr vor, was er geschrieben hatte.

„Mitunter sagte meine Mutter: 'Mein Kopf rast. Ich glaube, sie gehen mit glühenden Zangen über mich.' Eine Viertelstunde später stöhnte sie noch mehr. 'Ich halte es nicht mehr aus. Ich gebe meinen Geist auf.' Mein Vater lachte, meine Brüder lachten, ich lachte. Meine Mutter darf gar keine Kopfschmerzen haben, denn sie ist keine Gräfin und hat kein eigenes Zimmer und kann nicht auf ihrem Zimmer bleiben. Sie hat zu viele Kinder in die Welt gesetzt, Ingo, Bernd, Leo, Harry, jetzt auch noch Birga, Flaumachen kann sie sich nicht mehr leisten. Sie haut uns mit dem Schlüsselbund um die Ohren, um uns zu erziehen. Wer einen Treffer weghat, sagt nichts mehr. Aber sie hockte sich auf einen Küchenstuhl und faulenzte nur noch. 'Diesmal habt ihr es endgültig geschafft, mit mir geht es zu Ende.' - 'Mir geht es nicht gut!' schrien Bernd und ich, 'wir haben Hunger.' Einer zog an ihren Armen, zwei schoben am Rücken nach, damit sie wieder an den Küchenschrank ging. Sie sagte: 'Ihr holt mich aus dem Grab wieder, ihr gönnt mir nicht im Tode zwei Minuten Ruhe.' Sie hob die Arme langsam, aber bestrich wieder Brot. Wenn es ganz tief in ihr hockte, sagte sie: 'Es keimt der Schmerz in mir. Ich kann keinen Gedanken mehr fassen.' Wie tief es wirklich in ihr sitzt, sagt sie nie. Wir lachten. Aber einer mußte los und eine Kopfschmerztablette für sie kaufen. Ingo war zu alt, er will sich nicht blamieren, Harry war noch zu klein, also mußte ich gehen, ich bin der Esel, der immer nickt. Es gab Zehner- und Zwanzigerpackungen Schmerztabletten, aber dazu sagt meine

Mutter: 'Ich kann mir auch keine Pferde kaufen.' Sie sagte zu mir: 'Hole eine, für fünf Pfennig.' Sie selbst will nicht gehen, sie ekelt sich vor Bittgängen. Sie sagt: 'Die Kleinen machen sie noch kleiner, der Große verachtet noch mehr, denn er merkt nicht, daß der andere sein Spiegelbild ist, nur auf der Schattenseite.' Der Apotheker hatte seinen weißen Kittel an und sagte zu mir: 'Ich darf keine aus der Schachtel nehmen.' Ich sagte die Wahrheit: 'Mehr Geld haben wir nicht.' Noch ein zweiter Apotheker und zwei Apothekerinnen standen hinter der hölzernen Theke und guckten mich von den Haaren bis zu den Zehen an. Der Apotheker reichte mir die Tablette in einer kleinen Tüte, ich rückte das Fünfpfennigstück heraus. Meine Mutter nahm das kleine weiße Ding in den Mund, kaute es kräftig durch und nahm einen großen Schluck Wasser aus der Leitung. Mir gab sie zehn Pfennig."

Rola sagte: „Das steht ganz gut da. Ich gebe dir einen Groschen dafür, nicht, weil ich es schön finde, sondern weil du kaum gelogen hast. Wenn ich wieder mehr im Portemonnaie habe, kriegst du zwanzig Pfennig."

Leo ärgerte sich. „Dein Geld kannst du behalten!"

Rola lachte „Ruhm ist das Brot der Künstler, aber Taschengeld brauchen sie auch. Geh unter die Menschen und laß das Geld springen."

Leo ging mit dem Zehnpfennigstück die Treppe hinunter, Rola setzte sich an die Fensterbank und las das Zeug noch einmal nach. Eigentlich schreibt er über gar nichts. Aber manches merkt er sich ganz gut.

David Klaiber legte den Fragebogen zurecht, dessen Fragen er beinahe auswendig kannte. Diejenigen, die fragen, haben eine Strategie, also brauche ich Taktik. Was wollen sie? Dich fangen oder fischen. Nur ist der kleine Unterschied, daß ich ihr Netz durchbeiße und Gummigaumen habe, in denen der Haken nicht haftet. Über den Graben. Ich kann nicht immer zittern. Wenn die Salve kracht, werde ich auch nur einmal getroffen.

Der Bewerber hat die Angaben nach bestem Wissen und Gewissen zu machen. Selbstverständlich.

Klaiber saß am Küchentisch und schrieb. Befähigung/Sprache. „Französisch." Andere Befähigung: „Englisch." Spanisch nur Brocken.

Art der Befähigung/Lesen/Sprechen. Hier antworte ich mit Ja. „Ja."

Besonderer Grad der Befähigung/Anfängerhaft/Stockend/Fließend. Fragebogen für Abc-Schützen. Übersetze die Leitartikel der führenden französischen Zeitungen. „Fließend."

Vorbildung. „Internat." Das empfiehlt mich (Klammer: Bubeninternat Rotholz). Hoffentlich verstehen das die Holzköpfe.

Mitglied der Nationalsozialistischen Deutschen Arbeiterpartei? Schlicht: „Nein." Das ist die Stelle, an der ich nach links oder rechts sortiert werde.

Besitzen Sie eine Hakenkreuzfahne? Ein schlichtes Ja. „Ja." Wir haben sie gerade unserem jüngeren Schwager geliehen, der richtet sich einen neuen Haushalt ein und möchte nicht von vornherein zurückbleiben.

Anzahl der (lebenden) Kinder? Großdeutsch. „Vier."

Militärische Laufbahn/Tauglichkeit/Letzter Dienstgrad. „Vizefeldwebel." Schreibe ich hin.

Alle Angaben entsprechen der Wahrheit etc.

Klaiber lehnte sich zurück und sah zu Rola und Leo hin. „Was ist Wahrheit? Diese Frage wurde schon an einem anderen Wendepunkt der Weltgeschichte gestellt."

Leo sagte: „Es hat keinen Zweck, daß du lügst."

Klaiber sagte: „Es hat keinen Zweck, daß ich die Wahrheit sage."

Rola sagte: „Jedenfalls brummst du, wir sind unmündig oder wissen von nichts."

Klaiber sagte: „Fragebogen. Haben Sie einen Führerschein? In Amerika sagt man: Get in, drive. Entweder bricht man sich oder dem Automobil den Hals." Klaiber stand von der Küchenbank auf. „Meine Herren, bitte, beantworten Sie mir die eine Frage: Was wäre geschehen, wenn Sie den Führer gefragt hätten, haben Sie einen Führerschein? An dieser Stelle entpuppt sich der ganze Unsinn der Frage. Ausdauer, Können, Mut entscheiden über Weg und Ziel eines Mannes. Wird derjenige, dessen Liebe seit mehr als zwei Jahrzehnten dem Französischen gilt, leisten, was man von ihm fordert? Ich spreche zur Klärung dieser Frage ein gelassenes Ja aus."Klaiber setzte sich wieder hin. „Ich gebe ja zu, ganz wohl ist mir nicht. Was soll ich hinschreiben, Leo?"- Leo sagte: „Schreibe die Wahrheit, wenn sie dich brauchen, nehmen sie dich."

Rola sagte: „Vierzehn Tage in die Kaserne kommst du bestimmt. Da kannst du den Generälen vormachen, was du Frau und Kindern seit Jahren vormachst."

Klaiber sagte: „Nicht dumm, Karoline. Nicht dumm."

Harry schraubte an seinem Stabilbaukran. „Wenn sie dich hören, meinen sie sowieso, du bist ein General."

„Bravo! Dein gesunder Sinn läßt sich nicht täuschen. Stünde ich ihm selbst gegenüber, würde ich ihn fragen, sprechen Sie Französisch? Aus der Art, wie er das Maul verzieht, würde ich wissen, was ich jetzt schon weiß." Klaiber lachte. „Der Führer würde sich als ein ganz sprachloses Huhn entpuppen."

Leo sagte: „Schreibe hin, was ist."

Klaiber sagte: „Das ist in solchen Lagen der kürzeste Weg in den Abgrund. Die Wahrheit darf immer nur als ein Korn Salz und Pfeffer dabei sein, damit die Suppe nicht ohne Gewürz ist."

Leo sagte: „Ich gebe Mutti recht, ich halte mich mit ihr zusammen aus deiner Lügerei heraus."

Klaiber zog die Augen klein. „In diesen Zeiten des großen Ringens lehrt das deutsch-französische Sprichwort: Wagen, wagen, gewinnen, gewinnen." Klaiber schob den Tisch einen halben Meter von sich. „He!" Er lief vor den Küchenschrank und kommandierte: „Aach-tunk! Geweehr übbrr! Links, zwei, drei, vier. Kolonneh – schwenkt! Ein Lied!"

Leo sagte: „Den Ton hast du im Ohr."

Klaiber sagte: „Ich werde ihnen was vorbrüllen.– Letzter Dienstgrad? Vizefeldwebel. Geht es Sie – Sie da, geduckter Mensch hinterm Schreibtisch! – etwas an, daß ich nicht einmal Gefreiter wie der Führer war!"

Leo und Harry klatschten.

Klaiber rief: „Ein Lied! Den Hohngesang auf den überwundenen Gegner. Allons enfants de la patrie!" Klaiber marschierte um den Küchentisch herum. Leo und Harry rückten nach. Schrank, Wasserhahn, Bank, Herd, immer dran vorbei. Alle drei sangen französisch. „Allongsongfonddölapatrijeeh lö Schuadekloaariveh!"

Rola sagte: „Die Leute meinen, ihr seid verrückt geworden."

Klaiber sagte: „Das ist gerade Ausdruck des allerschärfsten Verstandes." Klaiber stellte Birga auf den Küchentisch und lud sie sich auf die Schulter. „Ein marschierender Soldat trägt auch einen Tornister."

Leo lachte. „Rola Klaiber guckt wie der verewigte Reichspräsident!"

Klaiber rief: „Truppe singt für Truppe!" Er stimmte neu an.

„Ruhmlos in Flandern
müssen wir wandern,
werden vom Führer verhaut.
Daß uns und andern
bei unserm Wandern
vor eurem Führer schon graut.

Es lebe die deutsch-französische Waffengemeinschaft. Eine Armee ersetzen wir."

Rola rief: „Gib Birga her, sie fällt noch runter."

Klaiber sagte: „Weiber am Wegrand. Birga, winke deiner Mutter."

Birga krallte eine Hand um Klaibers Ohr und winkte mit der anderen.

Klaiber sagte: „Besitzen Sie eine Hakenkreuzfahne? Ja. Zeigen Sie sie vor. Sie ist gerade in der Wäsche. Bitte." Er rief Leo und Rola zu: „Da wälzt man doch nicht vorher Gebirge im Kopf, sondern läßt im schlichten Moment die Reserven hinter dem Hügel hervortreten."

Leo sagte: „Sie nehmen dich, oder sie nehmen dich nicht. Sei klug, verbaue dir den Weg nicht durch unwahre Angaben."

Klaiber sagte: „Ich weiß, was du sagst, und ich weiß, was

ich tue. Unwahre Angaben sind in achtenswerten Gesellschaften ein Makel. Bitte, wirf einen Blick in die Politik, da hausen andere Leute."

Klaiber saß wieder hinter seinem Fragebogen und übte eine Ansprache ein, die er Leo halten wollte. Ich habe Respekt, Herr Präsident, vor dem einfachen Mann, der sich müht und ans Licht will, aber Ihre Herren nicht. Sage ich, ich war nur Schütze, sagen sie, in den Dreck, denn unten soll bleiben, was unten war; sage ich, ich war Vizefeldwebel, legen sich Ihre kriechenden Angestelltenseelchen in den Dreck. Sie spüren nicht den warmen Hauch des Geistes, der weht, wo er will, sondern aus toten Buchstaben besteht ihr ganzes Leben. In den großen Momenten unseres Lebens, Leo, Monsieur Le Président, haben wir keine Wahl, wir erwidern das Lächeln des Schicksals, Sie verstehen. Klaiber überlegte. Vielleicht haben sie noch irgendwo eine Kartei stehen. Das ist mein Risiko. Unwahre Angaben. Welcher erfolgreiche Politiker hat noch keine gemacht? Klaiber aber beschloß, sagte Klaiber, Politiker zu werden.

Bei den kriegsgefangenen Franzosen Dolmetscher und Briefprüfer im Range eines Hauptmanns werden, dafür wage ich es.

Unterdessen legten die Japaner ihren Aufmarschplan fest.

Erstens. Die wichtigen Basen Amerikas, Englands und Hollands in Ostasien sind auszuschalten und die Philippinen, Guam, Hongkong, Britisch-Malaya, Burma, Java, Sumatra, Borneo, Celebes, die Bismarck-Gruppe und Niederländisch-Timor zu besetzen.

Zweitens. Die Landungsoperationen gehen von dem Grundsatz aus, daß es eine Landung vor dem Feind ist und der Angriff der feindlichen Luftwaffe und Marine ausgeschaltet ist.

Drittens. Müssen die Operationen vorzeitig beginnen, so erfolgt die Landung der Hauptkräfte später, und zwar gewaltsam im Anschluß an die Luftoperation.

Viertens. Nach Erteilung des Befehls zum Kriegsbeginn ist sofort mit der Kampfhandlung zu beginnen.

Fünftens. Der Tag des Kriegsbeginns (1. Operationstag) wird besonders festgesetzt.

Sechstens. Die Operationen werden am 1. Kriegstag mit überraschenden Landungen auf Malaya (je nach Lage mit vorhergehendem Luftangriff) und mit vorhergehendem Luftangriff auf die Philippinen begonnen.

Siebentens. Der Angriff gegen Hongkong ist nach Bestätigung der Landung auf Malaya, der Angriff gegen Guam nach Bestätigung des Luftangriffes gegen Hawaii und gegen die Philippinen zu beginnen.

Achtens. Wenn dem Beginn unserer Operationen ein erster feindlicher Angriff zuvorkommt, wird die Angriffsoperation nach Ausgabe des Kaiserlichen Befehls rechtzeitig angesetzt.

Für diese Operation stehen folgende Streitkräfte zur Verfügung: 11 Divisionen, 9 Panzerregimenter, 2 Fliegerdivisionen, dazu notwendige Armeegruppen. Und so weiter. Wie das ausging, lernte in Europa später jedes Schulkind. Der deutsche Ostfeldzug dauerte schon 167 Tage. Beim Nachschub reicht es nicht; Reparaturen bei Großtransporten im Schnitt 44 %, bei Kleinkolonnentransporten 30 %. Aber Generalfeldmarschall von Bock ist wie das Führerhauptquartier von dem Gedanken durchdrungen, daß beide Kombattanten die letzte Kraft einsetzen und der härtere Wille recht behält. Täglich stieg die Zahl der Gefallenen und Verwundeten. Ein General notierte sich: Die Truppe ist hier am Ende. Beispiel: Bei meiner alten 7. Division wird ein Regiment von einem Oberleutnant geführt, die Bataillone führen Leutnants. Im Regiment 318 Ausfälle durch Erfrierungen gemeldet.

Albert Renner (Onkel Albert) erhielt einen Schafwollschal aus der Heimatspende für die Front und legte ihn sich um den Unterleib. Macht Schluß, macht Schluß. Ich will gar kein Unteroffizier werden.

Nachts war Fliegeralarm, aber nur Harry tappte zum Fenster und bog das Verdunklungsrollo zur Seite. Rola horchte, ob Leo sich bewegte. Nun schlafen alle wieder, dachte Rola, die einzige, die Entwarnung hört, bin ich. Ich möchte auch noch ein bißchen wegtrudeln.

Morgens saß Rola im halbdunklen Schlafzimmer auf der Bettkante. Sie versuchte, mit der Zunge ihre Zähne zu zählen. Keiner sagt was. Gefällt mir nicht.

„Haben wir wieder eine Kriegsnacht herumgebracht."

Leo lag in der Metallbettstelle am Fenster und hielt die Augen geschlossen. „Wie lange war Alarm?"

Rola sagte: „Du rufst einem sonst etwas zu, wenn man dich wecken will."

Harry sagte: „Du langer Lümmel sollst aufwachen."

Leo lachte. „Du kurzer Wanst sollst schlafen."

Harry schnarchte. „Ich schlafe."

Rola sagte: „Das ist ja ein netter Tag, wer mag heute nacht alles umgekommen sein?"

Leo sagte: „Interessiert uns nicht, wir leben."

Rola sagte: „Hitler lebt, Churchill lebt, Stalin lebt, dann geht der Krieg weiter. Vielleicht hat euer Vater vor Freude darüber, daß er Hauptmann werden soll, heute nacht einen Herzschlag bekommen."

Harry faßte unter der Bettdecke Birga auf den Bauch. „Weißt du kleiner Murkser, was morgen ist?"

Birga sagte: „Birga hat Geburtstag."

Harry lief mit den Fingern über Birgas glatten Bauch. „Richtig, richtig, richtig."

Leo sagte: „Wir verschieben die Tage, heute hat sie Geburtstag, morgen hat sie Geburtstag gehabt."

Leo stieg aus dem Bett und ging im Nachthemd zu Birga und Harry. „Herzlichen Glückwunsch zum vorzeitigen Geburtstag." Er fing zwischen Mittel- und Zeigefinger Birgas Nase.

Rola sagte: „Hört mit solchem Unsinn auf." Sie ging schon auf dem Korridor. „Das bringt Unglück."

Leo rief: „Altweibergeschwätz. Nun sei doch nicht so eine alte Tante. Wir feiern ihr zweites Jahr und den dreihundertvierundsechzigsten Tag."

Rola ging mit nassem Gesicht und nassem Hals vom Spülstein weg.

„Dumm ist das auch nicht. Vielleicht geben sie die nächste

Nacht keinen Alarm, und ihr müßt sofort in die Schule laufen."

Leo kämmte sich immer wieder, Harry stand längst an der Wohnungstür bereit.

„Zehn Siebeneinhalbpfennigstücke nehmt ihr", sagte Rola. Sie suchte die Brotmarken aus der Schublade des Küchenschranks.

Harry sagte: „Drei Stücke für jedes Kind, die Mutter gibt von ihrem Stück jedem etwas ab."

Frau Klowski, die Bäckersfrau, sagte: „Ihr sucht aber leckere Sachen aus." Ihr Sohn Anton hat sich vor langen Jahren erschossen, merkt man ihr aber nicht mehr an.

Leo sagte: „Unsere Schwester bezahlt, sie wird bald drei."

Harry sagte: „Beinahe hätte sie erst morgen Geburtstag gehabt, aber sie hat den Kalender mit dem Gesicht zur Wand gehängt, nun ist sie eher dran."

Frau Klowski schüttelte den Kopf. Ihre vielen grauen Haare lagen fast so groß wie ein Elsternnest. „Ihr seid heute morgen ganz schöne Schelme."

Harry sagte zu Rola: „Gut, daß der alte Kerl seine Brandwache hat, kann er uns gar nicht stören."

„So?" sagte Rola. - „Ja", sagte Leo.

Rola lehnte sich zufrieden an den Küchenschrank. „Ihr zeigt eine übergroße Zuneigung zu eurem Vater."

Leo sagte: „Wenn er nicht da ist, können wir sagen, was wir meinen."

Harry sagte: „Klar."

Leo hob im Schlafzimmer den neuen Kindertisch vom Kleiderschrank und trug ihn in die Küche. „Paßt auf, daß sie nicht guckt." Er stellte den neuen Tisch am Küchenfenster auf den Fußboden und rollte ihn ein bißchen auf den kleinen Rädern. „Gucken."

Birga lief vom Korridor in die Küche und stoppte neben dem neuen Tisch. „Auto."

Harry sagte: „Ein Auto ist es nicht, aber dein Privatwagen."

Rola sagte: „Hat sie gleich erkannt, daß der Tisch wie ein Auto geformt ist."

Leo sagte: „Steige ein." Er hob Birga auf den Sitz. „Fahre einmal. Gegen den Fußboden treten, dann geht es rückwärts. Den Trick, wie es vorwärts geht, mußt du erst erfinden."

Birga weinte.

Harry sagte: „Sie weint."

Birga stieg aus dem Sitz und lief zu Rola.

Harry klemmte sich in den schmalen Stuhl. „Dann ist es Harrys Auto. Harry fährt zu Oma."

Birga weinte.

Rola sagte: „Tolle Kröte. Steig ein."

Birga schlug auf die Platte des Tisches.

Harry sagte: „Sie lacht. Habe ich doch gesagt. Dein Auto."

Leo stellte den Pappuntersatz mit den Kuchenstücken auf Birgas Tisch. Er setzte sich auf den Fußboden und stellte die Becher mit Milch auf die Tischplatte.

Rola streckte die Beine auf dem Fußboden aus. „Bin ich so blöde und setze mich auf den Fußboden. Hoffentlich hilft mir einer wieder hoch."

Harry sagte: „Wir bauen einen Kran, bis heute abend bist du wieder oben."

Rola sagte: „Jetzt scheint sie ihren Tisch leiden zu mögen."

Birga zeigte vier Finger. „Alle essen Kuchen."

Leo sagte: „Auch erkenntnismäßig richtig."

Rola sagte: „Bernd fehlt. Ich denke oft an Bernd."

Leo sagte: „Ich denke oft an Bernd."

Harry sagte: „Ich denke oft an Bernd."

Rola ließ einen Bissen im Mund zergehen. „Ihr könnt bis übermorgen reden. Wäre ganz schön, wenn er eine Viertelstunde da wäre."

Leo sagte: „Hör auf."

Rola guckte in eine Hand. „Eure Dummheiten kann ich beobachten. Bei ihm muß ich mir ausdenken, was er wohl gerade anstellt."

Leo sagte: „Eine Glucke in Reinkultur. Wenn wir im Grab liegen, müssen wir jeden Tag die Hände vorzeigen."

Harry sagte: „Wir feiern Geburtstag, und du redest von Toten."

Rola sagte: „Bernd kann gern dabei sein. Der fraß noch schneller als du, Harry."

Harry sagte: „Er konnte alles besser!"

Leo schlug mit den Absätzen gegen den Fußboden. Birga lachte und schlug auf die Platte ihres Tisches.

Rola sagte: „Bernd wäre jetzt schon Soldat, vielleicht auch im Grab. Ich bin einundsiebzig, wenn Birga dreißig ist, aber Leo ist dann auch schon zweiundvierzig und Harry siebenunddreißig."

Leo sagte: „Erzähle uns auch noch, wie alt wir waren, als wir geboren wurden."

Rola sagte: „Ihr stopft den Kuchen rein, anderes interessiert euch nicht. Ich denke mitunter, ob Oma wohl die Nacht überlebt hat. Opa wäre schon hier gewesen."

Harry und Leo riefen: „Milch, Milch." Sie hielten Rola den leeren Becher hin.

Rola drehte sich um sich selbst und stemmte sich vom Fußboden hoch. Sie goß Milch in die Becher. „Ich feiere hier auf dem Stuhl weiter."

Harry legte eine Hand auf die Armlehne von Birgas Stuhl, Birga schlug seine Hand weg. „Birgas Stuhl."

Leo sagte: „Richtig, verteidige dein Eigentum."

Rola sagte: „Stellt euch vor, er kommt auf einen Sprung herein, stellt sich Birga vor, ich bin Bernd, und will ein Cremestück abhaben."

Leo sagte: „Kannst du nicht wieder vom Karussell abspringen?"

Rola knurrte. „Ihr habt kein bißchen Witz. Wenn die Fahrt immer im Kreis geht, ist es besonders schön. Du bist lang, aber dumm, mein Sohn. Harry, hast du alles bei dir, was du in der Schule brauchst?"

Harry sagte: „Klar."

Leo kniff Harry ins Ohr. „Wenn es zur Schule geht, darfst du als erster zur Tür hinausgehen. Nach Ihnen, heißt es."

Leo und Harry gingen mit den Schultaschen nebeneinander durch die Straße.

Harry dachte: Zehn Uhr ist immer noch zu früh. Es müßte einmal einen Tag überhaupt keine Schule sein. Gestern erst gelernt, heute schon wieder.

Leo sagte: „Das muß dir dein Ellenbogen sagen, daß gleich wieder Entwarnung kommt. Da steht nur auf, wer die Vernunft im Bett liegenläßt. Warum bist du eigentlich ein Affe?"

Harry sagte: „Ich bin mit dir verwandt."

Leo sagte: „Man hört deine große Klappe, auch wenn du den Mund hältst."

Harry sagte: „Ich mache einen Lehrgang bei dir."

An der dritten Straßenecke sah Leo aus der Querstraße einen alten Bekannten herankommen, Klassenkameraden Wienke. „Harry, da kommen Menschen. Zu deinem Zirkus geht es weiter vorn."

Rola stand in der Küche und erzählte dem Türrahmen: „Phantasie macht ihm gar keinen Spaß. Stopft sich den Kopf voll, das ist alles. Steckt Harry schon an."

Birga sagte: „Was sagst du?"

Ingo war wehrwürdig geworden. Im Winter wurde er zu den Grenadieren eingezogen. Er wurde nach Dänemark verladen und übte zwischen den Dünen Hinlegen, Aufstehen und Schießen. Im Mai kam er zum erstenmal auf Urlaub. An einem sonnigen Nachmittag bog er aus der Straße, in der die Ulmen schon grün wurden, zu Klaibers Wohnung ein.

Rola sagte: „Du hast Glück, daß du hier jemanden findest. Meist ist um diese Zeit keiner da."

Ingo setzte sich auf David Klaibers Platz auf der Küchenbank. „Er hat sich wirklich den besten Platz ausgesucht, einen Schritt vom Herd, voller Blick auf den Küchenschrank. Von hier beherrscht er Nachschub und Verpflegung."

Leo sagte: „Jawohl, Herr Kommandeur."

Ingo sagte: „Ich habe nur fünf Tage. Aber ich wollte bei euch vorbeigucken. Morgen fahre ich mit Nelly und Helga auf den Bauernhof, auf dem sie eine Wohnung gemietet haben. In der Stadt kann man auf die Dauer nur noch sterben."

Rola stand mit krausem Mund mitten in der Küche. „Du sagst es direkt."

Ingo nickte. „Viel Zeit, drumherumzureden, haben wir nicht mehr."

Leo sagte: „Ich glaube, wir bleiben am Leben. Der Krieg geht zu Ende, und die Häuser bleiben stehen."

Ingo sagte: „Damit trösten sich die Kinder. Jede Kugel trifft nicht – nicht dich, aber den anderen, das reicht schon."

Rola sagte: „Eine Hoffnung mußt du uns aber auch lassen, Ingo, wir sollen hier weiterleben."

Ingo lachte. „Da die Wahrheit ausgesprochen ist, können wir jetzt vergnügter werden." Er zog ein flaches Päckchen aus der Tasche des Uniformrocks. „Rola, für dich."

Rola hob mattierte Strümpfe aus dem Seidenpapier.

„Ich habe in Dänemark gedacht, wem bringst du etwas mit? Antwort: Frau und Mutter. Also nur den beiden Weibern, Leo."

Leo sagte: „Ja, ich verstehe."

Rola sagte: „Gutmachen kann ich das nicht. Aber ich werde sie schonen, damit ich lange etwas davon habe."

Ingo sagte: „Im Gefängnis war der Sold noch knapper, da habe ich dir nicht einmal ein Paar Strümpfe mitbringen können."

Leo saß auf dem Stuhl vorm Küchentisch und sah Ingos weiches Doppelkinn an.

Rola sagte: „Jetzt bist du trotz Gefängnis Soldat. Man denkt wirklich, die Kleinen sind die Idioten der Großen."

Ingo sagte: „Das ist eine einfache Sache. Die Front frißt Soldaten, da kann auch mein rotes Fleisch verschlungen werden."

Leo sagte: „Hältst du dir das immer vor Augen?"

Ingo sagte: „Dann könnte ich nicht leben. In lichteren Momenten erinnere ich mich daran, dann weiß ich wieder, was ich tue."

Rola sagte: „Du trinkst eine Tasse Kaffee, ist nur gewöhnlicher."

Birga drückte die Wohnungstür auf und lief vom Korridor in

die Küche. Sie zog die Augen klein. „Was ist das für ein Mann?"

Rola sagte: „Das ist dein Bruder."

Birga sagte: „Das ist auch ein Soldat."

Leo sagte: „Beides, dein großer Bruder und ein kleiner Soldat."

„Groß bist du geworden." Ingo fing mit beiden Händen Birgas runde Hand. „Du reichst schon bis über die Tischplatte."

Birga stellte sich auf die Zehenspitzen. „Ich kann noch mehr sehen."

Rola sagte: „Harry sammelt Granatsplitter auf dem Friedhof. Er läuft eine Dreiviertelstunde hin. Da niemand aus dem Grab steigt und die Splitter aufhebt, findet er immer welche. Wieviel hat er, Leo?"

Leo sagte: „Neulich hatte er dreihundertsiebenundzwanzig, drei Zigarrenkisten voll."

Rola sagte: „Was sagst du dazu, daß er nun doch noch Dolmetscher werden soll?"

Ingo sagte: „Er würde belohnt für das, was er im Leben getan hat. Alle haben gegrinst, wenn er Wörterbuch und Zeitung herumgeschleppt hat. Wir sind schon deshalb gemein, weil wir immer nur das schätzen, was Geld einbringt."

Rola stand am Gasherd und goß das kochende Wasser in den Kaffeebeutel. „Wundert mich. Oder wundert mich nicht. Du legst dich ja gut für ihn ins Zeug."

Ingo sagte: „Ist nicht nötig. Seine Leistung spricht für ihn. Gut fressen, gut saufen will jeder, aber den Geist ein bißchen strapazieren, das tun die wenigsten. Wer gegen den Strom schwimmt, zeigt Courage."

Leo sagte: „Er will ganz gern ein bißchen betrügen."

Ingo sagte: „Er soll ja nicht in allen Eigenschaften Vorbild sein. Bei einem Haufen Kinder, ohne Geld, ohne einen Quadratmeter, auf dem er ungestört sitzt, nicht verfaulen, sondern lernen, davor ziehe ich den Hut."

Rola sagte: „Meinst du, daß es gut ausgeht? Er geht nicht mehr zum HJ-Dienst."

Leo sagte: „Seitdem wir aus der Kinderlandverschickung zurück sind, sind die meisten aus der Klasse nicht mehr hingegangen."

Ingo sagte: „Es scheint, es zieht euch wirklich nicht hin."

Leo sagte: „Meist wird gelogen. Sie erzählen, der Führer hat in seinem Leben nur zweimal geweint. Jeder weiß, daß man öfter weint. Brauchst nur hinzufallen, und du schreist vor lauter Schreck. Sie verbreiten ganz öffentlich Lügen, und niemand sagt etwas dagegen."

Ingo sagte: „Schlechte Zeiten, in denen es einen Teil des Lebens kostet, die Wahrheit auch nur anzudeuten."

Leo sagte: „Was machst du dagegen?"

Ingo sagte: „Ich denke. Wenn ich auf Leute wie euch stoße, rede ich."

Birga rüttelte an Ingos Knie und zeigte auf ihre Strümpfe. „Ich habe rote Strümpfe an."

Ingo sagte: „Du bist ein sehr hübsches Kind."

Rola sagte: „Das bringe ihr bei. Das Weib geht vor Eitelkeit fast auf Zehenspitzen. Ich will ihr die grünen Strümpfe anziehen, es müssen die roten sein."

Ingo sagte: „Ich bin gern zu den Abenden und Nachmittagen gegangen, an denen wir Jugendlichen untereinander waren. Forderung war, die Wahrheit zu sagen."

Leo sagte: „Ein paar wollen kommandieren. Intelligent sind sie meist nicht, aber sie schreien, weil sie nicht merken, wie dumm das ist, was sie tun und sagen. Kennst du die Führerschnüre? Rotweiße, grüne, grünweiße. Mit solchen Leuten geht man in eine Schule."

Ingo sagte: „Du weißt, auf zwei Beinen steht die Welt, eins heißt Gelten, das andere Neiden. Wer schreit und ein bißchen Buntes auf der Jacke hat, meint, daß er gilt."

Leo sagte: „Sie sind Arschlöcher."

Ingo sagte: „Ja. Aber das darfst du nur mir sagen."

Birga sagte: „Arschlöcher."

Ingo sagte: „Sei lieb, Birga." Er ließ zwei Finger von ihrem Gelenk zum Oberarm tanzen. „Gemeinschaft als Lebensform junger Menschen ist notwendig. Sie befreit und formt. Aber Gemeinschaft muß freiwillig sein. Du mußt mit deinesgleichen zusammengehen, sonst wirst du kein Mensch."

Leo sagte: „Ich soll zum HJ-Dienst gehen?"

Ingo sagte: „Rede ich davon. In dem Verband könnt ihr keine wahre Kameradschaft halten, da ihr keine gleichen Nöte habt. Zu lebendigen Gruppen schließen sich diejenigen zusammen, die zueinander gehören, ihr werdet ja unterschiedslos in eine Kiste gepackt. Wenn ich dich angucke, weiß ich, daß du mit den Schreiern nichts zu tun hast, du willst auch ein kleines bißchen nachdenken."

„Ja", sagte Leo.

Ingo sagte: „Sie impfen euch Falsches ein, Nation als höchsten Wert. Ideale, die an der Landesgrenze enden, sind keine Ideale. Das Gute muß allen Menschen zugute kommen können, sonst schafft es Gefangene anstatt Freie."

Leo sagte: „Auf den Heimabenden kommt man sich eingesperrt vor. Wir müssen immer nachplappern. Und dann in der Schule der andere Unsinn. Weißt du, was wir lernen? Bis 1933 wurde der Reichskanzler nur in alter Weise ernannt, seitdem wird er vom Volk bestimmt und ist Volkskanzler."

Birga lief auf den Korridor und setzte sich neben dem Putzschrank in die Hocke. Sie rief: „Finde mich."

Ingo sagte: „Es ist schon sonderbar mit uns Zweibeinern, sag, Rola." Er lachte Rola an.

Rola sagte: „Jetzt bist du vergnügt."

„Jetzt?" Ingo sagte: „Eigentlich immer. Mitunter merkt man es weniger. Ich kann immer vergnügt sein, ich kann immerzu tun, was den Menschen ausmacht, sehen, denken, sprechen."

Rola sagte: „Wenn alle damit zufrieden wären, könnten sie uns alle in Uniform stecken."

Ingo lachte. „Du bist ganz schön bissig gegen Abend. Jugend erzieht Jugend als Leitwort für Erziehung, das ist fein ausgedacht, Leo, aber reicht nicht zu. Den Schritt zu Wissen und Verstehen ermöglichen uns diejenigen, die zehn Jahre älter als wir selbst sind und, ohne gelten zu wollen, den Weg vorangehen." Er lehnte sich zurück und sah zu Leo hinüber. Er guckt ahnungslos wie ein Kind. „Die Vernunft entwickelt sich langsam, und erst im Umgang mit Vernünftigen wagt sie sich hervor. Der Ältere ist, so wenig wir es wahrhaben wollen, der Erfahrenere."

Birga guckte um den Türpfosten in die Küche und zog den Kopf wieder weg.

Rola sagte: „Ich komme mir ganz schön dumm vor."- Ingo grinste zu Leo hinüber. „Es gibt Ausnahmen. Leo, guck dir so einen Kerl wie Opa an, er nimmt uns an die Hand, ohne daß wir es wollen. Über Oma lachen wir und merken doch, daß wir uns, solange sie gesund war, auf sie verlassen konnten."

Rola sagte: „Über mich sagst du nichts."

Ingo sagte: „Anwesende muß man nicht festnageln. Meistens sagst du lustige Sachen. Erst hinterher merkt man, daß sie auch klug waren."

Rola sagte: „Jetzt kannst du aufhören."

Birga rief: „Komm doch, ich habe mich hier versteckt."

Ingo ging auf den Korridor und sah Birga neben dem Schuhputzschrank sitzen. „Ich sehe dich nicht. Birga, wo bist du?"

Birga rief: „Ich bin doch hier."

Ingo hielt Birga an drei Fingern fest und zog sie in die Küche. „Wenn ich frage, was brauche ich zum Leben, sage ich, denk an Rola. Brot und Margarine, einen Erdboden, auf dem man steht, ein paar überflüssige Gedanken, auch Träume genannt."

Rola lehnte sich auf dem Stuhl zurück. Gut, daß ich was gesagt habe. Er hat mich nicht einmal so schlecht wegkommen lassen.

Leo sagte: „Und dann geben die Dummen und Gemeinen nicht zu, daß sie weniger taugen als andere. Sie wollen sogar den Ton angeben."

Ingo sagte: „Du klagst wie der erste Mensch, als er den zweiten traf."

Rola sagte: „Kann er noch nicht wissen. Er ist viel zu jung."

Leo sagte: „Das weißt gerade du!"

Rola sagte: „Schrei doch, du willst nur nicht merken lassen, daß du nichts zu sagen hast."

Ingo lachte. „Leo, jetzt bist du dran."

Rola zeigte mit dem ausgestreckten Arm auf Leo, damit Ingo auch wußte, wer gemeint war. „Mit ihm ist es überhaupt nicht leicht auszuhalten. Jetzt kennt er ein paar Fremdwörter, und die trägt er wie sein Rollenbuch vor sich her."

Ingo sagte: „Laß ihn die paar falschen Kleider anziehen. Wenn er wirklich den Mund aufmacht, steht er wieder nackt da."

Rola sagte: „Das ist auch wahr." Sie überlegte erst einmal, was Ingo gesagt hatte.

Ingo sagte: „Karl Orth ist auch eingezogen worden. Ich treffe ihn in den dänischen Dünen. Beide grinsen."

Birga stellte sich auf Ingos großen Schuh. „Bist du Ingo?"

Ingo sagte: „Ja, der bin ich."

Rola sagte: „Leo, weißt du noch, wer Karl Orth war?"

Leo wußte sofort, von wem sie sprachen, aber schüttelte den Kopf.

Rola sagte: „Das war der eine, vor dem du dich ekeltest, weil er immer den Rotz hochzog. Er kam damals, als alle keine Arbeit hatten, in Omas Garten. Müßtest dich eigentlich an ihn erinnern."

Leo dachte: Tu' ich doch, was weißt du.

Die langen Trupps der russischen Kriegsgefangenen gingen morgens und abends durch die Großstadtstraßen, aber von hundert Menschen sahen achtundneunzig nicht hin. Rechts auf dem Bürgersteig, in der Mitte der Fahrbahn und hinter dem Trupp ging ein Posten mit umgehängtem Gewehr. Die Gefangenen zogen die Füße langsam über das Kopfsteinpflaster, auf ihren Köpfen saßen Kappen oder Mützen, oder sie trugen kahlgeschorene Schädel durchs kahle Licht, an ihren Körpern hingen Beutel und graue Taschen, die Jackenärmel reichten bis zu den Fingerspitzen oder hörten schon oberhalb der Handgelenke auf, die

Gesichter leuchteten schmalzgrau, oder einem saß ein pferdefarbener Schnurrbart im ziegelblauen Gesicht, einer taumelte zwei Schritte auf den Bürgersteig und hob einen Apfelrest oder eine Brotrinde auf, die jemand neben dem Kantstein oder bei einem Baum hingelegt hatte, der Posten drehte sich um und murrte, ohne das Gewehr von der Schulter zu nehmen, und der Trupp zog fast lautlos weiter, obgleich alle Schuhe auf das Straßenpflaster schlugen. Eines Morgens bog ein Trupp durch den Torweg in die Schlucht zwischen Vorder- und Hinterhäusern ein, die Gefangenen hoben mit bärenhaft langsamen Bewegungen mit Schaufeln und Spaten die Erde aus, in der ein Luftschutzbunker gebaut werden sollte, und sie trugen Sand, Kies und Zement heran und gossen Beton in die Verschalung, guckten mit kleinen Blicken zum Himmel und zu den Fenstern und Balkons der Häuser hinauf und grinsten, wenn die kleinen Kannen und Eimer aus den Toilettenfenstern zu ihnen hinabgelassen wurden, sie tranken Wasser, die Wachmannschaft erhielt heißen Kaffee. Einzelne Gefangene gingen in die Hauseingänge der Hinterhäuser, holten aus Hemden und Jacken große Vögel hervor, deren Gefieder aus Holzrippchen gesteckt war, sie kannten ein Wort ganz genau, Brot!, und schoben den Laib unter das Hemd oder die Jacke. In der Pause saßen die Gefangenen auf der Erde, als wollten sie nie wieder aufstehen, man meinte, sie hätten Kokosnüsse im Mund, so groß waren ihre Zähne, und manche faßten auf die Erde und aßen sie, beste Paukstat, das hab' ich genau gesehen, das war kein Brot, Frauenstimmen riefen in den stürzenden Regen, nun lassen Sie sie sich mal unterstellen! Und im Hauseingang, unter den Balkons und eng an den Baugerüsten standen die Gefangenen. Irgendwoher haben sie das Holz und die Zeit, sie wollen auch leben und nicht sterben. Harry ließ die Holzvögel über der Scheibengardine hin- und herreiten, Wassili! Igor!, aber dann packte Rola doch die Angst, und sie rief: Leo, beruf ihn. Sie setzte sich und rauchte selbstgedrehte Zigaretten und sah dem langen Rauch unruhig nach. Dreitausend Kilometer von hier sind sie zu Hause, und nun stecken sie hier im Dreck. Leo soll nicht ins KZ. Reiß Harry mit seinen Scheißvögeln vom Fenster weg. Vielleicht werden die Trupps, die durch die Straßen ziehen, immer kürzer. Wo sind die anderen geblieben? Man weiß schon manches über die Gefangenen. Sie fressen ein Faß voll Wagenschmiere aus und leben weiter, anstatt zu krepieren. Wenn sie wollen, fressen sie nur nackte Erde und halten neunundvierzig Tage durch. Sie sind Pferdemenschen. So rosig seh' ich gar nicht in die Zukunft. Vielleicht schlucken sie eines Tages auch noch die blauen Bohnen, anstatt daran zu krepieren. Auf dem Rangierbahnhof waren die Kriegsgefangenen auch zu finden, sie ameisten nach Bombenangriffen die verbogenen Schienen quer über die Geleise, und dann wiegten sie die Eisenbahnschwellen hin und her, und zwanzig oder dreißig klebten an einem Schienenstück und kamen nach dem Abbücken überhaupt nicht wieder hoch, schlafen noch bei der Arbeit, die Schlaumeier. Aber die Trupps werden kürzer. Wo sind die anderen geblieben? Frag nicht. Sie werden schon irgendwo sein. Aus dem Krieg kommen auch unsere Soldaten nicht alle wieder. Roter russischer Kriegsgefangener im braunen Deutschland möchte ich nicht sein. Das Leben spielt furchtbar. Wollen an etwas anderes denken. Lebst du jetzt nicht, morgen kommt der Tod, wer weiß, vielleicht früher. Frau Hagemann, Verwalterin, die seit zwanzig Jahren die Miete kassiert, möchte unauffällig auf den Friedhof gucken, wohin sie sie legen. Oder einfach neben die Geleise?

Hitler hat schon vor einem halben Jahr bekanntgegeben, in den ersten sieben Monaten des Krieges gegen Rußland sind der deutschen Wehrmacht 3806865 Sowjetrussen in die Hände gefallen.

Rola sagte: „Paß du auf sie auf. Eines Tages stellt sie noch Dummheiten an."

Rola ging mit Harry und Birga unten durch die Passage. Leo sah Rolas Haar überm Mantelkragen wippen. Birga sprang über die Sandstriche zwischen den Pflasterplatten. Harry warf eine Papierschwalbe hoch. Er lief zwanzig Schritte vor Rola.

Anna Renner sah auf ihre Füße. „Ist kalt."

Leo sagte: „Ist nicht kalt."

Anna Renner sagte: „Dann nicht."

Sie saß in der Sofaecke, einen Schritt weit vom Kachelofen. Leo sah, daß sie lächelte, aber ihr Lächeln lag wie eine graue Kette um ihren Mund.

Leo las Hamsun, „Pan", er hielt das Buch weit von seinen Augen am Knie, damit seine Großmutter nicht sehen konnte, daß er las. Ich verstehe Hamsun nicht. Warum lebt Leutnant Glahn allein oben in der Hütte? Warum schießt er sich durch den Fuß? Er weiß doch, daß er Krüppel werden kann. Wenn Leo das Gesicht etwas zum Fenster wendete, sah er die langen Treibriemen in der Kakaofabrik hoppern, die Fenster der Fabrik standen offen. Er roch den Kakao.

„Guck auf die Uhr!" sagte Anna Renner.

„Viertel nach sechs", sagte Leo.

„Was sagst du?"

Leo sagte: „Opa kommt gleich."

Anna Renner lachte. „Du willst dumm bleiben. Und du lügst wieder. Du weißt, daß er sich herumtreibt, und mir sagst du freche Lügen."

Leo sagte: „Du willst mich immer schlechtmachen."

„Ja, ja, ja, wenn die Wahrheit kommt, willst du beiseite springen, damit dich ihre Hufe nicht treffen." Anna Renner schüttelte den Kopf.

Leo dachte: Jetzt ist sie still, blöde Alte.

Anna Renner sagte: „Du bist dumm."

Leo sagte: „Sprich doch etwas Vernünftiges mit mir."

Anna Renner warf den Kopf zurück. „Du bist viel zu jung. Sitz ordentlich. Tu das Buch weg. Können wir doch nicht reden."

Leo machte das Buch zu.

Anna Renner sagte: „Gott wohnt im Himmel, aber ob wir böse Brut zu ihm kommen, wissen wir nicht. Gut hat keiner gelebt. Wenn du einen Groschen hast, willst du zwei, anstatt einen halben abzugeben."

Leo sagte: „Natürlich will ich das. Aber das ist von deinem lieben Gott so eingerichtet, sonst wäre es anders."

Anna Renner sagte: „Du weißt nichts."

Leo sah die Hand seiner Großmutter an. Sie lag wie ein Dromedar mit vielen Höckern auf der Tischdecke.

Anna Renner sagte: „Du sitzt überhaupt nicht gerne hier. Du gehst ja lieber treiben, in deinen Billardsalon zu den anderen Tunichtguten."

Leo sagte: „Alles von deinem Herrgott eingerichtet. In der Bibel steht, daß er sieht, daß alles gut ist."

„Den kennst du nicht." Anna Renner zog die Worte langsam durch den Mund. „Er will, daß du gut oder böse bist, daran ist nichts zu rütteln. Die Bösen haben einen Strich auf der Stirn, die anderen sind licht."

Leo fragte: „Habe ich einen Strich?"

Anna Renner sagte: „Ich kann die Zeichen sehen, aber ich sage dir nicht, was ich sehe."

Stirb jetzt! dachte Leo.

Anna Renner nahm die Zeitung vom Tisch und blätterte sie laut um.

Leo sagte: „Ich denke, wir wollen sprechen."

Anna Renner hielt die Augen weiter über der Zeitung. Sie liest wieder die Annoncen.

Leo sagte: „Findest du Tote?"

Anna Renner sagte: „Er säuft. Er hurt. Er haut das Geld auf den Kopf. Deshalb ist der Arme arm."

Leo sagte: „Wenn du nichts Schlechtes über einen Menschen reden kannst, fühlst du dich nicht wohl."

Anna Renner sagte: „Was bist du dumm. Was macht ein Mann, wenn er nicht arbeitet? Er treibt sich herum."

Leo sagte: „Opa ist auf der Arbeit."

Anna Renner lachte. „Schöne Märchen, die kenne ich vierzig Jahre. Wenn er kommt, riecht er nach Alkohol." Sie guckte auf die Zeitung und brummte. „Licht", sagte Anna Renner.

Leo sagte: „Du brauchst nur an der Quaste zu ziehen."

„Licht!"

Leo ging hin und zog das Licht an.

Anna Renner sagte: „Stehen abscheuliche Geschichten von Pferden in der Zeitung."

Leo sagte: „In der Zeitung stehen keine Geschichten über Pferde."

Anna Renner warf die Zeitung auf den Fußboden. „Soll sie da liegenbleiben?"

Leo hob die Zeitung auf und sah hinein. Er las: Pferde trabten bei elektrischem Gewitterzucken über das Gras. Auf dem Kopfsteinpflaster traten dicke Pferde aus der langen Deichsel. Da stand: Kinder sahen die Pferde auf dem Hügel als Schornsteine mit weißen Stirnen.

Leo sagte: „Es steht etwas von Pferden drin."

„Muh. Du hast gesagt, von Kühen."

„Irren darf man sich nicht."

„Du bist zu vorlaut."

Leo sagte: „Sage, was du willst. Du bist erst froh, wenn alle anderen unrecht haben."

„Hahaha. Kleiner Hund bist du, aber kannst noch nicht bellen. Was erzählen sie euch in der Schule von Anstand?"

Leo knurrte: „Nichts."

„Das ist wenig."

Leo sagte: „Opa kommt gleich."

Anna Renner sagte: „Er säuft."

Laß sie reden. In der Kakaofabrik brannten die Glühbirnen unter der Decke. Der Himmel lag dunkelblau über den Dächern.

„Am Ponton warten sie auf das Schiff. Oder sie sitzen auf dem Fluß fest. Wird Nebel sein."

Anna Renner guckte aus weißen Augen. „Du suchst Ausreden. Lügnern ist nicht zu verzeihen." Sie nahm ein Glas, das nicht dastand, vom Tisch und wippte es an den Mund. „Ein, zwei, drei Schnäpse. Sauf. Sind alle fidel."

„Du weißt nichts, aber du redest."

„Halt's Maul. Ich weiß."

Anna Renner beugte sich mühsam hinter und hob einen Pantoffel auf. Sie schwenkte ihn gegen Leo. „Er ist schon in der Stube, nicht. Vielleicht bist du er. Georg heißt jetzt Leo. Hahaha. Guck aus, ob er kommt!"

In der Passage gingen Menschen. Ihre Gesichter waren dunkel, als wären sie mit Seidenstrümpfen überzogen.

„Noch nicht."

Anna Renner sagte: „Er ist ein Schwein. Ihr Subjekte steckt unter einer Decke. Er sitzt zwischen den jungen Weibern und lockt sie mit seinen Tänzchen. Du kennst deinen Großvater. Will leben." Anna Renner tickte mit dem Pantoffel gegen den Kachelofen.

Leo dachte: Sie sieht wie ein Weißbär aus.

„Kommt er jetzt?"

„Noch nicht."

„Guckst du überhaupt?"

„Ich stehe hier und mache nichts anderes." Leo drehte sich zu seiner Großmutter um. „Kannst du nicht sehen?"

„Vielleicht ist er unter ein Automobil gelaufen", sagte Anna Renner, „und liegt blau wie der Tod. Schadet ihm nichts, wenn er verendet ist." Sie starrte aufs Zifferblatt der Standuhr und schnitt ihm Fratzen.

Die Absätze der Frauen, die aus der Kakaofabrik weggingen und durch die Passage bogen, trommelten unten aufs Pflaster.

„Georg?"

„Du weißt doch, daß ich Leo bin!"

Anna Renner sagte: „Ich habe es mir jetzt überlegt. Euch steckt man alle zusammen in ein Boot und bohrt die Planken an, ihr versauft alle, sonst hört ihr mit dem Lügen nicht auf."

Leo sagte: „Ja, ist gut. Sage das deinem lieben Gott." Er schlug das Buch wieder auf. Leutnant Glahn warf Edvardas Schuh ins Wasser. Die Leute sollten nicht merken, wen er liebte, aber ihren Schuh warf er ins Wasser.

„Er kommt nicht." Anna Renner nahm die Zeitung und las. Sie schlug mit dem Teelöffel gegen die Tasse. „Musik. Musik."

Leo sagte: „Ich höre sie."

„Er ist ein fleißiger Mann, treu ist er nicht."

Leo guckte ins Buch.

„Du kennst ja den Unterschied zwischen treu und fleißig nicht. Wer treu ist, muß sein Herz berufen, wer fleißig ist, hat nur Fingerfertigkeit."

In der Passage hingen Nebelperlen an den Kuppeln der Laternen. Leo sah seinen Großvater unter der flachen Mütze und in der dunklen Joppe gehen.

Georg Renner drückte den Türdrücker herunter und stand in der Stubentür. „Das Wasser ist voll. Erst kommen wir nicht ab, dann kriechen wir wie die Schnecken von Ufer zu Ufer." Er ging auf Anna zu und legte ihr die Hand auf den Arm. „Na, Anna." Er zog einen Apfel aus der Ledertasche. „Leo, nimm ihn."

Leo sagte: „Er gehört euch, ich will ihn nicht."

Georg Renner sagte: „Friß ihn." Er klopfte Leo vor die Schulter.

Leo ging durch die dunklen Straßen. Ich habe keine Lust, bei ihr zu sitzen.

Rola sagte: „Wie hat sie sich aufgeführt?"

Leo sagte: „Wer ist blöde, ist sie blöde, oder bin ich blöde? Sie redet fromm, und zwischendurch guckt der Satan raus."

Rola sagte: „Bläh dich nicht auf. Einmal ist sie hinüber." Rola lachte. „Sie möchte, daß man ihr die Hände leckt. Was dem Biest einfällt."

„Du liest jetzt viel. Immer wenn man dich sieht, hast du ein Buch in der Hand." Georg Renner saß am Sonnabend nachmittags in der Küche und schälte Kartoffeln.

„Ich möchte viel mehr lesen, aber Mathematik und Physik fressen meine Zeit." Leo setzte sich auf den Küchenhocker neben Georg Renner und legte das Buch auf den Tisch.

Georg Renner sah auf den Buchdeckel. „Oh, noch immer 'Pan'?"

Leo sagte: „Ich weiß nicht, ob ich wirklich verstehe, was ich lese. Gerade meine ich, daß ich jetzt weiß, was Hamsun sagt, dann stößt er alles wieder um."

Georg Renner sagte: „Die Geschichte vom Leutnant Glahn ist ja nicht nur die Geschichte vom Leutnant Glahn, sondern erzählt, wie einem die Natur über dem Kopf zusammenschlägt, zum Beispiel in puncto Liebe." Er lachte. „Das ist schon eine undurchdringliche Kraft, Höllenpein, sagen die einen, Himmelslust, sagen die anderen."

„Was ist es?"

Georg Renner sagte: „Himmelslust. Wenn es eine Erfindung gibt, die vom Himmel kommen könnte, ist es die Liebe. Gewiß, wir werden an den Spieß gesteckt und leiden. Aber wofür? Wir haben das Glück, für einen Moment zu meinen, mitten im Taumel der Schöpfung zu sein. Hinterher müssen wir zahlen. Strenge Einrichtung. Der Preis ist so hoch, wie der Braten wert ist, den wir verzehrt haben."

Leo sagte: „Warum benimmt sich Glahn so seltsam?"

Georg Renner ließ die Kartoffel unterm Messer laufen. „Wir möchten sagen, wie sehr wir jemanden lieben, aber sitzen nur da und fragen ihn, ob er auch schon Hunger hat, und denken, nun denkt er von uns: Welch ein dummer Mensch."

Leo sagte: „Passiert ist mir das auch schon. Ich habe gewußt, jetzt kann ich jemandem etwas Wichtiges sagen, und dann ist nur eine halbe Dummheit herausgekommen."

Georg Renner nickte. „Wenn unsere Seele ihre schöne Seite zeigen will, verrenkt sie sich. Oder sie kehrt den Stümper oder Kasper heraus. Leutnant Glahn wirft, um zu zeigen, daß er liebt, einen Schuh ins Wasser. Und hinterher weiß er doch nicht, weshalb er es getan hat."

„Weiß er es wirklich nicht?"

„Ich setze darauf, daß er es nicht wirklich weiß."

Leo sagte: „Mich wundert, daß du noch weißt, was in dem Buch steht."

Georg Renner sagte: „Genau weiß ich es nicht mehr, zuletzt darin gelesen habe ich vor dreißig Jahren, aber das Gefühl von damals stellt sich wieder ein, ich brauche nur den Buchdeckel zu sehen." Er suchte aus dem Kartoffelkorb eine bestimmte Kartoffel heraus, als dürfte es nur die eine sein. „Alle Menschen bei Hamsun hängen an unsichtbaren Fäden oder werden sogar daran gehängt."

Leo sagte: „Hast du sofort verstanden, was Hamsun sagt?"

Georg Renner sagte: „Nein. Man geht mit Hamsuns Gedanken weiter, und sie werden von allein durchsichtig, weil man sich über sie klarwerden muß. Die Fragen verlassen einen nicht, und man versucht Antworten auf sie." Leo sah Georg Renners Brillengläser blinken, Renner schwenkte ihm den Kopf zu. „Dann gibt es Bücher, die ärgern einen immer, weil die Antwort zu einfach ist, zum Beispiel dein Märchen vom Dorian Gray, das du neulich herumgeschleppt hast. Ich möchte lieber sagen, es macht mich traurig, daß das Buch nicht so gelungen ist, wie es hätte gelingen können. Wilde malt den unmoralischen Bösewicht, dessen Schuld eingekerbt wird. Das ist zu eng moralisch. Das meiste, was wir tun, ist nicht so gut und nicht so böse, wie wir meinen, sondern liegt in der Mitte dazwischen, nicht mehr ganz gut und noch nicht böse. Warum wird er zum Moraltrompeter, anstatt nur auszustellen, was ein Mensch tut?"

Leo sagte: „Du liest doch nie."

Georg Renner sagte: „Wenn ich Bücher wiedersehe, denke ich an sie zurück. An Gelesenes denken ist auch schon Lesen. Es ist fast wie mit dem Glück, ans Glück denken ist auch schon Glück."

„Hast du noch Glück?"

„Jeden Tag. Wir hocken im elenden Krieg, Oma kann nicht mehr drei und drei zusammenzählen, aber du erlaubst mir, daß ich einen Augenblick neben dir auf dem Stuhl hocke."

Leo und Georg Renner hörten, wie Anna Renner vorn in der Stube schnarchte.

„Lernen ist etwas Gutes, aber für den armen Mann ist Geldverdienen wichtiger. Er hat es schwerer als andere, da er nebenbei lernen muß. Aber was er dann weiß, behält er zäher, dafür hat er geblutet. Ich freue mich, daß du reine Zeit zum Lernen hast." Georg Renner füllte am Spülstein frisches Wasser in den Kartoffeltopf.

Leo sagte: „Meinst du, daß Oma noch einmal gesund wird?"

Georg Renner schüttelte den Kopf. „Seit einigen Jahren geht ihr Leben zu Ende, man muß nicht an Wunder glauben. Die Nieren wollen nicht mehr, und der Kalk in den Arterien nimmt immer mehr zu." Er lachte Leo an. „Der Tod geht auf Hausschuhen. Anstatt die Gefühle in eisigen Zeiten einzuziehen, hat Oma sie um so stärker rausgestreckt, das nutzt ab."

„Kann man Gefühle einziehen?"

Georg Renner lachte. „Nein, das geht nicht. Einem wird ein dickes Fell zugelegt, oder man hat keins."

„Hast du ein dickeres Fell?"

Georg Renner sagte: „Ich habe als Kind mehr Prügel gekriegt. Dabei bildet sich Schwarte."

In seinem großen roten Gesicht standen die gelben langen Zähne.

„Ein empfindungsloses Wesen ist ein Mensch, der mißlungen ist. Aber der Empfindsame muß bezahlen. Er empfängt mehr, aber muß mehr geben und früher gehen."

Leo sagte: „Ihr holt nie den Arzt."

„Ein Arzt hilft bei Knochenbruch und Blinddarm. Gegen den Tod hilft er nicht. Jeder gibt zu, daß wir beginnen, aber die meisten möchten nicht wahrhaben, daß wir enden."

Leo sagte: „Das halte ich für das Schwerste. Ich kann es mir gar nicht vorstellen."

Georg Renner sagte: „Auch das Leben kann man sich nicht vorstellen. Wir wissen gar nicht recht, was wir auf dieser Kugel Lustiges machen. Wir schlagen einander tot, damit wir nicht auf ernste Gedanken kommen."

Leo sagte: „Glaubst du, daß es einen Gott gibt?"

Georg Renner schüttete Mehl auf den Boden eines flachen Tellers. „Alles, was passiert, ist ein Beweis dafür, daß er existiert, alles, was passiert, ist ein Beweis dafür, daß er nicht existieren kann. Wer mag sich vorstellen, daß alles Grauen der Wille eines gütigen Wesens ist, das sogar noch alles vorhersieht? Die Menschen haben sich etwas ausgedacht und kommen an kein Ende." Er drehte nacheinander vier silberne Heringe im Mehl um.

Leo sagte: „Es muß ein Wesen sein, das Freude daran hat, daß es die Macht hat."

Georg Renner sagte: „Ja, dann soll es sie haben."

Leo sagte: „Mich wundert immer, daß du noch lachst."

Georg Renner sagte: „Lachen ist Butter auf dem trockenen Brot. Sei froh, daß die Natur nicht nur Tränen erfunden hat. Das wäre wie alle Tage Regen." Er stellte die Bratpfanne auf den Gasherd. Georg Renner sagte: „Was aber tut der Philosoph? Er prüft, ob wahr ist, was die Leute reden."

Leo sagte: „Und was reden die Leute?"

Georg Renner sagte: „Der Führer siegt. Hitler und die Generäle sind nicht dumm, sie wußten, was sie taten, als sie nach Rußland zogen. Böse sind sie, weil sie es taten, obgleich sie wußten, daß es nicht gutgehen kann."

Leo sagte: „Ida sagte, vor dem Winter hätte sich die Armee festmarschiert. Genau das ist eingetroffen."

„Wer ist Ida?"

Leo sagte: „Die Frau unseres Englischlehrers, die während der Kinderlandverschickung den Unterricht übernahm, als ihr Mann eingezogen wurde."

Renner sah mehr zu den Heringen in der Pfanne als zu Leo. „Man braucht nur an Napoleon zu denken. Wo verläuft die Front? Am Don. Aber der Nachschub reicht bis hierher, und das ist die längere Front, und an der wird nicht nur vorn geschossen. Da kommt er, Adolf, und seine Generäle helfen ihm, den Völkern die Knochen zu brechen. Da glaubt doch wohl keiner, daß sie ihm aus Dankbarkeit dafür am Ende die Hände küssen. Sie schlagen uns so klein, wie sie können. Ein General, der mit Hitler marschiert und ihm dient, ist kein General, sondern ein Liftboy, der überall die Hand aufhält."

Leo hörte, wie das Fett in der Bratpfanne unter den Heringen knallte.

„Müssen wir verlieren?"

„Natürlich. Wir haben uns die Völker von Narvik bis Nordafrika und von Frankreich bis zum Ural zum Feind gemacht. Und Rußland hört mit Wladiwostok noch nicht auf. Wenn es in der Politik ein Ziel gibt, dann das eine, mit den anderen Völkern im Einverständnis zu leben. Wer an diese Forderung keinen Gedanken verschwendet, muß schnell wieder verschwinden. Die Menschen trinken Wasser, wenn nichts anderes da ist, aber wenn einer Gift reinschüttet, gehen sie ihm an die Gurgel."

Leo sagte: „Du sagst, Hitler und seine Generäle sind keine dummen Menschen. Warum überlegen sie nicht, was sie tun?"

Georg Renner stand einen Schritt von der Bratpfanne und schabte mit einem breiten Messer auf dem Pfannenboden. Er sagte: „Das ist einfach. Sie sind Schurken. Sie wissen, daß sie nicht gewinnen können, und bringen, um ihre Wünsche zu befriedigen, Hunderttausende und Millionen um. Generäle, studierte Leute, sind Berater eines Bösewichts. Ich frage mich, was ein Mensch ist, und weiß es mit jedem Tag immer weniger. Was regiert die Menschen und die Welt? Klugheit und Weisheit sind es nicht. Selbst der Kluge läßt sich von seinen Begierden wie von Pferden wegziehen. Der zweite Winter in Rußland steht vor der Tür, frage mal den dummen Soldaten, ob er noch weiß, wie gern er im Sommer noch mitgestürmt ist."

Leo sagte: „Aber die kleinen Leute haben höchstens eine kleine Schuld."

Georg Renner sagte: „Man sagt das so. So schlau ist jeder, daß er weiß, so leicht, wie wir nach Rußland hineingekommen sind, kommen wir nicht wieder heraus." Er drehte die Gasflamme so klein, daß die Feuerpunkte wie Reiskörner standen. „Wir essen bald. Unseren Appetit darf das, was wir ohnehin wissen, nicht stören. Erinnere mich daran, daß ich dir meine Kleiderpunkte gebe. Du willst eine neue Hose haben, ich brauche keine, mir gefällt meine alte gut." Georg Renner zog sein Portemonnaie aus der Hosentasche und legte ein Markstück auf Leos Buch. „Zweimal Kino, auf dem Fünfzigpfennigplatz."

Er war schon auf dem Weg zur Stube, aber lehnte noch einen Augenblick am Pfosten der Küchentür. „Ich frage mich noch heute, was ich mich gefragt habe, als ich so alt war, wie du jetzt bist. Wofür willst du hungern? Für die Liebe, für das Geld, für das Wissen? Die Frage habe ich nicht vergessen."

Julia sagte: „Du bist Leo?"
Leo sagte: „Ja, der bin ich."

„Du siehst deinem Onkel ähnlich."

„Familienähnlichkeit."

Julia sagte: „Dann habe ich in die richtige Familie geheiratet. Lauter schöne Männer."

Leo sagte: „Schöne Frauen zu schönen Männern."

Julia sagte: „Oh galant. Dieses blöde Stillfett. Gut, daß du mich in den letzten Monaten nicht gesehen hast, ich war rund wie eine Pferdebacke."

Julia drehte sich vor dem ovalen Spiegel des Wäscheschranks. Anna Renner saß auf dem Sofa, ihr Kinn lag auf der Brust.

Leo sagte: „Sie schläft. Tut sie meistens."

Ein ganz dünner Bart aus schwarzem Haar schimmerte auf Julias Oberlippe. Onkel Albert hatte sie vor sechs Monaten geheiratet. Sie trug einen schwarz und weiß gestreiften Rock und eine weiße Bluse. Ihre Unterarme waren lang und rund.

Julia sagte: „Ich mag dich gern leiden."

Leo sagte: „Mir gefällst du auch."

Julia sagte: „Finde mich doch schön."

Leo sagte: „Das tue ich schon eine Zeitlang. Du hast besonders schönes schwarzes Haar."

Julia sagte: „Mir ist es noch zu stumpf, fast Brikett. Es müßte mehr glänzen."

Leo sagte: „Wie alt ist Hannelore?"

Julia sagte: „Genau drei Wochen oder siebenhunderteinundvierzig Stunden, nachmittags geboren, fast unanständig. Ich hätte lieber Kaffee getrunken." Sie strich sich mit beiden Händen über die Hüften. „Ich bin noch immer fett. Aber ich bin auch schon wieder schlank, verrate ich dir."

Leo sagte: „Mutter ohne Kind, wer paßt auf?"

Julia sagte: „Meine Schwester. Die Kinderkriegerei ist ein Schlauch. Den ganzen Tag lang machst du nichts als gibst zu trinken oder legst trocken."

Leo sagte: „Ist deine Schwester noch älter als du?"

Julia sagte: „Ich habe es mir fast gedacht, aber nun zeigt es sich auch, du bist ein Flegel. Ich bin genau einundzwanzig. Hältst du das für alt?"

Leo sagte: „Rostig bist du nicht."

Julia sagte: „Du bist ein Angeber." Leo setzte sich auf einen Stuhl, Julia blieb stehen. „Ich habe eine Geschichte von Hemingway gelesen, in der er vorführt, wie das Kinderkriegen wirklich ist, ohne Drumherumgerede. Ein Arzt fährt mit seinem kleinen Sohn zu einer Entbindung und holt das Kind mit einem Jagdmesser aus dem Bauch heraus."

Leo sagte: „'Indianerlager'. Kenne ich."

Julia sagte: „Schöne Geschichten über das Kinderkriegen müßten fast verboten werden."

Leo sagte: „Er stellt einen Sonderfall dar. Fast auch Schwindel."

Julia sagte: „Kinderkriegen ist die reinste Hölle. Du denkst wirklich, es ist aus. Der große Kopf durch die kleine Öffnung. Ich war froh, als ich endlich wieder etwas essen mochte."

Leo sagte: „Denkst du immer daran?"

„Nein. Fiel mir aber in diesem Augenblick ein. Meinst du, ich will nicht leben? Einmal reicht mir sowieso für alle Zeiten."

Leo sagte: „Wo erwischst du in diesen Zeiten Bücher von Hemingway?"

Julia sah auf Anna Renners Hände, die rund vor ihrem Bauch lagen.

„Annerose verleiht welche. Ich schlage das Zeug in eine Zeitung ein, und kein Aas merkt, was ich gerade lese. Anneroses Mutter hat die Regale voll, von Indien bis nach Chicago."

„Wer ist Annerose?"

„Annerose Orth, ist mit einem Bekannten von Albert verheiratet. Das Mädchen hat sich schon zweimal auf ein Kind eingelassen. Hat so dunkles Haar wie ich. Sie ist noch zwei Jahre älter ich."

Leo sagte: „Ich habe Karl Orth früher gesehen, er muß mindestens dreißig sein."

Julia sagte: „Das ist er bestimmt. Aber ich bin ja nicht für ihren Geschmack verantwortlich."

Leo sagte: „Wie fühlst du dich neuerdings in der Welt?"

Julia kreischte. „Du bist ein süßer Cousin, ach nein, Neffe. In deiner Nähe fühle ich mich zuerst einmal gut. Dann fühle ich mich doppelt, einmal als Julia, das bin ich selbst, und einmal als Hannelore. Es ist ziemlich blödsinnig, plötzlich hast du ein Ding unter den Fingern, das du gar nicht kennst, und es kommt dir doch ziemlich bekannt vor. Glaubst du, daß ich eine gute Mutter werde?"

Leo sagte: „Warum nicht?"

Julia sagte: „Mehr als an sie denke ich an Albert. Wer weiß, wo er im Augenblick hockt. Gut, daß wir das nicht wissen. Zuviel Wissen gibt Falten." Sie lachte Leo an. „Habe ich schon viele Falten?"

Leo sagte: „Ich kann keine sehen, und diejenigen, die da sind, übersehe ich."

Julia sagte: „Du bist wirklich wie Marzipan. Wollen wir sie wecken? Ach, lieber nicht. Sie ist sehr alt. Wie kann man bloß so alt werden." Sie setzte sich auf einen Stuhl und beugte den Kopf zu Leo vor und zog ihn schnell wieder zurück. „Wo erwischst du Bücher?"

Leo sagte: „Bei mir ist es einfach. Einer in der Schule heißt Schally, er betreibt mit den Büchern seines Onkels eine geheime Leihbücherei. Er schmuggelt sie ein und aus, und an seine vertrauten Leute verleiht er, zehn Stunden für zehn Pfennig, zwanzig Stunden für zwanzig Pfennig. Leihst du mittags um zwölf aus, darfst du bis zum anderen Morgen acht Uhr behalten. Ab Viertel nach acht muß man die ersten zehn Pfennig nachzahlen. Schally sagt, laß dir Zeit, seine Kunden lesen so schnell wie möglich."

Julia sagte: „Ich hätte keinen Geschmack daran, schnell zu lesen. Alles, was ich tue, muß langsam vor sich gehen. Alles. Soll ich es dir aufzählen? Essen, trinken, schlafen, lesen, lieben." Sie horchte. „Sie schnarcht." - Leo sagte: „Sie schläft."

Julia stand auf und sagte: „Ich werde mich jetzt gespenstisch hinausbewegen. Grüß sie, wenn sie aufwacht. Wann besuchst du mich? Ich schreibe dir eine Postkarten, nicht? Aber bei mir kann das sieben Jahre dauern."

Leo ging morgens um elf von der Schule nach Hause und sah vor sich den armen Studenten Raskolnikow durch die heißen Straßen zur Pfandleiherin gehen, um auszuspionieren, an welchen Orten ihrer Wohnung sie Pfänder und Geld versteckte. Leo hatte sich gerade für zwanzig Pfennig das Buch von Schally Kramer ausgeliehen. Er wußte, Raskolnikow würde die Pfandleiherin ermorden. Leo hob die Fußmatte hoch, unter der der Wohnungstürschlüssel lag, und legte sich auf der Küchenbank das aufgeschlagene Buch auf die Schenkel. Ihm war heiß, und er preßte die Handflächen an die Ohren. Er sah dem Traum zu, den Raskolnikow einen Tag vor der Tat träumt. Ein Mann erschlägt auf der Straße mit der Brechstange ein Pferd, und ein Passant sagt, ein Beil müßte man haben. Aus dem Stück Stoff fertigt Raskolnikow eine Schlinge an und hängt sich das Beil des Hausknechts, das er im Schuppen findet, unter den Arm. Die Pfandleiherin, die allein zu Hause ist, läßt ihn herein. Raskolnikow holt mit beiden Händen aus, weil er glaubt, er habe keine Kraft mehr, und schlägt dann noch zweimal zu. Wo sind die Pfänder, wo liegt das Geld, welcher Schlüssel paßt? Er hat vergessen, den Türhaken einzuhängen, die Schwester der Pfandleiherin steht plötzlich vor ihm, und er erschlägt auch sie. Beide Male sieht er deutlich die Haarsträhnen auf dem Kopf der Frau, und er wäscht in einem halbvollen Eimer Wasser das Beil wieder sauber. Er geht die Treppen hinunter, während die Menschen schon Verdacht geschöpft haben, und bleibt in einer leerstehenden Wohnung, die gerade neu angestrichen wird, stehen. Er liegt im Fieber auf dem Sofa in seinem Zimmer im fünften Stockwerk und hat Angst, daß Spuren des Mordes an ihm sind, und möchte kein Blut an seinen Strümpfen und seinen Hosenfransen haben. In der obersten Kommodenschublade hat die Pfandleiherin eine Schatulle mit fünfzehnhundert Rubeln stehen. Raskolnikow hat nur ein wenig Krimskrams im Wert von zwanzig Rubeln mitgenommen. Raskolnikow denkt, er denkt. Leo dachte: Ich dächte nicht soviel. Ich habe nicht so viele Gedanken wie Raskolnikow. Vielleicht kann ich überhaupt nicht denken. Ich bin ein stumpfer Mensch. Ich komme nie zu Gedanken. Warum denke ich nicht wenigstens soviel wie Raskolnikow? Leo mußte pissen, er behielt das Buch in der Hand, während er im Klosett stand. In der Küche spülte er die leere Milchflasche aus, er ging langsam zum Lebensmittelladen und tauschte die Milchflasche gegen sechs verbilligte Cremekuchen ein. Die Kuchen schmeckten besser als frische. Ich verstehe nicht, daß sie alte Kuchen billiger hergeben, sie sättigen mehr. Er trank kaltes Wasser. Er blätterte im Roman bis zu der Stelle zurück, an der Raskolnikow die Pfandleiherin ermordet, und legte einen Zettel zwischen die Seiten, damit er die Schilderung sofort wiederfand. Er steckte das Buch unter den Pullover und legte den Türschlüssel für Harry unter die Fußmatte. In der Straße sah er die Ulmen stehen, an denen nur noch dünne Blätter hingen. Einmal war ein Mann am nackten Stamm hinaufgeklettert, um einen Wellensittich aus dem Baum zu holen. Wie lange war das her? Im unteren Teil der Straße reichten die Vordergärten bis an die Gehplatten des Trottoirs. Leo sah die kleinen schwarzen Löcher in den gemauerten Umfriedungen der Gärten, durch die das Wasser ablaufen konnte, und dachte daran, daß sie kleine grüne Gurken darin versteckt hatten, als sie bei Botho stehlen lernten. Der Fußballplatz war verschlossen; vier Jungen kletterten am hohen Maschendrahtzaun hinauf und sprangen an der Innenseite hinunter, Leo mußte lächeln. Sonntag morgens war er zu den verschwitzten siegreichen Spielern aufs Spielfeld gelaufen und hatte ihnen mit der flachen Hand auf das nasse Trikot gehauen. Rochen nach Horn und Pferd. Unter den alten hohen Kastanienbäumen in der abfallenden Straße fiel ihm ein, wie das kleingemusterte Straßenpflaster gesungen hatte, wenn man auf dem Fahrrad hinunterraste. Links sah er das neue Freibad liegen, wenige Menschen saßen auf dem Rasen, rechts stand die kleine Markuskirche. Leo merkte, daß ihre Ziegel fast so blau wie Rotkohl waren. Er ging die lange Wagnerallee bis zum Bahndamm hinauf und roch Rinder und Schweine, obgleich keine verladen wurden. Wenn ich sie rieche, denke ich daran, wie sie schreien; wenn sie schreien, denke ich daran, wie sie riechen. Das waren die

Straßen, die er auch gegangen war, wenn er in den Zirkus oder zum Jahrmarkt gehen wollte. Er lachte. Oma wohnt fast im Zirkusfeld. Links und rechts der Straße liefen die Mauern, hinter denen die Schlachthallen lagen. Hier habe ich Ratten gesehen. Gingen auf und ab, als wären auch sie Fußgänger. Er ging durch die kurze Pottstraße, in der es schon nach der Kakaofabrik roch, und bog in die Passage ein, in der Anna und Georg Renner wohnten. Er hielt den Roman in der Hand, aber merkte, daß er keine tiefen Gedanken hatte. Was für ein Mensch war Raskolnikow gegen ihn.

Aus dem Bett im zweiten vorderen Zimmer in Anna Renners Wohnung rief Onkel Achim: „Sei mir gegrüßt, du junger Hund. Endlich sehe ich Creme und Blüte der Heimat wieder."

Er ist ja eine fette Sau! Leo ging auf Onkel Achim zu und faßte seine vorgestreckte Hand.

Achim befahl: „Bettrand."

Leo setzte sich bei Achim auf den Bettrand und dachte: Ich säße lieber zwei Schritte von ihm. Er stinkt nach Schnaps. Ein ungewaschenes Schwein. Leo sagte: „Warst du lange unterwegs?"

„Sechseinhalb Tage auf dem Dampfwagen. Durch Nebel, Nacht und Sonnenschein, und die Knarre in der Hand." Am Bettpfosten am Fußende hing Achims Karabiner. „Die Begleiterin, wohin der Soldat sich auch begibt."

Leo sagte: „Wie fühlst du dich?"

Achim sagte: „Tadellos. Hier liegt er am Heimatstrand. Reiche die Zigarren und die Entkorkte her."

Auf der Kommode standen ein Kistchen mit Zigarren und das Glas mit der Flasche. Unter der Fensterbank hatte Achim seinen Rucksack abgesetzt.

Achim ließ sein Feuerzeug springen und stieß dicken Zigarrenrauch gegen Leo. „Ein ranker Kanakentrank. Hole ein zweites Glas heran. Für beide zum Wohl." Achim schob sein Glas schon an den Mund. „Radikal ex! Hiermit zum zweiten." Er goß beiden ein.

Leo nippte nur an seinem Glas. „Verdammt scharf." Warum

muß ich hier sitzen? Ich will lesen.

Achim sagte: „Harmloses Wasser. Kannst dir sogar die Füße oder das Haar damit waschen, alles erprobt."

Leo fühlte Zucken in den Augen, aber schluckte. „Obergefreiter, hei." Auf dem Ärmel des Uniformrocks, der über der Stuhllehne hing, saß ein Doppelwinkel.

Achim lachte. „Putzer des Majors ist keine Sau. Wenn der Herr befördert wird, rückt sein persönlicher Diener nach. Schütze, Gefreiter, Obergefreiter, ein ordentliches Mitglied einer geordneten Armee rückt Stufe um Stufe die Treppe rauf."

Leo sagte: „Ist es sehr gefährlich an der Front?"

Achim sagte: „Gefährlich? Meistenteils glänzend. Guckst du in der Nacht, glotzt der Mond, guckst du am Tag, grinst die Sonne. Wird nicht alle Tage geschossen, das ist nicht lebensnotwendig, alle Tage scheißen, ja." Er schlug gegen Leos Schulter. „Mensch, du bist blank wie ein Frisierspiegel, glatte Wangen, hell lackiert. Dies ist ein Steppenbart, und dabei vor drei Tagen rasiert." Achim knüllte sein Kopfkissen vierfach zusammen, damit sein Kopf höher lag. Er zog an der Zigarre und blies dicken Rauch von sich. „Kommst du in der Schule voran?"

„Ja."

„Schwerstes Fach?"

„Mathematik."

„Reiß eine Aufgabe runter."

„$a + aq + aq^2 + aq^3$."

„Mir dreht sich der Magen. Putzer, Flasche."

Leo goß ein.

Achim sagte: „Gut. – Gut. – Bei drei machen wir vorläufigen Halt. Flasche wegstellen." Achim zog sein Hemd hoch und zeigte Leo, wo das Fett auf Bauch und Magen hing. „Ich werde feist. Auf der wunderschönen Fahrt von Odessa nach hierher habe ich an einem Tag fünfzehn Eier gefressen. Kommen die Partisanen, wollte ich nicht mit leerem Bauch hinter die letzte Gardine gucken. Auf, Achim. So leicht ist das nicht, wo liege ich wieder so sicher, trocken und feucht zugleich. Der Segen eines Junggesellenlebens. Putzer, Flasche." Achim saß barfuß auf dem Bettrand und kratzte seine wenigen rötlichen Haare. „Wir müssen augenblicklich zum Geschäft übergehen. Reich mir den Frack her." Er kramte Spielkarten aus der Brusttasche des Uniformrocks und warf Geldscheine und viele Münzen auf den Tisch. „Siebzehn und vier." Er zog seine Uniformhose über und steckte das Unterhemd hinein. „Wir bleiben im leichten Dienstanzug." Er schob Leo zwei Fünfzigmarkscheine zu. „Deine Fleppen. Spiel muß Reiz haben. Gibst du nur im Nahkampf wieder her. Ich hau' sie dir in Kürze aus der Tasche." Er dampfte den Zigarrenrauch zu Leo hin. „Stinke ich sehr nach Pomade?"

Leo sagte: „Wie ein Fisch."

Achim sagte: „Wir wollen heute zu Ende stinken. Den nächsten Tag beginnen wir zur Abwechslung mit Wasser. – Karten mischen. Nun lege das Häufchen manierlich auf den Tisch."

„Neunzehn zieht."

„Siebenundzwanzig. – Hält mit."

„Einunddreißig. – Hält mit."

„Einundvierzig."

„Passe."

Achim lehnte sich zurück und rauchte. „Putzer! Flasche."
Leo goß ein. Achim trank.

„Achtzehn zieht. – Du bist auf der abschüssigen Verliererbahn. Du fällst rein. Die ersten zehn Mark sind schon wieder in meinem Topf. – Putzer! Hole das Messer, hole die Wurst. Greif das Brot."

Leo wühlte in Achims Rucksack und stellte Konservendosen mit Butter und Leberwurst auf den Tisch.

„Herrn und Hund eine besondere Stulle. Leberwurstbrot auf heimatlichem Stuhl würzt den Festtag. – Putzer, Flasche!"

Leo goß ein, Achim steckte ihm einen Fünfzigmarkschein in die Hosentasche. „Leo, die bleiben in deinem Tresor. Geschenke sind ewige Pfänder. Sie erscheinen nie auf dem Spieltisch."

Achim kaute Wurstbrot und hielt Leo das leere Glas hin.

„Etwas Spülung. – Putzer, Nachspülung. – Singen.

Mein Sarraß aus dem Türkenkrieg

ist spiegelblank und schneid't wie Gift ...

Pfeifen wir mein Lieblingslied. 'Wär' deine schwarze Tochter nicht, ich hätt' dich nie gekannt.' – Siebenunddreißig – nun? Haha!"

Leo sah das Geld von seiner Tischseite auf Achims Geldhaufen wandern. „Ich verliere nur. Was machst du?"

Achim sagte: „Bist eine Pfeife. Etwas Übung, etwas Glück, etwas praktischer Sinn."

Er sang:

„In der Kneipe am Moor

singt und spielt einer vor.

Klirren die Gläser und Klampfen!"

Leo sagte: „Ich höre auf. Du gewinnst fünfmal, ich einmal."

Achim sagte: „Im Spiel und in der Liebe bis zum Glück oder bis zum bitteren Ende. Mischen. Klopfen. Abnehmen, abnehmen. Neunzehn zieht. Hahaha! Putzer, Flasche. Die volle da neben der Kommode."

Leo verlor dreimal.

„Der Stümper ist ein Faß ohne Boden. Du bluffst nicht. Du guckst treuherzig wie das alte Fräulein Meier. – Bluff, bluff. Du mußt mehr bluffen, Tierchen. Oh du guckst ja treuherzig wie ein Dackel. Zieh, zieh, zieh. Schon in alten Schuhverkäufertagen habe ich die edle Blickkunst gelernt. Imitation? Aber, meine Dame, das erkennt nur ein Jäger vom Amazonas, wenn ich einmal übertreiben darf. Für den gewöhnlichen Blick echt Krokodil, meine Dame. – Ein Verlierer weint nie. Der Gewinner lacht. Hahaha."

Leo gewann.

Achim rief: „So fährt das Schiff bergauf gegen die schäumenden Wogen. Was sagte der Kompaniechef? Sie sind doch gelernte Fachkraft, Schuhverkäufer. Was treiben Sie sich bei der hitzigen Truppe herum? Ab in die Bekleidungskammer."

„Habt ihr eine Bekleidungskammer an der Front?"

„Oh du Trottel. Ich spanne daselbst jeden Abend oder um

Mitternacht die Gäule an und fahre die Brote und die Suppe an den Graben. Wenn es kracht, machen wir alle drei in die Hosen, nur haben die Pferde keine Hosen an."

Anna Renner rief aus dem anderen Zimmer. Achim sagte: „Guck nach."

Leo sagte: „Einer soll Oma zur Toilette bringen."

Achim rief: „Putzer! Alte Frau muß kacken."

Anna Renner ging an Leos Arm Schritt für Schritt über den Korridor zur Toilette. Leo machte die Tür auf, hob den Klosettdeckel und half seiner Großmutter, die Hosen herunterzuziehen. Leo dachte: Jetzt gehört mir viel Geld. Vielleicht gewinne ich noch mehr.

Er stand auf dem Korridor, bis Anna Renner wieder aufgestanden war.

Achim befahl: „Meldung."

Leo sagte: „Befehl ausgeführt. Alte Frau wieder in Sicherheit."

Achim schob Leo ein halbes Glas Kognak hin. „Ein Zug. – Gezogen! – Sind Grimassen der Freude, die du schneidest. – Noch so ein kleines Warmes für den Magen?

Es zog ein Regiment von Ungerland herauf.

Es zog ein Regiment von Ungerland herauf.

Ein Regiment zu Fuß und ein Regiment zu Pferd..."

Achim ging barfuß und im Unterhemd zu Anna Renner hinüber.

„Traute Mutter. Holsteiner Saftschinken habe ich zwei Büchsen voll im Rucksack. Er wird nachher gefressen. Die Sonne geht, aber der Abend naht."

Achim sah Leo. „Kein Dienstwagen da. Bestellen wir. Putzer, ab zum Melder, Fahrer soll sich bereithalten. Du bleibst, bis der Morgen graut."

Anna Renner murmelte gegen ihre Schenkel: „Besoffenes Schwein."

Georg Renner kam zur Wohnungstür herein. „Na, Soldat?"

Achim sagte: „Vater, du kommst richtig. – Putzer, Flasche. Schenke diesem Mann zwei auf einmal ein."

Achim zog ein Lackkoppel aus dem Rucksack und band es um. Er sang:

„Morgens zwischen drei und vieren
müssen die Soldaten marschieren."

Georg Renner sagte: „Zieh Schuhe an, Achim, der Fußboden ist kalt."

Leo ging in der Dunkelheit durch die Straßen und sagte die Straßennamen vor sich hin. Pottstraße. Bei den Schächten. Am Bahndamm. Weidenkamp. Wagnerallee. Moorgartenstraße. Sportplatzring. Widderstraße. Morgen erste Stunde Mathematik. Verdammt, ich kann das Additionstheorem noch nicht. Ich habe ganz vergessen, an Raskolnikow zu denken.

Leo liebte Ellen aus der Wiesenstraße, die Dunkelblonde. Sie leistete nach der Entlassung aus der Schule das Pflichtjahr im Haushalt ihrer Mutter ab, am Wochenende ging sie mit Soldaten aus.

Sie sagte: „Oh, Leo, dich sieht man so selten wie ein Huhn im Topf."

Leo sagte: „Ich war erst gestern hier."

„Haha. Er fällt auf den Witz rein. Kluge Jungen sind manchmal Trottel."

Ihr Bruder Gert sagte: „Sie ist Pack, Leo. Laß dich nicht mit ihr ein. Seitdem sie nicht mehr zur Schule geht, ist sie total verblödet."

„Du windige Laus." Ellen lief gackernd auf ihren Bruder zu. „Wer schreibt die englischen Nacherzählungen, wenn du nicht weiterkommst? Auch so ein Esel, dem es nicht reicht, daß seine Ohren lang sind, er muß auch noch iah schreien."

Gert biß Ellen in den Arm, Ellen biß Gert ins Ohr.

„Sind wir nicht süße Geschwister?" Ellen nahm ihren Armreifen vom Gelenk und ließ ihn um den Zeigefinger laufen.

Leo sagte: „Beiß mich auch mal."

Ellen sagte: „Das macht Gert. Du bist mir zu zäh. Vielleicht bist du einer, der nur krausgestreifte Muskeln hat."

Gert sagte: „Total verblödet, ich sage ja. Quergestreifte,

heißt es."

Ellen sagte: „Hunger haben alle, aber es muß erst gekocht werden." Im Zimmer ihrer beiden jüngeren Brüder stellte sie ihren Puppenstubenherd auf den Tisch. „Leo, du brätst Haferflockenpfannkuchen, Gert schneidet kalte Kartoffeln klein und brutzelt Gulaschsuppe, ich speise zum Dank mit euch."

Leo dachte: Bin ich denn ihretwegen verrückt? Er rührte Haferflocken, Milch und Eipulver in einer Tasse. Mit einem Teelöffel füllte er den dicken Pfannkuchenteig in die winzige Bratpfanne.

Ellen streichelte Gert hinterm Ohr. „Gib das an Leo weiter."

Leo sagte: „Streichle mich, ich gebe es an Gert weiter."

Ellen lachte. „Du willst ältere Leute verführen." Ihre nackten Arme liefen lang aus dem ärmellosen Pullover.

Leo sagte: „Du wärest gleich wieder jung."

„Tolpatsch." Ellen klatschte in die Hände. „Kinder, wir müssen jetzt essen."

Leo sagte: „Mama, ich liebe dich."

„Ja, schön. Aber das ist mir viel zu gefährlich, es kommt in den besten Familien zuviel vor." Ellen tupfte ihre Lippen auf Gerts Nacken. „Beiß Leo an dieser Stelle ins Genick."

Leo fühlte: Ich liebe dich!

Aber Ellen lachte und küßte ihren eigenen Oberarm. „Ich rieche wie Flieder."

Leo sagte: „Röche ich auch."

Ellen biß in den Haferflockenpfannkuchen, den Leo gebakken hatte. „Schmeckt besser als du."

Leo sagte: „Probiere mich doch."

Ellen sagte: „Iß Gerts Gulasch. Taugt für deinen gierigen Gaumen."

Die kleinen Türen des Puppenstubenherds standen offen, damit die Kerzenstummel nicht zu schnell wegschmolzen. Das Gulasch und die Pfannkuchen schmeckten nach ausgequalmten Dochten.

Ellen sagte: „Ich komme sofort wieder." Sie stellte sich im gelben Pullover im Türrahmen vor. „Grellgelb, zu dunklem

Haar. Das knallt."

Leo sagte: „Ellen, ich liebe dich."

Ellen ließ sich vornüber über die kurzen Kinderbetten fallen.

„Das ist zuviel. Leo, der jüngste Liebhaber aus der ersten Schulbank. Hahaha! Gert, rette mich."

Gert sagte: „Sie kostet Nerven, ich muß diese Gans täglich hüten."

Ellen sagte: „Oh, Esel. Wenn alle ausgelacht haben, kapiert Gert und legt sich aufs Stroh."

Gert sagte: „So etwas bleibt ein Kind, sein Leben lang."

„Als du geboren wurdest, hatte ich schon Haare auf den Zähnen." Ellen beugte sich zu Leo. „Leo hat Haare am Kinn."

Gert sagte: „Sie hat heute noch Haare auf den Schienbeinen."

Ellen sagte: „Die ganze Familie muß zum Friseur."

Gert hielt den Pinsel und den Rasierapparat seines Vaters in den Händen.

Ellen sagte: „Nein, das alte Rasiermesser, sonst schneiden wir allen Löcher."

Ellen seifte Leo ein. Er saß mit zurückgelegtem Kopf und sah in Ellens Augen. Jetzt müßte sie mich küssen.

„Wie schön er stillhält." Sie tupfte einen Seifenklacks auf Leos Nase. „Schlachten mußt du ihn."

Gert schrabte mit dem Rasiermesser über Leos Haut.

Ellen sagte: „Gert, an meiner Statt ablecken."

Gert leckte den Rest des Seifenschaumes von Leos Kinn.

„Bravo!" Ellen kniff in Leos Ohrläppchen. „Leo sieht wie frisch glasiert aus. Der nächste bitte." Ellen streckte die Beine vom Stuhl zum Schemel, Leo seifte ihre Schienbeine ein. Ellen sagte: „Gert, laß Leo." Leo zog das Rasiermesser vorsichtig über Ellens Schienbein.

„Ablecken. Das kitzelt." Ellen stieß mit dem Fuß den Schemel um.

Leo fuhr mit Lippen und Zunge von Ellens Spann bis zum Knie. Leo dachte: Ich Verrückter. Aber ich will ihre Haut berühren.

Ellen fragte: „Wie schmeckt es?"

Leo sagte: „Bitter. Mir macht das nichts."

Gert sagte: „Ich weiß, wo Ellen noch mehr Bart hat."

Ellen sagte: „Ihr seid verrückt, ich bin keine Französin."

Frau Forster, Ellens und Gerts Mutter, streckte den Kopf um die Zimmertür. Sie sagte: „Ihr seid Säue. Ihr seid keine Kinder mehr. Ihr seid ausgewachsene Schweine."

Ellen sagte: „Nichts dergleichen. Deine gesunden Kinder."

Frau Forster sagte: „Und Leo?"

Ellen sagte: „Ist ein Schulkind. Er ist wirklich ein Kind, aber träumt davon, daß ich ihn liebe."

„Das lohnt nicht." Frau Forster hatte ebenso dunkelbraunes Haar wie Ellen. Sie strich über Leos Kinn. „Schön glatt. Sie hat zwanzig andere, Herbert, Florian, Max. Du lachst dich schief, wenn du die Liebesbriefe liest."

Leo sagte: „Finden Sie es richtig, daß sie dreißig außer mir hat?"

Ellen strampelte mit den Füßen. „Außer ihm!"

Gert sagte: „Ran, nimm die Festung."

Leo sagte: „Frau Forster, warum liebt sie mich nicht?"

Frau Forster sagte: „Du hast eine geheime Geliebte, das merkt eine Frau sofort."

Gert sagte: „Gehen wir. Die versammelten Weiber."

Frau Forster sagte: „Könnt ihr mir versprechen, daß ihr Ellen nicht auch noch ein Kind macht."

Ellen kreischte. „Ja, wenn es Zwillinge werden."

Frau Forster sagte: „Gert, du bist die letzte Stütze deiner Mutter. Was soll ich mit ihr machen?"

Gert sagte: „Prügel. Bei ihr hilft nur noch der blanke Knüppel."

Leo dachte: Ich küsse sie, auch wenn ihre Mutter dabei ist.

Frau Forster faßte nach dem Rasierapparat und dem Pinsel. „Wieder an den Platz. Wenn Papa eure Spielereien sieht, reagiert er elektrisch."

Leo sagte zu Rola: „Habe ich eine heimliche Geliebte?"

Rola lachte, daß ihr Bauch über den Schenkeln wippte. „Du redest im Schlaf, ich weiß sogar schon, wie sie heißt."

„Wie?"

„Ist mir im Augenblick wieder entfallen. Wahrscheinlich eine Römerin oder Griechin."

Leo sagte: „Kannst du nicht ernst sein? Warum liebt mich keine?"

Rola sagte: „Du magst die Bücher lieber. In solchen Rhabarber wollen die Frauen nicht beißen."

Leo sagte: „Ich liebe die Liebe mehr als das Lernen."

Rola sagte: „Sagst du, aber wahr ist es nicht. Wer dich durch die Welt ziehen sieht, muß lachen, Buch unterm Arm, Buch unterm Pullover, Buch vorm Bett. Die Mädchen strecken den Busen heraus, damit du ihn siehst, und du siehst den Studenten vor dir, der eine alte Frau umbringt."

Leo sagte: „Du kennst mich nicht."

Rola sagte: „Um so besser. In dich hätte ich mich nie verliebt. Ehe du einen Menschen bemerkst, muß er erst zwischen zwei Buchdeckeln Platz gefunden haben."

Leo sagte: „Ich kann dir schwören, daß ich Mädchen mehr als Bücher liebe."

Rola sagte: „Dann schwörst du einen Meineid. Mildernde Umstände kriegst du wahrscheinlich, weil du das Ausmaß der Katastrophe nicht überschauen konntest."

Leo sagte: „Sei ernst."

Rola sagte: „Das bin ich meistens."

„Kann mich wirklich keine lieben?"

Rola sagte: „Doch. Aber Frauen sind herrische Biester. Sie wollen dich ganz untertänig haben. Du behältst den Kopf oben, aber sie sind erst zufrieden, wenn du ihn ganz verloren hast."

Leo sagte: „Wenn ich eine Frau liebe, weiß ich nicht mehr, was ich tue."

Rola sagte: „Du wärest nicht der erste Fall dieser Art."

Leo sagte: „Aber warum liebt mich keine?"

Rola sagte: „Du riechst schon wie ein Verräter. Weiber sind Weiber. Sie lenken den Geist auf nichts als auf Fleisch und

Kleider, aber dich haben sie sofort im Verdacht, daß du nach mehr Ausschau hältst. Gibt nur ein paar, die soviel Aussteuer haben."

Leo sagte: „Ich halte dich eigentlich für dumm. Aber mit dir kann man vernünftig reden, auch wenn du nicht sagst, was du wirklich meinst."

Rola sagte: „Gefällt mir, daß du den Mut hast, die Wahrheit zu sagen. Dumm bleibe ich trotzdem. Das ist auch eine Art, neben seinen Kindern klüger zu werden."

Leo sagte: „Glaubst du auch, daß die Liebe eines der größten Rätsel ist?"

Rola sagte: „Rätsel ist es bestimmt. Sonst wüßten wir, was Liebe ist. Die eine Frau läßt den Mann aus Liebe zu ihm vom Kirchturm springen, die andere erlaubt ihm nicht, seine Schuhe selbst zu putzen, er soll immer ihr Held bleiben."

„Glaubst du, daß die Liebe über alles siegt?"

„Wenn es die richtige ist, ja. Wir hängen gewöhnlich nur an einem Strick in der Welt. Wenn der Strick gerade Liebe heißt, hängen wir sogar an ihm, bis wir vergangen sind."

„An welchen Stricken hängen wir noch?"

Rola sagte: „Gewöhnlich am Gegenteil, Egoismus. Der Strick reißt nie." Rola sah Leo an und dachte: Gott, welch ein Kindskopf. Hocken wir in der Küche, er mit aufgeschlagenen Schreibheften und ich beim Kartoffelschälen. Sie sah ihre grauen Hände an, in der die braunen Rillen vom Wasser und von den Kartoffeln lagen. „Ist gewöhnlich, aber seltsam. Die Menschen sind verschieden. Gib ihnen einen Strick; der eine hängt sich daran auf, der andere macht ein Seil daraus, auf dem er turnen kann. Weiß ich, was du mal mit der Liebe anfängst."

Leo sagte: „Ich übersetze dir einen Satz aus dem Lateinischen. Ich verstehe ihn gar nicht. Wenn die Liebe vorbei ist, ist jedes Tier traurig."

Rola sagte: „Schön. Wer das geschrieben hat, hat erkannt, wie es steht. Ziemlich gefährlich, wenn man aus dem Rausch erwacht, da läßt man den Kopf hängen. Wenn die Liebe anfängt, will jeder für sie sterben."

Leo fragte: „Hast du sehr geliebt?"

Rola sagte: „Wenn man liebt, liebt man. Man kann dann nicht vergleichen. Den einen liebt man so, den anderen so. Aber wenn man liebt, schwimmt man immer im selben Ozean, und der heißt Liebe."

Leo sagte: „Warum hast du geheiratet?"

Rola lachte. „Wohl aus Liebe. Wahrscheinlich war ich deshalb hinterher so traurig."

Leo sagte: „Was ist Liebe wirklich?"

Rola sagte: „Wenn du Hunger hast, steckst du dem anderen das Brot in den Mund, anstatt es selbst zu essen."

„Das hält man nicht aus."

„Selten. Deshalb mußt du lange laufen, ehe du jemanden triffst, der wirklich liebt."

Leo sagte: „Ich bin Egoist. Vielleicht lieben mich deshalb die Frauen nicht."

Rola sagte: „Etwas Wahres ist daran. Du denkst, anstatt zu fühlen, das verschafft dir Lust. Frauen muß man etwas vorfühlen. Wenn du Gefühle an sie verschwendest, geraten sie ganz durcheinander, und gerade dann fühlen sie sich am wohlsten. Sie glauben, die ganze Welt um sie herum versinkt."

„Versinkt sie wirklich?"

„Quatsch. Aber das ist der einzige Moment, in dem sie spüren, daß der liebe Gott Achterbahn mit ihnen fährt. Sie halten die Luft an, kreischen und finden alles schön wie den Tod."

„Du sagst ganz Lustiges."

Rola sagte: „Zu glauben brauchst du kein Wort. Das ist nur das Angebot, das ich dir feilbiete, heute Sirup, morgen Rhizinus."

Leo sagte: „Magst du Julia?"

„Oh, ein bißchen. Aber sie ist noch etwas jung. Sie meint wirklich, Onkel Albert sei der Prinz von Sonderburg. Was so die Liebe macht."

Rola dachte, ich kann auch mein Maul halten, aber sie ließ die Worte schon über die Zunge fahren.

„Ja, beinahe wäre Onkel Albert nicht einmal geboren worden, Oma hat ihn auf dem Klosett verloren. Zweieinhalb Pfund hat das Paketchen gewogen. Sieht keiner voraus, was aus jemandem wird. Hätte sie keine Hose angehabt, wäre er auf den Fußboden gefallen."

Leo sagte: „Warum erzählst du mir das?"

Rola sagte: „Schadet nichts, zu wissen, wie das Leben ist. Die Liebe hat Seiten, die man überhaupt nicht sehen will."

Leo sagte: „Warum magst du Julia nicht?"

Rola sagte: „Ich bin natürlich eine alte graue Assel gegen sie. Wer alt ist, ist neidisch. Aber ich werde mir schon gegen den Kopf schlagen, damit ich wieder zur Vernunft komme."

„Du kannst dir leicht sagen, so jung war ich früher."

„Meint man. Aber man erträgt es schlecht, wenn einen alle wie eine blinde Hündin in die Ecke treten, und nur die glatten Tierchen werden gestreichelt. Dein Vater, du, selbst Opa, ihr singt wie die Drosseln Julia, Julia."

Rola weinte.

Leo saß mit seinem Großvater am Tisch in der Stube. Er dachte: Ein alter Knacker, der viel Stuß redet. Er sah dann und wann zur Kommode, auf der Georg Renner die Photographien, die er besaß, in kleinen Rahmen aufgestellt hatte. Wenn Georg Renner sich zur Seite wandte oder vorbeugte, konnte Leo Albert, Achim, Ingo, Onkel Gregor, Nelly, Julia und sich selber sehen.

Georg Renner sagte: „Er will noch immer siegen. Aber bald muß er zugeben, daß das eine schöne Täuschung war. Der Amerikaner baut alle zehn Minuten ein Flugzeug. Jetzt schon kann er jeden Tag zweihundert Stück herüberschicken."

Leo wollte seinem Großvater zeigen, über wieviel Einsicht er verfügte. „Ich verstehe überhaupt nicht, daß wir in Rußland und Norwegen Krieg führen, wir sind in Deutschland zu Hause."

Georg Renner nickte. „Das sage dem Herrn und seinem Anhang. Jetzt haben sie sich so tief in den Graben gestürzt, daß sie Angst haben, sie kommen überhaupt nicht mehr heraus.

Man kann nur den Kopf schütteln, wenn man sich vorstellt, daß eine ganze Armee davon träumt, bis nach Berlin zurückzukommen, dort will sie sich wohl friedlich ins Bett legen, und die Welt darf sie nicht stören, weil sie sich von den Strapazen erholt."

Leo sagte: „Bring ihn zur Vernunft!"

Georg Renner schüttelte den Kopf vor dem starren Hals. „Er hat keine. Ihn kann man nur mit der Kugel beseitigen. Dann käme es darauf an, wieviel Vernunft um ihn herum nachgeblieben ist. Aber das ist reine Spekulation."

Immer die gleichen Reden! Leo sagte: „Ich glaube nicht, daß alle amerikanischen Flugzeuge bis nach Deutschland kommen."

Georg Renner sagte: „Das hoffen unsere Oberherren auch, obgleich sie es besser wissen. Die Alliierten schütten uns alles, was sie haben, aufs Fell. Für sie ist der Tiger ausgebrochen, und gegen den braucht man so lange Feuer und Blei, bis man ihm den Fuß auf den Kopf stellen kann."

Leo sagte: „Nein. Jeder einzelne ist kein Tiger. Ich vielleicht, du?"

Georg Renner sagte: „Aber er ist in jedem Moment schuldig, in dem er für den Anstreicher marschiert. Schon wer ihn duldet oder nicht gegen ihn wirkt, ist schuldig. Widerstand kostet das Leben, aber wäre die einzige menschliche Haltung."

Er redet immer dasselbe!

„Warum denkt nicht jeder so?"

„Nicht jeder denkt. Von hundert sind höchstens fünf zum Denken geschaffen, die anderen wollen sich vergnügen. Das Leben ist langweilig, auch wenn du es nicht wahrhaben willst. Die Leute wollen was um die Ohren haben, und wenn sie brüllen, Beifall klatschen oder mit einem Orden auf der Brust schießen dürfen, vergeht die Zeit. Leo, sogar mit einem abgerissenen Fuß weggeschleppt zu werden hilft gegen die Langeweile, man wimmert und merkt, daß es weitergeht."

Leo sagte: „Mir gefällt nicht, was du sagst. Du machst dich über die Menschen lustig."

Georg Renner sagte: „Wäre schön, wenn wir gerade in solchen Zeiten lebten. Im Augenblick beißt man die Zähne zusammen, schon das nennt man Lachen."

Er ging in Pantoffeln über den Korridor ins Nebenzimmer, in dem Anna Renner auf dem Sofa saß und schlief. Er sah ihre runde Hand, und an ihrem Kinn glänzte etwas Speichel.

Er blieb vor Leo stehen. „Du gehst hin und sagst zwei Worte, und ich wandere ins KZ. Oma fahren sie gleich ins Krematorium. So sind die Zeiten, junger Mann."

Leo sagte: „Ja, alter Mann." Mach mir nicht immer Angst!

Georg Renner sagte: „Seitdem ich nicht mehr auf der Werft arbeite, habe ich alle Hände voll zu tun. Ich bin Hausfrau, koche, hole ein, mache rein, wasche. Oma bade ich jeden zweiten Tag, ist ein ziemlicher Umstand, aber nötig. Wenn mir dann freie Zeit bleibt, gucke ich mit angestrengter Intelligenz aus dem Fenster. Genauso habe ich mir meinen Lebensabend vorgestellt."

Leo sagte: „Jetzt machst du dich wieder lustig."

Georg Renner sagte: „Aber diesmal gestattest du es mir ja."

Leo sagte: „Willst du, daß Rußland siegt?"

Georg Renner sagte: „Ehrlich gesagt, weder das gegenwärtige russische Volk noch Stalin und seine Clique verdienen es. In Rußland wollten sich die Menschen den ersten menschenwürdigen Staat auf diesem Erdball schaffen. Die Parole sollte sein, jeder kann frei sein, weil das Ganze frei ist. Zustande gebracht haben die Menschen bisher nur ein Staatsgefängnis, in dem nur eine Meinung, Angst und Zwang herrschen. Im heutigen Rußland bist du entweder Gefangener und wirst auf alle möglichen Arten geschlagen, oder du gehörst zu den Gefängniswächtern." Leo dachte: Deine langen Reden! Renner drehte die Haare einer Augenbraue zwischen den Fingern. „Lenin ist noch jemand an die Kehle gegangen, eine Frau, und hat ihn durch die Brust geschossen, aber den Würger Stalin hat das Volk nicht geschlachtet, sondern er hat alle geschlachtet, die ihm im Wege waren. Nachgeblieben sind nur die, die sich dem roten Mörder angepaßt haben, seine Handlanger, neue Bonzen."

Er lachte gurgelnd. Leo dachte: Wie oft sagst du das? „Den Namen für das, was entstanden ist, hat einer der großen Revolutionäre, Trotzki, schon vor Jahren gefunden, Nationalsozialismus."

Ja, ist gut. Leo sagte: „Meint er, daß auch in Rußland Nazis herrschen?"

„Genau das. Der Begriff soll sagen, daß das, was für alle Menschen gelten sollte, jetzt nur wieder für eine Nation gilt, die guten Russen. Alle anderen Völker kann man ausplündern, das zählt nicht. Hauptsache, daß es dem guten Russen gutgeht. Da steckt das Gemeine." Leo dachte: Deine langen Reden. „Was früher im Namen der Freiheit bekämpft worden ist, ist jetzt das offene System der Herrschaft. Ein Mann knechtet das ganze Volk, und ein Volk hat das Recht, alle anderen Völker zu knechten, weil es schon auf dem richtigen Weg in die Zukunft ist." Renner sah auf seine Pantoffeln; das verwinde ich nie. „Sozialismus in einem Land könnte vielleicht ein Schritt auf dem Weg zur Freiheit aller sein, wenn in diesem Land das Wissen für jeden da wäre und die Wahrheit das Ideal aller. Nichts davon."

Leo sah, wie Georg Renner die Augen kleinzog. Er sah seine große bläuliche Nase. Er dachte: Ich kaufe das Jackett mit Karomuster. Er sagte: „Wer verdirbt den Menschen?"

Georg Renner sagte: „Der Mensch verdirbt immer sich selbst. Was ist das Christentum für ein hohes Ziel. Gib dem, den du haßt, die Hand, anstatt ihn mit der Faust zu schlagen. Das hätte aus dem kläglichen Tier ein Wesen gemacht, das immerfort zu sich emporstiege. Statt dessen hat man einander genagelt und auf dem Scheiterhaufen verbrannt. Heute betet man in dem Land, aus dem angeblich die Dichter und Denker kommen, offen die Gewalt an. Ein ahnungsloser Affe tönt dem anderen nach, der Mensch sei ein herrliches Raubtier und habe es auch zu sein, damit er sich in seiner ganzen Pracht zeige."

Leo sagte: „Ich habe noch nicht wirklich darüber nachgedacht, was der Mensch sein soll. Aber ich glaube, daß er auch ein Raubtier ist."

Georg Renner sagte: „O ja, das ist etwas ganz anderes. Aber Hitler und seine Schläger bietet man der Jugend als Vorbild an. Finsterer kann es nicht sein, als wenn Gewalt, Kampf und Sieg als die hohen Ziele gepriesen werden und das Mitempfinden als verachtenswert angesehen wird." Leo dachte: Das sollte er sich selbst erzählen. Bei mir lädt er es ab. „Wenn die Narren die Bühne wieder verlassen haben, wird als menschliches Wesen wieder gelten, wer dem anderen zum Leben hilft, anstatt ihn totzuschlagen. Faschismus ist das ganz Niedrige, Kraft zum Totschlagen als höchstes Ziel, weil einer die dicksten Muskeln hat. Es hat gar keinen Sinn, daß ich dir erzähle, was du selbst weißt. Es paßt nicht zum Menschen, daß er ganz Tier ist." Schön.

Leo sagte: „Ich weiß nicht, was Faschismus und Bolschewismus sind."

Georg Renner sagte: „Wo Gewalt als erstes anstatt als letztes Mittel angewendet wird, herrscht Faschismus, und Gewalt wird als heldisch und vornehm verehrt. Wo aus dem Streben nach menschlichem Zusammenleben der Menschen die Maschinerie zur Zermalmung des einzelnen geworden ist, herrscht Bolschewismus. Begriffen? Das sind die Tyrannensysteme des 20. Jahrhunderts. Wer noch einen eigenen Kopf hat, dem wird er abgenommen."

Georg Renner sagte: „Ich habe einen Apfel, den hole ich uns jetzt erst einmal her."

Leo sah ihn in der langen grünen Strickjacke zur Küche gehen und dachte: Was er sagt, interessiert mich nicht, er langweilt mich. Was er wirklich meint, verstehe ich gar nicht. Meinetwegen können wir über Balzac reden, aber er hält seine schwarzen Reden.

Georg Renner schnitt einen großen grünen Apfel in der Mitte durch. Leo biß in seine Hälfte, Renner schälte seine dünn ab, legte das Kerngehäuse auf einen Teller und schnitt sich lange Scheiben. Er kaute sehr langsam.

„Wenn man sich die vielen verschiedenen Menschen ansieht, wundert man sich immer wieder, sie wollen nur wenige Dinge, essen, Dach überm Kopf, etwas anzuziehen, Mund zum Küssen. Da ist die Reihe der Wünsche schon zu Ende. Aber daraus machen die meisten die Geschäfte ihres Lebens. Wo kriege ich den dicksten Kloß? Wohin baue ich das höchste Haus? Leuchtet mein Kleid am hellsten?" Leo dachte: Ja, ist gut. „Wenige denken. Sie müssen meinen, daß ihren Mitmenschen die Vernunft schon bei der Geburt abgenommen worden ist."

Leo sagte: „Als junger Mann hast du nicht so gedacht."

Georg Renner lachte. „Ach was. Das ist die Brille, die setzt einem das Alter auf. Das ist die Altaffenweise." Er hielt sein kleines Messer zwischen zwei Fingern und sah zu Leo hinüber. „Einige weichen auch etwas ab, die Schlimmsten, sie wollen Macht. Sie fressen Kohlsuppe, wenn es sein muß, aber verschlingen die Menschen mit Haut und Haar." Er rief Leo zu: „Wenn kein Hund mehr ohne Anweisung bellt, sind sie zufrieden!"

Leo sagte: „Hast du wieder ein paar Kleiderpunkte für mich? Ich muß ein Jackett kaufen."

Georg Renner sagte: „Habe ich mir gedacht. Ich erzähle dir von der Eitelkeit der Welt, und du zeigst mir, wie gut du mich verstehst. Kriegst du. In der Schublade liegen sie." Er stand vom Stuhl auf und zog die Kommodenschublade auf und legte die Kleiderkarte vor Leo auf den Tisch. „So sind wir. Verführbar. Je jünger, desto mehr. Und die meisten bleiben ihr Leben lang Kinder. Daß in jedem ein blindes Schwein steckt, sieht und riecht keiner. Doch, wenige. Aber die müssen wie immer abseits leben. Die Wahrheit zu sehen ist gestattet, aber wer sie sagt, wird gesteinigt."

Leo sagte: „Ich verstehe ganz gut, was du sagst. Du hältst mich für ein Schwein, weil ich an eine neue Jacke denke, während du mir erklärst, daß Äußeres nicht zählt. Aber ich brauche eine neue Jacke."

Georg Renner lachte. „Du Tollkopf. Nein, Dummkopf! Da wir einmal bei der Wahrheit sind, wollen wir bei der Wahrheit bleiben."

Leo sah, daß Georg Renner lächelte, und blickte ihm ins

Gesicht. Aus den roten Augenrändern sahen graue große Pupillen. In der Nase saßen graue senfkerngroße Poren. Im krummen Schnurrbart lagen die einzelnen dicken gekrümmten Barthaare.

Georg Renner sagte: „Du guckst einen alten Mann an."

Leo sagte: „Bei dir kann ich es machen. Die alten Leute meinen immer, man will sie aufziehen, wenn man sie genauer ansieht."

Georg Renner sagte: „Die Falten zeigen an, daß die Haut lange nicht mehr gebügelt worden ist."

Leo sagte: „Im Alter ist knitterig Mode."

Georg Renner sagte: „Ich darf pro Tag nur einen Liter Flüssigkeit zu mir nehmen. So trocknet man sich zu Tode."

Leo öffnete das Portemonnaie und schob die Kleiderpunkte hinein. „Spürst du dein Herz oft?"

Georg Renner sagte: „Öfter als sonst. Ich kann mitunter hören, daß der Maschinist kommt und mit dem Schraubenschlüssel gegen den Kasten haut."

Leo sagte: „Gut, daß du wieder Spaß machst."

Georg Renner sagte: „Ganz ernst darf ich mich nicht mehr nehmen. Nicht einmal der Tod geht einen etwas an. Wir lösen uns auf. Was von uns nachbleibt, ist die Erinnerung anderer an uns."

Leo sagte: „Noch bist du da."

Georg Renner sagte: „Kannst ja von mir denken, er war eine alte knitterige Haut, aber auch vergnügt."

So nahe liegen die Fliegerein- und -abflüge der englischen Flugzeuge beieinander. 13.04 Uhr Luftgefahr 30, 13.13 Uhr Luftgefahr 15, 13.18 Uhr öffentliche Luftentwarnung, 13.46 Uhr Luftgefahr vorbei und Entwarnung, 18.00 Uhr Luftgefahr 20, 18.02 Luftgefahr vorbei, 18.38 Uhr öffentliche Luftwarnung, 19.10 Uhr Entwarnung, 19.32 Uhr Luftgefahr vorbei, 0.14 Uhr Luftgefahr, 0.35 Uhr Fliegeralarm, 0.45 Uhr Luftgefahr vorbei und Entwarnung. Rola denkt: Manchmal reißt es überhaupt nicht ab. Vielleicht merkt Mutter gar nicht, wie lang sie sitzt. Schläft doch manchmal. Leo denkt: Zwei Stunden später hin, fallen Mathe und Chemie aus. Rola redet vor sich hin: Hoffentlich kommt Vater rechtzeitig. Ich muß nach Hause und für meine kochen. Drei, dreißig, siebzig surren heran und werfen dies und das ab, Minenbomben, Sprengbomben, Flugblätter, Leuchtbomben, Stabbrandbomben. Mitten in der Nacht steht ein Haus wie eine Fackel, im Keller liegen die Feuerungsvorräte für den Winter, Kohlen und Koks, und der dicke Qualm steigt bis zum nächsten Abend, als dampfte ein hohes Passagierschiff über den blauen Ozean. Eine bis anderthalb Stunden pro Nacht muß man nehmen und alle drei, vier Tage eine Störung abends, wenn die Leute nach Hause wollen. Jenseits des Kanals denken sie sich raffiniert aus, was die Leute in Deutschland sich denken, wenn die Suppe wieder kalt wird oder die Kartoffeln nicht gar werden. Der Sautommy terrorisiert uns. Am Schluß drehen wir ihm das Genick um. Sieben Kinder in einer Sandkiste, teils tot, teils zerrissen. Im Tierpark brennt das Raubtierhaus, und eine Löwin müssen sie erschießen. Frühmorgens muß so ein alter Tommy aufstehen, in die Munitionsfabrik gehen, eine Granate abschwabbern, dann wird sie von tatkräftigen Händen per Schubkarre ins Depot gebracht, da liegt sie monatelang, vergessen, sozusagen als Scheintote, und eines Tages gegen Dunkelwerden stecken sie das Ding doch ins Flugzeug, und ein junger Tommy klinkt sie oben aus und interessiert sich nur dafür, ob er wieder heil über den Kanal kommt. Morgen gehen wir wieder baden, Besseres kann man mit seinem freien Tag gar nicht anfangen. Vielleicht sage ich meinem Chef nächste Woche, ich hab' so eine scheußliche Migräne, dann läßt er mich schon vormittags ziehen, und ich lege mich einen Nachmittag in den Liegestuhl, das habe ich nötig. Die neueste Taktik ist, daß sie Sprengbomben mit Zeitzündern und Brandbomben durcheinander schmeißen, dann wagt man nicht zu löschen, wenn es immer wieder neu knallt. Nelly, Ingos Frau, denkt zu Recht: Ich zieh' mit Helga aufs Land, ihre Mutter sagt, Papa und ich kommen euch übers Wochenende manchmal besuchen. Die Zeit wird auch kommen, daß achthundert bis tausend Maschinen die Stadt angreifen und einen Bombenteppich auslegen. Dann fallen auf jedes Haus drei Bomben, das Straßenpflaster reißt auf, die Straßenbäume brennen, von oben sieht diese dumme Stadt wie ein stummer Fakkelzug aus, aber unten hört man das Feuer schreien, und die Bäume werden vom Feuerwind entwurzelt. Vorerst aber tut der Reichsluftschutzbund seinen Dienst, läßt es piepen, wenn sie kommen, und hält den Finger extra lange auf der Taste, wenn sie gehen, und zwischendurch hantiert er mit Löschsand und Feuerpatsche. Wird einer verletzt, herrscht Frontstimmung. Frau Otto, Parterre, sagt, wir sind sozusagen auch Front, Heimatfront, und Frau Bokeloh, ihre Nachbarin, die Schwindsüchtige, sagt, was das alles kostet, wieviel Marmelade könnte ich für mich und Püppi kaufen. Für Löschwasserbecken ist vorgesorgt, neben der Kirche haben sie ein Löschwassernotbecken gebaut, groß wie ein Schwimmbassin, die Jungen möchten immer gern mal reinsteigen, aber statt ihrer vergnügen sich fliegende Spinnen und allerlei Getier auf der Oberfläche, alles ist schon grün wie Entengrütze. Jemand hat eine Schneiderpuppe reingeschmissen, aber die macht allen Angst, sieht wie eine Leiche aus. Sogar wenn es regnet oder ein Gewitter runtergeht, fliegen die Engländer an, ihr Wetterdienst funktioniert wohl doch nicht so, und sie schmeißen ihre Bomben in die Heide, bei mondheller Nacht sehen sie genau die deutschen Flüsse und Seen, so scharf gucken sie von oben. Frau Paukstat, Flurnachbarin von Frau Klaiber, sagt, wie ohnmächtig der Mensch ist, wir hocken hier unten, und auf unseren bloßen Kopf werfen sie von oben die schweren Granaten. Die Wirkung mancher Bombe ist verheerend. Großvater Stoltze wurde getötet, dreiundachtzig Jahre, Großmutter Stoltze, neunundsiebzig Jahre, Frieda Stoltze, siebenundfünfzig Jahre, Ernst Thormählen, neunundfünfzig Jahre, Edith, Hans, Friedrich, Robert Thormählen und noch drei Enkelkinder, Uwe, Renate, Ludwig, alle in einem Einfamilienhaus, und manche Leichen waren in Stücke zerteilt, zehn Menschen, so grausam ist das Schicksal, es fragt nicht, es schlägt zu. Harry kommt vom Stadtrand wieder und sagt, das Loch ist nebenan, Mi-mi-mi-mine, ka-ka-

kann man ein Karussell reinstellen. Er hat eine tote Kuh ohne Beine gesehen. Rola denkt: Also mit Luftminen hauen sie rein, ich dachte, den Mist brauchen sie nur unter Wasser. Wenn es ums Morden geht, werden sie immer verrückter. Zerstört bzw. schwer beschädigt werden können aber nicht nur Einfamilienhäuser, sondern auch Etagenhäuser, gewerbliche Betriebe, Kontorhäuser, Warenhäuser, Industrie- und Rüstungsbetriebe, Versorgungsbetriebe (Gas, Wasser, Elektrizität), Verkehrsbetriebe, Öffentliche Dienststellen, Militäranlagen, Krankenhäuser, Schulen, Kirchen, Theater, Kinos, Banken, Sparkassen, Versicherungen, Dienststellen der NSDAP oder der NSV (Nationalsozialistische Volkswohlfahrt), Brücken, Wasserfahrzeuge. Karla, Juttas Mutter, hat mit einem Kavalier im Kino gesessen, Alarm kam gegen Ende der Vorstellung, und nun weiß sie nicht, wie der Film ausgeht, denn das Kino steht nicht mehr. Sie erzählt allen, die es hören wollen, sie habe das blanke Leben gerettet. Wie es manchmal so geht. Wasserdruck und Schlauch werden täglich geprüft, denn wenn die Hauptwaffe des Selbstschutzes, das Wasser, in Fortfall kommt, muß man vor dem Rachen der Flammen notgedrungen die Augen schließen. Auf einen Quadratkilometer fallen in ruhigen Zeiten eine Minenbombe, vierzehn Sprengbomben, siebenhundertundfünfzig Stabbrandbomben, zwei Phosphorkanister, in bewegten Zeiten werden es zehn- bis hundertmal so viele sein. Tote stellen sich nur dann und wann ein, der Reichsluftschutzbund beseitigt die Leichen, später werden Männer und Frauen anpakken, jeglichen Alters, unausgebildete Hilfskräfte. Die Tatkraft, nicht die Fachkraft entscheidet. Am besten ist und bleibt das Nieselwetter, dann steigen in England die Flugzeuge nicht auf, und in Deutschland fallen keine Bomben. Onkel Gregor, der Geiger, geht nachts, wenn der Alarm längst vorbei ist, neben seinem Klavier auf und ab und tippt auf seine Geige. Er stellt fest: Die Nachtruhe, die Grundlage einer gesunden Lebensführung, ist zerstört. Er spricht laut: Wohin soll denn das noch führen, schafft der Mensch auch noch den Stuhlgang ab? Summ, summ, summ. Er singt. Ein Held ist ein Mensch, der eine besondere Tat tut. Ein siebenundvierzigjähriger Mann hat sich über zwei Mädchen gelegt, sieben- und neunjährig, den hat ein Mauerbrocken erschlagen, die Kleinen sind fast ohne Kratzer davongekommen. Frau Blaschek sagt, sie wimmern furchtbar, wenn sie an Verletzungen sterben, als Lutherisch-Apostolische kniet sie neben Menschen auf der Straße. Sie hat die Kraft, muß Rola ihr zugestehen, mehr zu spüren als nur Fleisch und Blut. Rola reicht es, daß Harry stottert, Birga wimmert und der verrückte Leo nicht aufwacht. Sie sagt zur Bokeloh, er verschläft noch seinen Tod. Klaiber sagt, man muß eine Art Indianer sein. Wird man gemartert, hält man es aus, leider muß man mit den Wimpern zucken. An Seelenstärke muß man zunehmen, der Tod ist schließlich nicht besiegbar. Wenn Sprengbomben Hausdächer abdecken und Türen und Fenster eindrücken, entsteht der Feuerschlauch, die Brandbomben schlagen durch die Glasdächer bis in die Hausflure durch, und die Flammen springen treppauf, treppab. Leo lernt in der Schule, nach welchen physikalisch-meteorologischen Gesetzen die Flammen anstatt nach oben nach unten springen. Georg Renner bleibt bei Anna in der Wohnung und lächelt, wenn die Sirenen heulen und die Bomben klimpern. Er denkt, das ist Teufelsmusik, sagt es aber nicht. Er guckt auf Annas Füße, und sie tappen beide zur Toilette. Mitunter stehen die Menschen Sonntag mittags nur vom Mittagessen auf und gucken aus dem Fenster. Sollen mich am Arsch lecken, die oben und unten. So macht Klaiber das. Die Fliegerabwehr holt dann und wann einen herunter, und dann sieht man, ungestraft tun die es nicht. Die ersten Witze haben sich gleich eingestellt: Der Kölner sagt, bei uns war der Angriff so schwer, daß uns die Ohren noch nach Stunden dröhnten, der Hamburger sagt, bei uns zitterten bei Hellwerden noch die Wände. Der Berliner sagt, bei uns flogen noch nach zwei Tagen die Hitlerbilder aus den Fenstern. Im übrigen ist der Feuersturm ein fester Begriff in der Geschichte der Stadtbrände und die Erklärung der physikalischen Vorgänge einfach. Fließen mehrere Brände ineinander, wird die über dem Gesamtbrand befindliche Luft so stark erwärmt, daß ihr verringertes spezifisches Gewicht einen so gewaltigen Auftrieb erhält, daß die um sie liegenden Luftmengen radial vom Zentrum des Brandes angesogen werden und stärkere Windbewegungen erzeugen als diejenigen, die uns bekannt sind. Studienrat Steenkamp steht an der Wandtafel und zeichnet mit Kreide die physikalischen Wege des Feuers, Leo Klaiber und Nino Zielander hocken nebeneinander in der Bank und zeichnen mit dem Bleistift ein paar flammenreitende Hexen auf das Blatt. Wie in der Meteorologie, sagt Steenkamp, ist auch bei Feuerstürmen die entstehende Luftbewegung durch den bloßen Ausgleich von Temperaturdifferenzen zu erklären. Aber bitte, Jungs, die Differenz ist diesmal nicht zehn oder dreißig Grad, sondern extremiert gegen fünfhundert bis tausend. Dann brennt die beste Sicherung durch, und keine Frischluft hilft mehr. Zu Hause sagt Rola, Birga stinkt, Leo prüft auch, ja, sie stinkt. Rola sagt, sie macht sich immer naß, sie spürt, daß andere Angst haben, wird sie das im Leben noch mal wieder los? Oder die Einflüge kommen 11.57 Uhr, 16.37 Uhr, 19.14 Uhr, und entsprechend kommen die Entwarnungen, dann schmeckt einem weder das Mittagessen noch das Abendbrot mehr. Die städtebaulichen Verhältnisse sind für die Summe der Wohnraumverluste entscheidend, aber die Dauerformel macht das Ergebnis sofort faßbar: enge Bebauung extreme Wirkung, Weitwohnbauweise minimale Schadenwirkung. Dichte plus Massierung plus Dynamittonne. Je enger die Straßenzüge, desto größer die Häuser, desto mehr Treffdichte pro Kubikmeter. Dreimal fünf Wohnparteien, belegt im Schnitt mit vier, ergibt die Summe. Alles fing mit Ikarus an, sagt Dr. Tewes, er wollte fliegen, aber verbrannte sich die Flügel und stürzte ab, so möge es dem Engländer ergehen. Auch den Poeten kommen die Luft- und Feuerkriege zur Hilfe, auf dem Weg zum Luftschutzkeller, auf dem Treppenabsatz, kommt die junge Frau nieder, und in der Zeitung und in Westermanns Monatsheften kann man eine Erzählung lesen: Der Storch fliegt auch bei Alarm. Enge Straßenzüge erzeugen Feuerschleusen, weil der Wind die langen Flammen hineinpreßt, und in Terrassen (Hinterhöfen), die nur schmale Torausgänge haben, entwickeln sich Feuerkessel, die zu Menschenfallen werden. Je konzentrierter der Bombenabwurf erfolgt, desto nachhaltiger ist seine Wirkung, auch im Moralischen. Die Menschen sprechen keine vollständigen Sätze mehr, aber sagen: Mein Gott! Dabei ist zu beachten, daß wider alles Erwarten ein Haus nicht vom Dachstuhl her zu brennen anfängt, sondern vom untersten Geschoß her, weil dort die durchschlagende Bombe Einlaß gefunden hat. So wird das gesamte Gebäude der Flamme schlagartig zur Nahrung. Nicht allein Funkenflug sorgt für Verbreitung der Flamme, sondern die Gewalt der Luftströmung reißt ganze brennende Balken und Gesimsteile mit. Einen vergnügteren Höhepunkt der Feuerbekämpfung erlebten die Einwohner der Bachstraße sechs, als Paul Krüger, siebenundsechzigjähriger Schneider, aus lauter Lust und Neugierde den Schutzraum verließ, um seine Zigarre ein wenig weiterzusaugen, er wurde vom zweiten Stockwerk in die Tiefe des Hauses gerissen, stand aber wieder auf und beteiligte sich tatkräftig an der Beseitigung des Feuerherdes, obgleich sein Arm gebrochen war, welche Beeinträchtigung seiner Bewegungsfreiheit in der Eimerkette er lediglich seinem Alter zuschrieb. Selbstschutzkräfte (ES, Erweiterter Selbstschutz, WLS, Werkluftschutz) wachen buchstäblich von Sonnenuntergang bis Sonnenaufgang und verrichten über Tag ihre berufliche Arbeit. Hitler hat gesagt: Wir werden ihre Städte ausradieren, er verfolgt jedenfalls ein klares Endziel. Göring hat sich längst blamiert, er hat gesagt, ich will Meier heißen, wenn je ein feindliches Flugzeug die deutsche Reichsgrenze überfliegt (oder hat er gesagt: die Reichshauptstadt?). Die Tommys kriegen den deutschen Willen zu spüren. Deutsche Flugzeuge greifen im September bei Tag London an und töten achthundert Menschen und verwunden zwischen dreizehnhundert und vierzehnhundert. Die Bomben treffen eine Schule, eine Kirche, ein Theater, einen Entlüftungsschacht eines Luftschutzbunkers, die Hunderennbahn, Kaufhäuser, Fabriken und Wohnhäuser. Jedenfalls wissen die Engländer, wie es ist, wenn sie ihre Bomben auf uns schmeißen. Krieg ist Krieg, und das Unwahrscheinliche wird Wirklichkeit. Der Entlüftungsschacht hatte einen Durchmesser von dreißig mal hundert Zentimeter, und da schlüpft die deutsche Bombe in den unterirdischen Bunker, in dem tausend Menschen Zuflucht gesucht haben. In einer deutschen Stadt wartet eine Frau, den Kopf und den Arm in Verbände gehüllt, hinten im Luftschutzbunker auf Nachrichten über ihre beiden Kinder und weiß nicht, daß beide seit Stunden tot sind. Rola liest das in der Zeitung und sagt, so hinterhältig ist der Luftkrieg. Aber auch über Walter Sadetzki, Leos Taubenfreund, sind die Nachrichten nicht gut, er ist schon im Frankreichfeldzug gefallen, Frau Tobien, die Katholikin aus dem zweiten Stock, sagt, es ist, wie es im Lied heißt, Es geht ein Schnitter, der heißt Tod, so blutjung mußte er gehen. Rola denkt, es kommt immer darauf an, wie man die Sache nennt, Honig oder Bienenscheiße, damit verbringt sie ihre Vormittage, Leo und Harry in der Schule, Birga ein paar Schritte vom Hauseingang im Sand. Die Menschen helfen einander so sehr, daß sie bis zur letzten Sekunde unter Mauern arbeiten, die schon ächzen, weil sie zum Sturz neigen, und aus solchem Winkel kriechen dann beide hervor, Retter und Geretteter, beide sprachlos. In den Generalstäben taxieren sie, wieviel Millionen Kilo pro Tag niedergegangen sind und noch niedergehen müssen. Auf dem Papier stört keine Rauchentwicklung. Die deutschen Schulkinder haben die Namen englischer Städte noch nie so gut gekannt wie dieser Tage, London, Liverpool, Coventry, Manchester, Birmingham, Cardiff, Southampton, Portsmouth usw. Dabei haben die deutschen Angriffe erst begonnen, das sollte sich die englische Bevölkerung hinter die Ohren schreiben. Die deutschen Jagdflugzeuge und Flakbatterien leisteten letzte Nacht so ausgezeichnete Arbeit, daß sich die angreifenden Feindverbände gezwungen sahen abzudrehen und sie ihre Bombenlast ins ziellose Meer warfen. Einflüge erfolgen noch immer, im Laufe der letzten Woche, Montag, Dienstag, Donnerstag, Sonnabend, also nur an vier von sieben Tagen. Bomben fielen in kurzen Zeitabständen. In der Zeitung ist die Wirkung sehr schön dargestellt: Mehrere Brände färbten den Himmel über den nordwestlichen Stadtteilen rot, und schwarze Rauchwolken rollten über die Dächer nach Osten. Da fühlt man als Leser mit und erlebt voraus oder hinterher. Leo bewegt besonders der Satz: Die Scheinwerfer waren während der ganzen Zeit in äußerst lebhafter Aktion, bisweilen konnte man über vierzig Lichtkegel beim Abpeilen des Himmels sehen. Warum trete ich nicht mit mathematischem Abstand an die Welt heran? Warum zähle ich die Lichtkegel nicht? Die meisten Nachtangriffe sind im übrigen weiter nichts als ein Teil des Nervenkrieges. Die deutsche Seite weiß, daß die Ausrottung des Feindes im Osten über Sein und Nichtsein entscheidet. Laut Statistik hat die englische Luftwaffe innerhalb eines halben Jahres bombardiert: 2167 Großziele, davon 262 Orte in Deutschland, 236 in besetzten Gebieten und 17 in Italien, an Häfen und Schiffahrt 25 %, Öllager und Produktionsstätten synthetischer Öle 13 %, Eisenbahnlinien und Bahnhöfe 22 %, Fabriken 10 %, Flugplätze 30 %. Aber ernährungsmäßig ist der deutsche Herr des Kontinents nicht mehr zu treffen. Einzubeziehen ist die große geographische Distanz zwischen Stützpunkt und Ziel, die nur eine geringe Bombenlast ermöglicht, und die Wetterlage kann während des Fluges mehrmals wechseln. Wie das Wetter wird, weiß man erst, wenn das Wetter gewesen ist. Rola sagt, du mußt das Kind erst begraben haben, dann weißt du, wie es war. Konrads Vater ist beim Reichsluftschutzbund gelandet, Blockwart, er geht die Dachböden ab und ärgert sich blau, daß die oberen Etagen den Löschsand ungeniert als Katzentoilette und Pissoir benutzen. Der Mensch ist ein bequemes Luder, und nicht einmal diese herausfordernde Zeit gewinnt ihm entsprechende Qualität ab. Georg Renner lacht, Nietzsche war kurzsichtig und wollte wieder das Raubtier in die Menschheit einführen, das braucht man nicht erst einzuführen, das ist immer da. Beherzte Frauen bilden Hauskommandos, aber nach drei Tagen hören sie auf, den beschmutzten Löschsand zu pflegen. Die Leiche eines etwa siebzig Jahre alten Mannes, die sie aus einem Keller geholt haben, hatte sich aufgrund Hitzewirkung so stark gekrümmt, daß er in Beugestellung (Hufeisenform) beerdigt werden mußte.

Beim letzten mittelschweren Angriff wurden 207 Wohnungen zerstört, aber schon der Begriff Wohnung entblößt die Schwächen der Wohnungsstatistik, bei Einbeziehung oder Außerachtlassung von Wohnlauben, Kellerwohnungen, Barackenunterkünften ergaben sich Schwierigkeiten und Unklarheiten. Der jeweiligen Feindseite ist nie bekannt, wieviel Flugzeuge an den einzelnen Anflügen teilnehmen, deshalb ist es schwierig, im voraus den Umfang eines Angriffs zu bestimmen. Täglicher Einsatz von fünfzig bis hundert Maschinen stellt ein Maximum dar, kann aber auch überschritten werden. Die größte Bedeutung hatten bisher nicht die Verluste der Zivilbevölkerung, sondern die Störungen der deutschen Versorgung, speziell in den Invasionshäfen. Denn daß der Tommy eines Morgens aus dem Bett aufsteht und die Deutschen klopfen schon an seine Haustür, ist klar; wie die Heuschrecken werden wir auf ihre Felder fallen, das steht schon in der Bibel, und gemeint sind unsere schnellen Jungs von den Fallschirmen, und aus den Lastenseglern werden sie quellen, Kompanie um Kompanie, deshalb sagt der Führer zur Zeit nichts, aber dann spielt die deutsche Geige groß auf, sogar Trommeln und Geigen. Konrads Vater, der Luftschutzwart, weiß das ganz klar, er unterbreitet sein Wissen sogar David Klaiber, während sie bei Dünnbier bei Opfermann auf dem Sofa in der Küche sitzen. Frau Opfermann, Karlas Mutter, sagt, wir zerdeppern denen da ganz einfach den Schädel, jetzt halten sie wie die Schildkröten den dicken Panzer nach oben, aber wir drehen ihnen den Bauch um, und dann geht es ihnen direkt zu Leibe. Da sagt Klaiber nichts als: So. Mein Gott, so ein Haufen Wundergläubigkeit in einem total hirnlosen Schädel. Karla, die Ausgehlustige, hat gerade gebratenes Hühnchen gegessen, sie sagt: Ich glaub', ich würde einen Tommy zum Abendbrot verzehren können, müssen denn diese Menschen unser schönes Leben so stören? Klaiber sagt sogar: Den Krieg haben wir angefangen, aber Karla nimmt ihm das nicht einmal übel, sie sagt: Mußten wir, sonst hätten wir uns nie aus den Banden, in die sie uns geworfen hatten, befreien können. Klaiber sagt, Napoleon ist schuld. Karla sagt, sehen

Sie, jetzt geben Sie es selbst zu. Und Klaiber denkt: So eine Suppenterrine voll Leipziger Allerlei wird beim Endsieg dabei sein. Die Hilfe Amerikas gewinnt zwar nur langsam Einfluß, aber zunächst stärkt sie die Defensivkraft der britischen Krone, später wird sie ihre Offensivkraft steigern. Neue, schwere Bomber, für die jeder Punkt in Deutschland erreichbar ist, sind in Dienst getreten, man arbeitet auf lange Sicht. Die Blume, die man heute sät, blüht morgen, und übermorgen trägt sie Früchte, das hat T. E. Lawrence (Thomas Edward) seinen Hintersassen in England beigebracht. Aber auch Mr. Churchill sagt zu seinem Volk: Wir halten eine schwere, lang dauernde Wache, aber am Morgen, wann, wie und wo der Feind auch kommt, bieten wir ihm die Stirn und sind die lebendige Mauer, in die der Feind keine Bresche zu schlagen vermag. Harry spielt im Hof Murmeln mit Klaus, einem Zwölfjährigen, und verliert in einem kurzen Nachmittag alle einhundertzweiundneunzig und kann nichts machen als zu Rola rauflaufen und in der Küche auf dem Fußboden liegen und weinen, auch kein Heldentyp. Rola sagt, schreib einen Abschiedsbrief an das Glück und laß ein paar Tränen aufs Papier fallen, dann kehrt Fortuna gewöhnlich zurück. Wenn sieben, siebzehn, siebenundzwanzig oder siebenunddreißig englische Bomber vom Feindflug nicht zurückkehren, ist der Verlust noch größer, da weint die Mutter meistens mit. Hauptmann Schumacher errang seinen fünfzehnten, Leutnant Schiebelhut seinen zehnten Luftsieg. Deutsche Nachtjäger nahmen die Verfolgung der feindlichen Verbände auf und drehten erst im Bereich der englischen Küste ab. Vickers Wellingtons, Hampdens, Blenheims müssen also zu Boden. Diesen und jenen, der oben den Steuerknüppel führt, hört sicher Otto Kreitsch, Spezialist für englische Flugabhör (in Frieden Studienrat, Ida Kreitschs Mann), seinen letzten Ton ins Kehlkopfmikrophon piepen. Leo Klaiber interessiert Christa Hagens Bauch, er möchte wissen, wie es zwischen den Schenkeln weitergeht, aber er hat auch Angst davor. Friseur Stamm, vorn am Torweg, schneidet weiter Haare. Haarschnitte und Witze am laufenden Band. Sie geht in die Drogerie und kauft einen Rasierpinsel. Der Drogist sagt, Sie haben doch gar keinen Bart. Sie sagt, können Sie durchs Kleid gucken? Man darf also nicht glauben, daß Deutschland aus der Luft bezwungen werden kann, so wenig wie England. In Fachkreisen ist man aber manchmal über die erstaunlich geringen Verlustziffern durch das Flakfeuer verwundert. Flakwaffensachverständige führen diese geringe Effektivität darauf zurück, daß jedes Flaksystem ein Knäuel verwirrender Kompetenzen darstellt. Erfolge stellen sich bei Unzulänglichkeiten im Navigationssystem ein. Die deutschen Flugzeuge in der Luft geben Punkt, die Bodenleitstellen Strich, das ist der Trampelpfad zum Sieg, dieses deutsche Geheimnis hängt in London an jeder Bushaltestelle, die Flakabwehr stellt die Rohre auf 500, 1000, 1500, 2000 ein und guckt zu, wie die Ochsen oben fallen. Die Schießtechnik der Nachtjäger ist besser ausgebildet, die Fähigkeit, sowohl im Steigen wie im Fallen zu schießen, ist der Schlüssel ihrer Erfolge. Heute ist ein Staat eine Kaserne und eine Rüstungsfabrik; um einen Soldaten auszurüsten, bedarf es siebenunddreißig Zivilpersonen. Fälle von Tod durch Luftstoß ohne Schleuderwirkung wurden selten bekannt. Deshalb werden reine Fälle sichergestellt, damit exemplarische Luftstoßtodfälle notiert werden, Tod auch ohne Beschädigung des Lungenhilus (siehe Forschung Gerstorff/Heimhuder). Die Verwüstungsgebiete liegen zumeist zerstreut, Wohnviertel, Bahnhof, Röhrenwerke, jeder weiß, sie schmeißen nach Meßtischblatt oder kriegen Lichtsignale von unten. Das beste ist, man kümmert sich um den ganzen Dreck nicht, morgen bist du tot, ist doch kein Grund, keinen Pudding mehr zu mögen. Georg Renner sinnt über diese Nachricht: Die Ägypterinnen nahmen einen Spiegel mit ins Grab, also nicht einmal der Tod ändert den Charakter. An den Landfronten herrscht Sommerstille, im Himmel herrscht kein Staub, da gehen die Befliegungen weiter, die Bekämpfung des Feindheimatlandes aus der Luft ist wichtiger als der Bombenzusatz an der Front, auch Werfergranaten sind Bomben und richten den gleichen Schmutz an. Wie freut sich ein Leutnant, daß er es nun endlich geschafft hat, Litzen und Klappen und das innere

Portepee ein Leben lang, die Statistik ist weniger hochgestimmt, sie gibt ihm vier bis sechs Wochen als Frontoffizier, Ost. Vom Offizier erwartet der gemeine Mann Weisung, Vorbild, Energie und weiß nicht, daß er den Tod mitfordert. Gestern haben sie bei Rschew gesungen, Oberleutnant Gronauer hat die Stellung geprüft, in der die russischen Scharfschützen das Revier putzen, glatt in die Kehle, ihm zu Ehren haben sie Alle Tage ist kein Sonntag gesungen, sein Lieblingslied. Leo geht baden, Nino Zielander geht baden, Bettina geht baden, Lisa geht baden, Jutta geht baden, Karla geht baden, die alte Anna wird von Georg Renner abgeseift, David Klaiber lacht, vielleicht bringe ich mich doch noch einmal aus der Lebensklemme. Sie können Französisch, sagt selbst Karla Opfermann, Sie sind doch zu was ganz anderem bestimmt. Die Briten sind manchmal flau, manchmal rauh, man erwartet, daß sie kommen, und sie bleiben aus. Im Krieg ist es am besten, wenn jeder auf sich selbst Rücksicht nimmt, die anderen tun es ja doch nicht. Roosevelt, der Amerikaner, sagt, wir haben in einem Jahr 41 000 Flugzeuge und 139 000 Flugmotoren gebaut. Sie wohnen hinterm Ozean, aber da könnte die deutsche Flak doch Treffer anbringen. Montag 9.45 Uhr Luftgefahr 30, 9.55 Uhr Luftgefahr vorbei, 12.13 Uhr öffentliche Entwarnung, 12.25 Uhr Luftgefahr vorbei und Entwarnung. Dienstag 17.30 Uhr Fliegeralarm, 17.35 Uhr Luftgefahr vorbei und Entwarnung, 20.17 Uhr öffentliche Luftwarnung, 20.25 Uhr Entwarnung. Donnerstag 0.20 Uhr FLiegeralarm, 1.02 Uhr Luftgefahr vorbei und Entwarnung. Freitag, Sonnabend, Sonntag, Montag nichts. Das ging.

Anna Renner wurde an einem Sommertag beerdigt. David Klaiber und Leo hatten schwarze Krawatten umgebunden und trugen einen Trauerflor am Ärmel. Rola hatte Anna Renners schwarze Bluse und schwarzen Rock an.

Julia setzte sich auf die Holzbank an der Außenseite der Friedhofskapelle neben Rola. „Du siehst vornehm aus."

Rola sagte: „Ich habe Feier- und Trauertag zugleich. Wenn

der eine nicht mehr ausgeht, kann der andere sich feinmachen."

Tante Käte sagte an Julias Gesicht vorbei: „Gut, daß für Anna alles vorbei ist. Ich denke noch an den einen Tag, als sie wieder so gut laufen konnte."

Rola sagte: „War Stroh. Feuer, das nicht lange hält."

Tante Käte sagte: „Aber wir hatten große Hoffnung."

Rola sagte: „Dagegen ist nun kein Kraut gewachsen."

Julia sah zu Rola und zu Tante Käte. „Streitet ihr euch?"

Tante Käte schüttelte den Kopf. „Als du noch nicht geboren warst, haben Rola und ich schon so geschäkert."

Albert humpelte an einem Stock vor der Holzbank auf und ab. „Das sind Scherze, die wir Jüngeren noch nicht begreifen." Er hatte drei Monate im Lazarett gelegen.

Er schlug gegen seinen Oberschenkel. „Die Wunde ist heute lebendig. Ja, Tante, das Bein hat elf Wochen im Lazarettbett ausgeruht, nun will es noch nicht wieder gehen."

Eine alte dicke Frau mit glänzendem schwarzen Hut, Tante Dora, lächelte Leo an. „Bist du schon der Kleine von damals?"

Georg Renner sagte: „Da war er gerade zur Schule gekommen, jetzt geht er bald runter."

Tante Dora klagte in die warme Luft: „Matthias liegt so schwer. Jetzt seit Monaten wieder."

Georg Renner sagte: „Einmal bin ich mit ihm auf der Linie 14 gefahren. Hatte alle Augen und Hände voll nach vorn zu tun."

Tante Dora sagte: „Gewiß."

Der Kapellenwärter legte die Hände auf den Rücken. „Wenn Sie sich die Augenblicke noch gedulden."

Onkel Gregor, Tante Käte, Rola, Julia und Leo gingen aus dem Schatten der Friedhofskapelle und setzten sich auf einem ansteigenden Rasen neben ein Rhododendrongebüsch. Julia legte ein Taschentuch unter ihren Rock.

Tante Käte sagte: „Wir warten wirklich schon lange. Warten wir noch ein paar Augenblicke länger."

Leo sagte: „Sorgsame Hausfrau."

Julia sagte: „Wie du willst. Ich will weder plätten noch bürsten." Sie stellte die Füße neben ihre schwarzen Schuhe. „Darf man wohl machen."

Rola sagte: „Blüht so schön."

Tante Käte sagte: „O ja."

Onkel Gregor sagte: „Man säße hier gern mit vollem Herzen."

Rola sagte: „Das ist nun mal nicht."

Leo sagte: „Tante Dora trug im Sommer immer Strohhüte, früher rote und blaue. Tante Käte hält überall, wo sie ist, Onkel Gregors Geige auf dem Schoß."

Julia sagte: „Mir geht es auf die Nerven, daß wir so lange warten. Finde ich aber auch ganz schön. Man sieht die alten Häuser einen Augenblick länger."

Leo wollte mit keinem anderen, nur mit Julia sprechen. „Wer paßt auf Hannelore auf?"

Julia sagte: „Nelly. Erst wollten wir losen, wer bleibt auf dem Dorf, wer fährt her? Als Albert Urlaub kriegte, hat sie mich losgeschickt."

Leo sagte: „Ich hätte Lust, daß es losginge."

Onkel Gregor summte. Tante Käte zog ihn am Ärmel. „Nicht jetzt, auf dem Friedhof."

Onkel Gregor sagte: „Mir fällt eine Melodie ein." Er sang Tante Käte vor.

„Im Innern eines Walfischs
saß eine volle Frau.
Sie hatte sich betrunken -
drei Tassen voll Kakao."

Tante Käte sagte: „Nein, dieser Mensch."

Onkel Gregor sagte: „Das gefiele Anna."

Rola stützte sich auf eine Handfläche im Gras. „Die Betrunkene hatte deinen Geschmack, Onkel."

Tante Käte sagte: „Daß ein Mann so gern Kakao trinkt."

Rola sagte: „Haben wir so oft gesagt, Onkel Gregor ist kein Säufer geworden, weil er ein Kind geblieben ist."

Tante Käte sagte zu Julia: „Vor Tabak läuft er weg."

Julia sagte: „Ich rieche gern Tabak."

Rola sagte: „Hoffentlich bleibt sein Bein nicht steif."

Julia sagte: „Hast du Angst um deinen Bruder? Mein Gott", sie lachte, „du könntest Alberts Mutter sein."

Sie hörten zu, was der Leichenredner in der Kapelle sagte. Er sagte noch einmal, was alle schon wußten, aber Leo weinte. Draußen in der Sonne wischte er mit den Fingern durchs Gesicht, während sie hinter dem Sarg zur Grube gingen. Vier Schritte vom Sarg gingen Georg Renner und Rola, ohne einander mit den Ärmeln zu streifen.

Georg Renner zog die kleine Schaufel aus dem trockenen Hügel und warf Erde auf den Sarg. Er murmelte: „Werde an dich denken, Anna."

Albert gab Tante Dora die kleine Schaufel voll Erde in die Hand, sie konnte sich nicht bis zum Erdhügel hinunterbücken.

Onkel Gregor ging wieder zur Grube vor, er rief leise: „Anna. Anna." Er stand mit offenem Mund und stieß den Kopf in die Höhe.

Die Totengräber sprangen auf den Sarg und rissen die aufgenagelten Kränze los.

„Halten Sie auf! Halten Sie auf! Machen Sie, daß Sie fortkommen! Endet alle Pietät!" Onkel Gregors dürrer Hals sprang aus dem Kragen.

Tante Käte rief: „Gregor, errege dich nicht. Das sind so dumme Menschen, die müßten was mit der Peitsche haben."

Georg Renner sagte: „Ich verstehe, was sie tun. Die Alarme bringen ihre Termine durcheinander. Sie müssen mit der Arbeit anfangen. Wir müssen gehen."

Rola faßte Onkel Gregor am Arm. „Onkel, werde wieder ruhig. Du fährst uns auch noch in die Grube."

Georg Renner sagte zu den Männern im Grab: „Wir gehen jeden Augenblick. Sie können sofort an die Arbeit."

Onkel Gregor rief: „Nein, nein! Dort liegt meine verewigte Schwester, und du bist der Spießgeselle dieser Halunken!"

Georg Renner sagte: „Gregor, sei froh, daß die Fliegerbomben uns nicht vertreiben. Die Männer müssen weiter, ehe Hitlers Sirenen wieder gehen."

Onkel Gregor rief: „Laß die Politik vom Grab."

Georg Renner sagte: „Ihr habt sie hergeschleppt, ich habe ihn nicht gewählt."

Klaiber sagte zu Albert: „Natürlich, sie haben auch lieber um fünf Feierabend. Wer hebt gern bis Dunkelwerden Gräber aus? Morgens kommen sie vor Alarm nicht ran und abends nicht wieder nach Hause."

Tante Dora sagte: „Es sterben so viele, Sommertag."

Rola sagte: „Nun sei nicht verrückt, Onkel, bleib hier."

Onkel Gregor sprang einen Schritt von Rola weg. „Dich kenne ich nicht mehr. Pfi! Pfi!" Er rannte durch Staub und Sand.

Tante Käte rief: „Wart Gregor." Sie hielt den Geigenkasten mit beiden Händen fest und hastete ihm nach.

Onkel Gregor drehte sich auf einem Erdbuckel um. „Adieu!" Er riß den Hut vom Kopf und schwenkte ihn. „Pfi!"

Julia biß auf die Unterlippe. „Ein komischer Kerl. Recht hätte er, wenn die Zeiten anders wären. Opa sieht es ganz vernünftig."

Georg Renner hakte Tante Dora unter, während sie zwischen den Grabreihen zum Friedhofsausgang gingen. Tante Dora sagte: „Wie mag es Matthias gehen, wenn ich ihn übermorgen besuche? Erst hatte er nur das Stechen in den Leisten vom Stehen, Sommer- und Wintertag. Das hat sich in ihn hineingefressen. Nun will die Galle nicht mehr."

Georg Renner sagte: „Es war die Hitze, die Gregor erregte."

Leo ging neben Julia, er sagte: „Er regt sich auf, weil er ein altes Haus ist."

Julia sagte: „Ernst ist es. Aber es ist richtig zum Lachen."

Albert sagte: „Julia, nun halt den Mund."

Klaiber sagte: „Ich frage mich, wer mir bescheinigen soll, daß ich nicht rechtzeitig wieder in der Firma sein konnte."

Georg Renner drehte sich zu ihm um. „Erst ißt und trinkst du etwas, hinterher kannst du überlegen."

Von der hohen Decke des Restaurants, das gegenüber dem Eingang des Friedhofs lag, hing ein Kronleuchter mit bunten Glasplättchen.

Der Kellner versprach Bücklinge und Bratkartoffeln.

„Fisch. O ja." Julia sagte: „Ich hätte nicht gedacht, daß ich jetzt etwas essen könnte. Ich habe einen Heißhunger."

Tante Dora sagte: „Käte hat seine Geige dabei. Seltsam."

Rola sagte: „Die Geige ist wie sein zweites Leben."

Albert sagte: „Onkel Gregor war zu sehr ergriffen. Das Alter reibt ihn ganz auf."

Rola sagte: „Bei Alarm bringt er die Geige mit in den Keller und spielt gegen das Schießen an."

Klaiber sagte: „Ein gutes Zeichen ist es nicht, wenn der Mensch Unvernünftiges tut. Aber es dient seiner Erhaltung." Er schüttelte eine Fliege vom Handgelenk.

Tante Dora sagte: „Georg, das Leben hat uns auseinandergebracht, nun, wo Anna nicht mehr ist, bringt es uns wieder zusammen."

Albert sagte: „Gut, daß du die Fassung bewahrt hast, Vater."

Tante Dora sagte: „Der Leichenredner hatte einen so vorläufigen Ton, er spricht nur bezahlte Worte. Er bietet keinen Trost, ein Pastor spricht schöner."

Georg Renner sagte: „Er sagt die Wahrheit, mehr kann es nicht sein."

Klaiber schüttelte den Kopf. „Man sinnt dem nach, was Leben ist, und sitzt da und kommt an kein Ende."

Julia lachte. „Die Geige macht ihn wohl verrückt." Sie beugte sich zu Leo. „Beerdigungen gefallen mir. Ich habe immer gedacht, sie sind langweilig, sie sind ganz lebendig."

Albert sagte: „Halte deinen Mund."

Julia sagte: „Spießer. Es ist spießig, was du sagst. Was die Ohren hören und die Augen sehen, muß man sagen dürfen."

Klaiber legte den Arm um Julias Stuhl. „Das ist die einzige vernünftige Maxime, die man mit sich durchs Leben tragen muß."

Julia sagte: „Fast ist es zum Lachen, daß man am Schluß nur unter die Erde kommt."

II

Gerhard Tölke, Leos Klassenkamerad, saß im Liegestuhl und aß Kirschen.

Katharina Nordheim, aus der Parallelklasse der Mädchenschule, streckte vom Klappstuhl den Arm lang gegen Leo aus. „Leo, du bist ein süßer Kerl, aber du bist zu zaghaft, deshalb fängst du keine ein." Über ihr glänzten die Kirschen im Baum, Leos Klappstuhl stand vor der Wand der blauen Schrebergartenlaube.

Gerhard sagte: „Leo, du mußt stolzer sein. Drücke die Brust raus, und du schlägst wie eine Granate ein." Er steckte Katharina eine Kirsche in den Mund.

Katharina legte eine Kirsche auf Leos Lippen. Er schnappte zu, und Katharina kämmte mit drei Fingern durch Leos Haar. „Ich wüßte drei für dich. Aber ich verrate nicht eine."

Gerhard sagte: „Es ist einfach. Du stellst dich einer in die Sonne, sie sagt, Flegel, geh weg, und du bist der Flegel und setzt dich neben sie und erzählst ihr, daß du eigentlich Segelflieger bist, aber deine Krähe gerade eine Bruchlandung gemacht hat."

Leo sagte: „Und dann?"

„Dann bist du schon interessant." Gerhard lachte. „Du sagst, zur Zeit seist du gerade Fußgänger, und bringst sie nach Hause."

Katharina sagte: „Und dann? Dann fängst du schon wieder an zu zweifeln."

Die helle Haut in Katharinas Gesicht lief blank zum Kinn. Neben der Nase standen kleine Sommersprossen.

Gerhard sagte: „Waghalsig fliegen, sicher landen."

Katharina sagte: „Wir üben. Worüber sprechen Mädchen am liebsten?"

Leo überlegte. „Über Schornsteinfeger, dann erzählen sie einem, wann und wo sie einen gesehen haben und ob es ihnen Glück oder Unglück gebracht hat. Oder über Filmschauspielerinnen, man soll sagen, daß sie einer ganz besonders gleichen."

Katharina sagte: „Guck, du kennst sie besser, als ich dachte."

Gerhard sagte: „Bei dem Thema bist du sofort im Nachteil, irgend etwas haben ihre Entenaugen bestimmt gesehen, was du nicht bemerkt hast."

„Entenaugen, warte."

Gerhard sagte: „Themen? Ameisen, Pickel und Heringe. Sie sagen immer, mein Haar sitzt nicht. Dann sagst du, dein Haar glänzt, du sagst, am liebsten mag ich Haare, die etwas in Unordnung sind, das deutet auf einen abenteuerlichen Charakter. Erzähle ihnen, in den Alpen liegt immer Schnee, wenigstens in den Seealpen, Kalkalpen, Dolomiten, Hohen Tauern, Karawanken, du wickelst den ganzen geographischen Leitfaden ab, dann hält sie dich für weitgereist."

Leo sagte: „Ich sage lieber die Wahrheit. Für eine Lüge brauche ich zwanzig neue, um sie zu verdecken, das ist mir zuviel. Ich möchte auch lieber richtig eingestuft werden."

Gerhard sagte: „Das hast du schön gesagt, mein Junge, ich werde dir gleich eine Eins ins Zeugnisheft notieren. Klar und wahr ausgedrückt."

Leo sagte: „Katharina, warum magst du eigentlich dieses Gift gern?"

Katharina lächelte. „Das Gift ist frech. Aber sagt mir immer die Wahrheit."

Leo zeigte auf die aufgesetzten Zierklappen auf Katharinas Kleid. „Sind die Klappen aufknöpfbar?"

Katharina rief: „Du steckst ihn an. Leo, du wirst fast ein Flegel."

Gerhard sagte: „Kleiner Wegweiser für die Benutzung. Man knöpft den Knopf auf, macht die Hand klein und rund und hält ein Zierstück in der Hand."

Katharina sagte: „Falls der Eigentümer es zuläßt."

„Oh, wärst du jetzt nicht da, Leo, würde ich gleich die Probe machen!"

„Ein ausgemachter Flegel."

Gerhard sagte: „Ja. Und ich soll umgraben. Ich sitze im Schrebergarten meiner Mutter." Er verschränkte die Hände hinter dem Kopf. „Am liebsten sind wir da in der Laube. Und in der Laube steht ein Kanapee."

Katharina sagte: „Geh umgraben."

Gerhard sagte: „Ich trolle mich." Er ging den breiten Gartenweg entlang und steckte vorn an der Pforte den Spaten in die Erde.

Leo sagte: „Er gibt etwas zu sehr an. Hat er gar nicht nötig."

Katharina sagte: „Mag ich nicht, daß er angibt. Aber er hat es nötig."

Leo sagte: „Eins zweiundneunzig, ich bin eine Fliege mittlerer Größe gegen ihn."

Katharina sagte: „Fang nicht damit an. Groß ist jeder auf seine Art. In Wahrheit möchte er auch mittelgroß sein wie du. Er fällt überall auf, und dann gibt er natürlich an, damit ihn keiner für kleiner hält, als er ist."

„Welche Eigenschaft magst du an Männern am liebsten?"

„Am meisten mag ich die Eigenschaften, die du hast. Du bist schüchtern, sagst die Wahrheit, fühlst viel und verstehst, was andere tun."

Leo sagte: „Du hast dir ganz schön ausgedacht, wie ich sein könnte."

Katharina sagte: „Das sagst du. Aber wie ich dich sehe, solltest du sein. Du bist schon auf dem Weg dorthin."

Gerhard rief von der Pforte: „Euer Flüstern hört man bis hierher."

Katharina ging ein paar Schritte über den Gartenweg. „Du hast Einfälle."

Gerhard sagte: „Leo, und dann mußt du sagen, mein Onkel fährt ein Motorrad, manchmal läßt er mich fahren, und manche Gebirgszüge sind wir runtergetorkelt. Hahahaha!"

Katharina nahm den Spaten in die Hand und stieß ihn in die Erde. „Damit wenigstens ein paar Reihen geschafft sind."

Gerhard und Leo sahen zu. „Wollen wir sie anstellen, Leo?"

„Ihr fehlt ein Kopftuch."

Gerhard sagte: „Wie sie die Sandale auf den Spaten stellt. Sie lernt dazu."

Leo sagte: „Ihr habt so weiße Zähne."

„Wir verraten dir nie unser Geheimnis."

„Asche?"

„Eher Straßenstaub."

„Pasta mit Chlor."

Katharina rief: „Wir brennen uns das Maul doch nicht ab."

„Zitrone, hast du eine Ahnung, was sie schafft."

Katharina sagte: „Weizenkörner mußt du zerbeißen, das macht weiß."

Fischer, der alte Chef der Kegelaufsetzer, trappelte auf dem halbhellen Korridor vor den Eingängen zu den Kegelbahnen an Leo und Gerhard vorbei. Er balancierte eine weiße Tischdecke auf der Hand. „Tölke, Klaiber, Bahn zwei."

Gerhard sagte: „Wenn es nicht anders geht."

Leo sagte: „Er deckt für seinen Fünfmarksverein. Wenn die Kerle rausgehen, sind sie voll."

Sawahn, neunzehn Jahre, mit steifem blauen Hut, sagte: „Seine Taschen auch."

Gerhard sagte: „Sawahn, hast du Bahn eins?"

Sawahn sagte: „Hat Sawahn, ganz altes Inventar hier, als du noch in die Windeln machtest, habe ich schon Bahn eins bis fünf in zwei Schichten bedient."

Leo sagte: „Da legte deine Mutter auch schon die Grammophonplatte auf 'Als du noch'."

In Fischers blaurasiertem Gesicht sprang die kalte Tabakspfeife. „Haltet die großen Fressen hier, sonst setze ich euch noch heute nachmittag an die frische Luft."

Sawahn sagte: „Du kannst gern für uns aufsetzen, Hauptsache, wir kriegen das Geld."

Fischer sagte: „So stinkt er, solange ich ihn kenne."

Leo sagte: „Wie sieht es morgen, übermorgen aus?"

„Nach der Tour warten. Dann schreibe ich dich ein. Muß Bestellungen holen." Der alte Fischer hopste die Treppe zum Restaurant hinauf.

Sawahn, Gerhard, Leo, Schreier, Sawitzki, Blumberg grinsten ihm nach.

Sawitzki, Besitzer einer Schottischen Karre, sagte: „Er bleibt Mädchen für alles bis nach seinem vorzeitigen Tod."

Gerhard sprang hoch und setzte sich auf einen der Vereinsschränke, in denen die Kegler ihre Ausrüstung aufbewahrten, Tischwimpel, Glocke, Turnschuhe, Topf, in den das Pudelgeld kam.

Leo lehnte an einem Schrank, an dem mit Goldbronze stand: „Acht um ihren König".

Fischer trug ein Tablett mit vollen Biergläsern vorm Bauch. „Komm da runter, Tölke! Mensch, muß ich euch jeden Tag sagen, daß man Senf nicht mit dem Hut abwischt."

Schreier sagte: „Wie dick könnte der Mann sein, wenn er noch etwas aufgeregter wäre."

Fischer hüpfte mit dem leeren Tablett und einer Zigarre über einem Ohr aus Bahn eins. Er wedelte das Tablett durch die Luft. „Ich schmeiße den ganzen Laden hier hin, das weiß ich. Ich brauche euch nur wiederzusehen."

Sawahn sagte: „Mach das, Fischer, wir heben ihn wieder auf."

Ein Mann in Oberhemd und Hosenträgern machte die Tür von der Kegelbahn zum Korridor auf. „Bahn zwei, Aufsetzer."

Leo und Gerhard gingen an den Mitgliedern von „Max kegelt" vorbei. Auf dem Tisch der Kabine glänzten die Biergläser, die Hängelampe schien genau auf den Wimpel, auf dem Max eine goldene Kugel warf.

Hinter den aufgestellten Kegeln, jeder auf einer Bahn, hoben Leo und Gerhard den Fuß. Die fallenden Hölzer krachten, mit der Schuhbeuge fing Leo die Kugel ab. Anzeigen. Er warf das Blatt der Wachstuchtafel hoch, sieben. Seine Hände liefen den gefallenen Kegeln nach, eins, zwei, eins, zwei, eins, zwei, drei. Er hob die schwarze Kegelkugel auf den Rücklaufrahmen. Auf der schmalen Bohle schlurrte die nächste Kugel heran. Leo hob den Fuß zum Tanzschritt, Kugel hab' ich, die trockenen Kegel knallten gegeneinander, sechs, nein, fünf. Anzeigen. Seine Hände fingen die gefallenen Kegel und tupften sie in die kleinen Standlöcher. Weg mit der Kugel. Die schwere Kugel ratterte auf dem Rücklaufrahmen davon. Die nächste Kugel donnerte heran. Ein etwas zu schneller Hund. Leo fing die scharfe Kugel mit dem Fuß ab. Ha, nichts als drei, hörte man. Anzeigen. Er stellte die Kegel ein. Er hob die Kugel. Die nächste Kugel rasselte heran. Leo fing sie mit dem Fuß ab. Anzeigen, acht. Er suchte die Kegel. Eins, zwei, eins, zwei, eins, zwei, eins, zwei. Er hob die schwarze Kugel in den Rücklaufrahmen. Die nächste Kugel gurrte heran. Ja, die Kleine hat es in sich, torkelt richtig. Leo fing die Kugel mit dem Fuß ab. Ja, neun. Alle. Anzeigen. Seine Hände liefen nach den Kegeln. Eins, zwei, drei. Hund, will nicht stehen. Er hob die Kugel in den Rücklaufrahmen. Zwanzig Meter von ihm schrien die Kegler, Leo hörte die Keglerglocke. Die nächste Kugel surrte heran, Leo hob den Fuß, anzeigen. Sieben, er lief auf die Bahn und holte zwei Kegel wieder, drei, vier, fünf, sechs, sieben. Die kleinen Scharniere der Kegel klickten. Leo hob die schwarze Kugel in den Rücklaufrahmen.

Nach hundert Würfen tat das Kreuz weh. Ich muß pissen. Bald Pause? Sitzt mein Taschentuch noch fest auf dem Kopf? Die weißen Turnschuhe der Kegler sprangen am Anfang der Bahn vor und zurück. Die nackten Glühbirnen leuchteten über Gerhard und Leo.

„Jungs, Pause."

Gerhard und Leo schwenkten die Taschentücher am langen Arm.

In der Kabine sangen die Kegler:
„Im Teiche, im Teiche
schwimmt eine zarte Leiche,
kein Hemd bedeckt mehr ihre Brust,
das Höslein selbst ist in Verlust."

Die Kegler führten erst die Schnaps-, dann die Biergläser über der Mitte des Tisches zusammen. „Gut – Holzholzholz!"

Sawahn saß schon auf dem Korridor auf Fischers Abstelltisch.

„So bückt man sich durchs Leben."

Blumberg sagte: „Wenn es um Trinkgeld geht, verwechseln sie nie Fünfmark- und Fünfzigpfennigstück."

Leo sagte: „Bei Kasse sind sie besser als bei Stimme."

Sawahn sagte: „Blumberg, du hast ausgefallene Wünsche."

Fischer, in grüner Weste und aufgekrempeltem weißen Hemd, trug ein Tablett mit Biergläsern vorbei. „Lauft nachher nicht weg, Tölke, Klaiber, brauche euch unbedingt."

Blumberg sagte: „Klein wie eine Maus, wenn es sein muß."

Fischer machte die Tür zur Kabine hinter sich zu, er klemmte das Tablett unter den Arm. „Klaiber, du versuchst dich nachher auf Bahn drei. Tölke, du gehst wieder auf Bahn zwei und hältst das Maul. Auf euch kann ich mich verlassen." Er sammelte leere Gläser vom Abstelltisch auf das Tablett. „Schneider schickt seine Mutter her, er kann nicht kommen, er hat Bauchweh. Das Huhn kriegt nichts mehr."

Sawahn sagte: „Fischer, wie ist es mit Freitag, Sonnabend? Sonntag kann ich nicht kommen."

Fischer sagte: „Komm Freitag, Sonnabend nicht, da kriege ich andere. Komm Sonntag."

Sawahn sagte: „Du bist ein gelernter Schinder. Also auch Sonntag, aber Tour zwei."

„Gut, zwei. Hinterher kannst du noch lang genug mit deiner Kleinen im Stadtpark liegen."

Sawahn schob Kinn und Unterlippe vor. „Ich hoffe, daß deine Ahnungen in Erfüllung gehen."

Fischer hielt ein Streichholz an seine Pfeife, seine öligen alten Augen glänzten.

„Aufsetzer, Bahn drei." Sawahn und Blumberg verschwanden in die Kabine.

Leo sagte: „Muß ich ausgerechnet Post machen?"

Fischer sagte: „Ihr könnt nicht immer Sahne fressen. Klaiber, Tölke, Sonnabend Conz, Montag Schrader. Danach die nächste Tour. Sonntag Tour eins und drei, das liegt dann fest."

Gerhard und Leo gingen durch die Kabine auf die Bahn zu den Kegeln. Leo hob den Fuß. Die Kegelhölzer krachten. Sieben, er blätterte die Wachstuchtafel auf. Er fing die gefallenen Kegel wieder und klinkte sie auf die kleinen runden Beine. Er hob die schwere Kegelkugel auf den Rücklaufrahmen. Vorhin war mein Kreuz viel elastischer. Nachher drei Stunden Post, zehn Pfennig pro Person, bei zehn fünfzig Pfennig pro Aufsetzer.

Vor dem Restaurant tasteten sich Leo und Gerhard die Steinstiege zur schwarzen Straße hinunter.

Gerhard sagte: „Leo, dein Horoskop steht Scheiße, sagt meine Mutter. In der Liebe ist für dich überhaupt nichts drin, Beruf ist völlig dunkel."

Leo sagte: „Ich habe zwei Touren gemacht heute. Zweimal zwei zehn plus eins siebzig macht fünf neunzig. Mal sechs, macht dreißig. Schnitt hundert pro Monat. Was sagt deine Mutter dazu?"

Die Jungen zogen durch die leere finstere Straße.

„Deine Sterne stehen so saumäßig, daß ich dir den wahren Stand gar nicht sagen darf."

Leo sagte: „Behalt ihn für dich."

Gerhard sagte: „Conz stiftet zwei fünfzig und Brausegeld. Macht runde fünf Mark. Vielleicht spendiert Schrader wieder Würstchen."

Leo sagte: „Wie oft hast du Schrader schon gehabt?"

Gerhard sagte: „Jedesmal zwei Trinkgeld. Ich gehe zu John König, Getreide, studiere doch nicht. Mein Horoskop sagt, ich scheffle Geld. Ich brauche die Sachen nur anzufassen, schon verwandeln sie sich in Gold."

Leo sagte: „Deine Mutter ist eine nette Märchentante. Wenn sie wirklich in die Sterne sieht, sagt sie dir nicht, was dir blüht. Mein Sohn, früher Tod im Armenhaus."

Gerhard sagte: „Du bist ein Arschloch. Aber du bist mein Freund. Dir verrate ich meine Laufbahn, ich habe Erfolg, nur Erfolg. Wenn Gerhard Tölke Kaufmann ist, ist die Konkurrenz aus dem Felde geschlagen."

Leo sagte: „Klingt gut. Gerhard Tölke Stift bei König."

Gerhard sagte: „Dann Kronprinz bei König. Fünf Jahre brauche ich, um Kapital aufzutürmen, dann kaufe ich Schiffe. Du siehst überall meine Schiffe dampfen, G. T. Jeder kennt die Linie."

Leo sagte: „Du hast gute Sterne. Man braucht so ein Horoskop. Jupiter funkelt. Mars grinst. Venus verdreht die Augen."

Gerhard sagte: „Du tust mir manchmal leid. Ein Kasten voll Asche glänzt mehr als dein Sternenhaus."

Er sang:

„Ich setze einen Kuß

auf deine Nase.

Damit du fühlst,

daß ich ein Waschbär bin."

Leo sagte: „Mitunter kommst du mir vor wie besoffen."

Gerhard sagte: „Das ist das Glück. Ich habe nie schlechte Laune. Wo ich gehe, geht das Glück."

„Hast du die dritte Matheaufgabe schon fertig?"

„Halt die Schnauze."

Die dunkle Straße stieg an. Im dunkelblauen Himmel wippten hinter Wolkenbändern ein paar Sterne.

Gerhard sagte: „Schwöre, daß du die Schnauze hältst."

Leo sagte: „Ich schwöre."

Gerhard sagte: „Wir machen es immer nackt. Ich ziehe Katharina aus, sie hüpft von einem Bein aufs andere. Ich knappere an ihrer Brust, Äpfelchen. Dann schreit sie schon, und der Wurzelsepp geht ins Häuschen."

Leo sagte: „Wenn ihr mal ein Kind kriegt."

Gerhard sagte: „Kriegen wir nicht. Wir arbeiten mit allen Gummierungenschaften der Neuzeit." Er blieb als dunkler Turm vor Leo stehen. „Ich will dir erzählen, wie es ist. Ich stecke rein, und sie macht ein Gesicht, wie du es noch nie gesehen hast."

Leo sagte: „Was sagt Katharina?"

Gerhard sagte: „Sie sagt, oh, das ist gut. Und dann beißt sie mir in die Lippe. Wenn ich sage, ich habe mich verbrannt, dann war es das."

Leo sagte: „Ich sage nichts weiter."

Gerhard sagte: „Meist ist sie erregter als ich. Wir führen Tabellen und vergleichen miteinander. Sie hatte neunzig Punkte, ich siebzig. Mitunter haben wir gleich. Einmal hatten wir beide über hundert, obgleich es nur hundert gibt."

Leo sagte: „Katharina ist schön. Dir und ihr gönne ich das Glück."

Gerhard sagte: „Du mußt deine Mutter noch einmal genauer über den Zeitpunkt deiner Geburt ausquetschen, vielleicht fällt in dein Haus doch ein Lichtstrahl."

Leo sagte: „Vergiß nicht, ich glaube nicht an Horoskope. Daß alles, was ist, uns beeinflußt, ist klar, aber der Mensch kann nicht in die Dinge sehen."

Gerhard sagte: „Da sieht man, du bist kleingläubig."

Leo sagte: „Menschliche Seelen sind vielleicht aus durchsichtigem Material, aber in Steine und Metalle kann man nicht sehen, daraus bestehen schließlich die Sterne."

Gerhard sagte: „Dir fehlt der Schwung. Du bist ein stumpfsinniger Brocken, du kommst nie zur Seligkeit."

Leo holte alle Münzen, die er verdient hatte, aus der Hosentasche und schüttelte sie in der hohlen Hand. Gerhard holte sofort seine Münzen hervor und schüttelte sie singend.

Leo hüpfte. „Ei, ei."

Leo lag mit dem Kopf auf einem ziegelsteingroßen Roßhaarkissen in seinem Bett und dachte. Zuerst kaufe ich mir eine braune Jacke mit breiten Streifen, das ist jetzt modern, dann kaufe ich ein rosa Oberhemd und eine changierende Krawatte, alle Leute wissen sofort, die war teuer. Ich nehme eine gelbliche Hose, damit falle ich auf. Einen hellgrauen Hut habe ich auf, mit dunklem Band, und ich angle einen weißen Mantel, den lasse ich offen beim Gehen. Ich wähle für den Schal ganz flammende Farben, Rot-Gelb, und vielleicht erwische ich Lederhandschuhe, gelb. Leo sah einen jungen Mann gehen, er trug einen hellen Hut und einen weißen Mantel und lächelte, dann merkte er, daß der junge Mann er selbst war. Ich sehe wie ein junger Herr aus, und keiner merkt, daß ich mal arm war, ich habe schon viel Geld, Sonntag mache ich zwei Touren, eins und drei, zweimal vier Stunden, Sonntagslohn, acht Mark, vielleicht Trinkgeld, macht zehn. Gut, wenn Papa Dolmetscher wird, dann sage ich allen, er ist Dolmetscher. Auf Frauenkleiderpunkte kriege ich ein Oberhemd, gelb, die Punkte rückt Mutti raus. Gerhard glaube ich noch lange nicht – das wünscht er sich, vielleicht ist überhaupt nichts daran. Wer an die Sterne glaubt, ist ein Idiot. Vielleicht kaufe ich mir zuerst den Hut, drei Punkte, jetzt ist gerade einer im Fenster. Das Blut sank aus Leos Kopf, er sah rot-blau gestreifte Socken, die Umschläge einer neuen gelben Hose, die langen Kappen seiner Halbschuhe spiegelten.

Rolas Stimme riß ihn aus dem Schlaf. „Komm hoch. Werd wenigstens wach, war schon vor einer Viertelstunde Alarm."

Leo rief: „Laß mich!"

Rola sagte: „Bleib wach. Ihr könnt nicht alle drei schlafen."

Leo legte den Kopf auf dem Roßhaarkissen neu zurecht. „Was ist los?"

Rola sagte: „Deine dämliche Manier, auf dem Roßhaarkissen zu schlafen. Ich hole nächstens die Herdplatte her." Sie rief: „Leo!"

Leo schlief und zuckte.

Rola sagte: „Du bist ein Tollkopf, das Leben ist hart genug."

Leo stieg in den Zug und stellte Klaibers Koffer ins Gepäcknetz. Die grauen Stahlträger des Bahnhofs schwebten am Abteilfenster vorbei. Die grauen und grünlichen hohen Wohnhäuser der Stadt blieben stehen. Hinter der Eisenbahnbrücke, die über den Fluß führte, stieg der Qualm aus den Fabrikschornsteinen an den langen Himmel. Klaiber und Leo saßen einander auf den Holzbänken der dritten Klasse gegenüber und blickten durchs Abteilfenster nach den schnellen Wolken.

Klaiber sagte: „Es ist eigenartig."

Leo sagte: „Ja."

„Ich bin mehr als zwanzig Jahre in ihrer Nähe geblieben. Jetzt fahre ich weg."

Leo sagte: „Es ist ja nicht für immer."

Klaiber sagte: „Es war nicht viel, aber dafür, daß ihr wenigstens etwas zu essen hattet, habe ich gesorgt."

Leo schüttelte den Kopf. „Denke nicht so etwas. Dich haben sie früh vor die Tür gestellt, erst deine Verwandten mit dem dickeren Portemonnaie und dann die nächste Mannschaft. Wird Zeit, daß du französisch mit ihnen sprichst, wenn sie deutsch nicht mit sich reden lassen."

Klaiber sagte: „Das ist ein guter Witz. Ich setze auf dich."

Leo sagte: „Setze erst einmal auf dein Pferd."

Klaiber trug den grauen Anzug, den er bei Anna Renners Beerdigung angehabt hatte, und Leos gelbes Oberhemd und blauweiß gepunktete Krawatte.

Er sagte: „Ich vergesse dir nie, daß du mir deinen Koffer und an der entscheidenden Wende in meinem Leben das Geld gegeben hast, damit ich mich ungeniert durch die ersten Wochen bringen kann."

Leo sagte: „Den Koffer habe ich von Ingo. Jetzt hast du ihn von mir."

Klaiber sagte: „Ich kann dir nicht sagen, was mir das bedeutet, daß ich Dinge, die von dir stammen, bei mir haben werde. Du hast sie mir, ohne zu überlegen, gegeben."

Leo sagte: „Ich will nicht nachzählen, ein bißchen mehr, als du von mir gekriegt hast, habe ich von dir bekommen."

Klaiber grinste. „Aber das sind Pflichten. Dies ist reine Liebe." Er wischte mit dem Daumen unter einem Auge.

Leo sagte: „Halte dich aufrecht."

Klaiber sagte: „Deinem militärischen Befehl komme ich nach." Er sah zur Seite. Außer Klaiber und Leo saß nur eine Frau auf dem Fensterplatz im Abteil.

„Ich hätte gedacht, der Zug sei stärker besetzt."

Leo sagte: „Ein gewöhnlicher Wochentag."

Klaiber sagte: „Für andere." Er beugte sich etwas zu Leo hinüber. „Ich gestehe, ich bin eine sentimentale Dame."

Leo sagte: „Hauptsache, Dame."

Leos Gabardinemantel, den er von Albert bekommen hatte,

hing neben Klaiber.

Klaiber sagte: „Du wartest dann, bis ich den anderen Zug habe und er sich fröhlich in Bewegung setzt."

Leo sagte: „Versteht sich."

Klaiber sagte: „Denkst du noch an die Zeit, als du auf dem Kindersattel vorn bei mir auf dem Fahrrad gesessen hast? Wenn wir um die Ecke gebogen sind, hast du deinen allmächtig kurzen Arm rausgestreckt."

Leo sagte: „Vergessen."

„Schade. Dann hast du eine ganz andere Vorstellung von der Vergangenheit als ich." Er machte einen Augenblick lang die Augen zu. „Obgleich du hier groß vor mir sitzt, sehe ich dich manchmal klein."

Leo sagte: „Das sind so die Erinnerungen der Väter. Das Kind sitzt vor ihnen, und sie sehen in Gedanken ein anderes."

Klaiber rüttelte Leo am Knie. „Nein, nein. Ich will kein anderes sehen, ich will dich sehen, wie du jetzt bist." Er sagte schnell: „Ich vergesse dir nie, daß du mir zweihundert Mark gegeben hast, als ich selbst zehn Mark auf der blanken Hand hatte. Das wird mir noch auf dem Totenbett vor Augen stehen."

Leo sagte: „Ich habe gelogen. Ich kann mich auch an den Kindersattel erinnern. Wir haben zusammen gesungen, wenn kein Schutzmann in der Nähe war."

Klaiber sagte: „Du und Georg Renner, ihr habt es leichter miteinander. Großvater und Enkel sind eine lustigere Verwandtschaft. Zwischen ihnen bleibt alles Spiel, so ernst sie auch reden mögen. Zwischen Vater und Sohn wird es ernst."

Leo sagte: „Klar, der Vater soll ernähren und erziehen, und das Kind soll zeigen, daß es wert ist, in die Welt gesetzt worden zu sein."

Klaiber sagte: „Leo, du bist es wirklich wert."

Leo sagte: „Sage das nicht zu früh. Hat schon mancher Sohn seinen Vater umgebracht."

Klaiber fuhr mit der Hand in die Luft. „Werde nicht zu grimmig. Meist schickt der Vater das Kind in die Welt. Heute schickst du den Vater in die Welt."

Leo sagte: „So herum kommt es auch vor. Aber ich bringe dich gern zum nächsten Zug."

Klaiber sah in der Ferne niedrige rote Bauernhäuser. Er beobachtete, wie sich ein Hügel und ein Wäldchen vor die Häuser schoben.

Er sagte: „Der eine setzt den anderen in die Welt. Nach dieser Tat besteht eines Tages Fremdheit."

Leo sagte: „Ich glaube nicht, daß ein Sohn seinen Vater lieben kann."

Klaiber sagte: „Das zu hören ist bitter."

Leo sagte: „Es betrifft nicht uns beide, es ist der allgemeine Fall."

Klaiber sagte: „Ich weiß, es wird mir noch auf dem Totenbett vor Augen stehen, wie du mir jetzt geholfen hast."

Leo sagte: „Ob du mir fehlen wirst, werde ich wohl erst viel später wissen. Wenn ich sagen möchte, was ich wirklich meine, habe ich Angst, mit den Worten nicht vorsichtig genug umzugehen. Dazu hat mich eine Lehrerin gebracht, mit der wir in der Kinderlandverschickung waren."

Klaiber beugte sich zu Leo vor. „Wer war das?"

Leo sagte: „Frau Kreitsch, wir nannten sie Ida. Eigentlich hatten wir nur Englisch bei ihr. Aber etwas ganz anderes bleibt einem in der Erinnerung."

Klaiber sagte: „Als du in die Kinderlandverschickung gefahren bist, habe ich dir einen Pullover für vierzehn Mark angeschafft, fünfundzwanzig Mark beträgt das Wochengeld, von dem wir leben. Wenn sich Zuneigung in Zahlen ausdrücken läßt, hier hast du sie vor dir."

Leo sagte: „Wir sind dreimal de Einkaufsstraße rauf- und runtergegangen, du erkundetest, ob du nichts anderes finden konntest." - Klaiber sagte: „Man ist Egoist."

Der Zug hielt an den kleinen Bahnhöfen. Frauen stiegen aus und ein, der Bahnhofsvorsteher ging auf und ab. Die Mütze des Zugbegleiters war zu sehen, und er sprang wieder auf den Zug.

Klaiber sagte: „Was deine Mutter und mich verbindet, weiß ich nicht."

Leo sagte: „Bei euch beiden muß man tatsächlich danach suchen."

Klaiber sagte: „Ein Vater ist in einer schlechten Position. Er geht Geld verdienen, unterdessen macht die Frau zu Hause die Kinder zu ihren Kindern. Sie kann sie beeinflussen, wie es ihr gefällt. Der Vater wird als Prügler herangezogen. Wie lebendig mir das vor Augen steht."

Leo sagte: „Daß du dich früher mit Mutti und Ingo geschlagen hast, verdirbt die Erinnerung. Von dir bleibt kein gutes Bild. Du warst der Stärkere, du hast geprügelt."

Klaiber sah auf den Fußboden des Abteils. „Gutzumachen ist es nicht mehr. Wegwischen kann man es auch nicht. Ich höre diese Vorwürfe aber lieber von dir als von irgendeinem anderen."

Er wartete, ehe er wieder sprach.

„Empfindest du für mich überhaupt nichts? Bin ich dir nur widerlich?"

Leo sagte: „Ich respektiere dich. Vielleicht weiß ich später, ob ich dich geliebt habe."

Klaiber sagte: „Schreib es mir. Wenn Post kommt, werde ich immer nachgucken."

Leo sagte: „Hauptsache ist, du hast jetzt dein Reich, in dem du einmal du selber sein kannst. Ich bewundere an dir, daß du trotz der trüben Verhältnisse durchgehalten hast."

Klaiber sagte: „Du kannst glauben, daß mir deine Worte guttun wie heiße Milch. Man kann mir Berge von Geld hinlegen, dein Lob ist mir mehr wert."

Leo sagte: „Ich freue mich für dich. Du warst im Tunnel, jetzt kommt das Licht."

Klaiber sagte: „Für einen Schwimmer, der zum Ufer möchte, ist deine Mutter ein Stein am Hals. In jeder Stunde stirbt sie dreimal und lebt trotzdem weiter."

Leo sagte: „Der eine paßt nicht zum anderen."

Klaiber sagte: „Sie ist nicht unintelligent, aber ihr fehlt die Fähigkeit, einem Ziel zuzustreben. Sie läßt sich treiben. Genau das trennt sie von ihrem Vater. Jetzt ist Georg Renner alt, aber früher war sie seine tägliche Plage."

Leo sagte: „Ihr habt euch nie scheiden lassen, obgleich ihr viel davon geredet habt."

Klaiber sagte: „Es gibt körperliche Bedingungen. Und dann haben wir Kinder. Wesen, die wirklich eigene Wünsche haben dürfen, sind Eltern erst, wenn die Kinder aus dem Haus gegangen sind. Ingo schafft uns keine grauen Haare mehr. Er stirbt und lebt jetzt allein."

Auf den langen Weiden standen Kühe. Ihr Fell leuchtete schwarz-weiß oder braun-weiß. Auf einer Chaussee liefen fingerkleine Bäume. Der Zug fuhr auf sie zu. Bei einer Bahnschranke wartete ein Radfahrer darauf, daß er wieder weiterfahren konnte.

Leo sagte: „Wie fühlst du dich?"

Klaiber sagte: „Gut, daß du ein Stück mitgefahren bist."

Leo sagte: „Ich habe noch bis Sonnabend Ferien, heute ist Dienstag."

Klaiber schüttelte den Kopf. „Du beschämst mich, du läßt dir nichts anmerken. Wenn man wirklich in Not ist, findet man nicht leicht jemanden, der einem hilft." Er stand auf und schlug sich vors Knie. „Wer kein Geld hat, obgleich er welches verdiente, ist in Not."

Leo sagte: „Einmal, als wir noch bei den Katholischen wohnten, habt ihr drei gekämpft, damit der Speicher nicht abbrannte."

Klaiber sagte: „Ja, ein ganz schöner Schreck noch, wenn ich daran zurückdenke."

Leo sagte: „Vielleicht habe ich doch mehr von dir, als du meinst. Wenn ich an dich denke, sehe ich dich im alten dicken Wörterbuch nachschlagen. Immer wolltest du wissen, was das Wort wirklich bedeutet. Ich mache es dir schon nach, du hast mich angesteckt."

Klaiber sagte: „Das sollte mich freuen."

„Freu dich."

Klaiber sagte: „Ich habe dich in die Welt gesetzt, das bleibt also nach. Was uns verbindet, werden wir merken."

In der Kurve konnten Leo und Klaiber sehen, wie der Zug

wie ein grauer Halbmond auf den Schienen lag. Hinter der Lokomotive glänzten die Fensterscheiben der ersten Wagen. Die Glaskuppel des Bahnhofs schimmerte von weitem. Zwei rote Kirchtürme ragten neben der Kuppel.

Klaiber sagte: „Du wirst klüger als ich werden. Aber ich weiß eine Klugheit, die du nicht kennst. Sage nur selten, was du wirklich denkst. Im Staat nehmen sie dir für ein solches Vergnügen den Kopf ab, im Privaten wartet jeder darauf, deine Gurgel zuzudrücken."

Leo sagte: „Vielleicht denke ich daran."

Klaiber sagte: „In den Stürmen des Lebens."

Er zog den Gabardinemantel an, den Leo ihm geschenkt hatte, Leo trug den Koffer, Klaiber ging mit einer kleinen alten ledernen Aktentasche in der Hand. Vom dritten Bahnsteig stiegen sie hinauf zur Bahnhofshalle, dann stiegen sie wieder zu den Bahnsteigen hinunter. Klaiber hielt sich am Geländer fest.

Der kurze Zug stand schon am Bahnsteig und hatte durchgehende Trittbretter. Klaiber stand oben in der offenen Tür des Abteils, Leo unten auf dem Bahnsteig.

„Leo."

Leo legte den Kopf zurück und sah den kleinen schwarzhaarigen Mann an, der etwas höher als er stand.

Klaiber sagte: „Noch auf dem Totenbett wird es mir vor Augen stehen. Ich vergesse dir Geld und Koffer nie."

Leo sagte: „So große Hilfe war es gar nicht. Ja, der Koffer."

Klaiber legte den Daumen unter die blau-weiß gepunktete Krawatte. „Dies nicht?"

Von der Tribüne des Freibades sahen Nino Zielander, Gerhard Tölke, Leo Klaiber und Kurt Wienke nach unten auf das Schwimmbecken.

„Jetzt noch ganz gut frei."

„Brust, zwei Bahnen."

„Sieger verdrückt sich zum Ankleideraum und rechnet die zweite Aufgabe."

Die Jungen standen nebeneinander auf den Startblöcken.

Kurt rief: „Geht!"

Leo stieß sich mit beiden Füßen ab und sah sofort die grünen Kacheln unter dem Wasser. Er tauchte und holte mit beiden Armen weit aus. Links merkte er einen Schatten vor, rechts einen hinter sich. Der lange Hund liegt schon an der Spitze. Er sah Kurt Wienkes roten Kopf, an dem bin ich vorbei. Leo hob die Brust weit aus dem Wasser und stieß Arme und Beine nach hinten. Beim Wenden so nahe wie möglich an die Wand und wie ein Frosch abstoßen. Er rauschte ins Becken zurück und schlug die Arme weit durch. Das Wasser zog durch seinen Mund, Leo sah mit starren Augen Tölkes hellen Hinterkopf. Leo riß die Arme lang durchs Wasser, ich muß Zweiter sein. Wo ist Nino? Leo zählte, eins, zwei, drei, vier, seine Schenkel waren leicht, er merkte, daß das Wasser schwer war.

Kurt prustete auf einem Startblock. „Der Sieger an die Arbeit."

Leo sagte: „Schaffst du die Aufgabe?"

Gerhard sagte: „Ich wollte lieber einen Erwachsenen als euch Kinder ranlassen."

Leo sagte: „Ich hatte noch zuviel Schulbank im Bauch, kam einfach nicht voran."

Nino sagte: „Gerhard, wenn es geht, mach gleich Aufgabe drei mit."

Gerhard sagte: „Du ausgefeilt fauler Hund. Na, mal sehen, wie die Pferde traben."

Oben auf den Holzbänken der Tribüne saßen die Mädchen. Bettina Zielander, Ninos Schwester, sagte zu Leo: „Reib mir mal den Buckel ein."

Leo sagte: „Arbeitet sich gut." Unter seiner Hand war das Sonnenöl, dann erst kam die Haut. „Wenig bucklig."

Lisa Konrad, Innenrolle, schwarzes Haar, tupfte Creme auf ihre Knie. „Er soll etwas Schönes gesehen haben, falls er einmal eine bucklige Frau kriegt."

Margot Schlinz hielt ihre Kniekehlen in die Sonne. „Falls er nicht Junggeselle bleibt. Ihn peinigen in Mondscheinnächten die Erinnerungen."

Leo sagte: „Ich werde an euch beide denken, an Bettina hinten, an Margot vorn."

Katharina stieß die Hacke auf die Holzbank. „Jetzt wird er anzüglich. Leo, creme auch meine Schultern ein."

Leo sagte: „An was soll ich denken?"

Katharina sagte: „Wie beliebt."

Margot rief: „O nein! Jetzt werden beide rot."

Lisa setzte sich neben Leo. „Nur für ein Ohr." Sie flüsterte: „Sie hat ja auch Grund."

Leo sagte: „Ich dachte, das soll keiner wissen."

Lisa flüsterte: „Besitz einmal ein Auto und führe es nicht vor." Sie sagte: „Komm mit."

Leo und Lisa blieben dreißig Schritte von Katharina und Margot entfernt stehen. Lisa sagte: „Er ist viel zu groß für sie. Er macht ihr alles kaputt."

Leo sagte: „Glaube ich nicht. Sie hat mir nichts davon gesagt."

Lisa stieß den Daumen gegen Leos Arm. „Hör auf. Jetzt komme ich mir vor wie in der Zwickmühle. Mit wem hast du was?"

Leo sagte: „Mit keiner."

Lisa strich über Leos Arm. „Wie gut. Habe ich mir gedacht. Wenn das Gerede losgeht, fühlt man sich plötzlich wie in der Berg-und-Tal-Bahn."

Leo dachte: Ja was für ein Gerede!

„An wen denkst du, wenn du einmal fühlst?"

Leo sagte: „An dich."

Nino Zielander lag auf dem violetten Badelaken seiner Schwester. Kurt Wienke balancierte einen Bleistift auf dem Fuß. Leo spiegelte mit Bettinas Taschenspiegel die Sonnenstrahlen in Margots Kniekehlen.

Nino sagte zu Leo: „Nadel oder Knopfloch? Ohne nachzudenken."

Leo sagte: „Erst Knopfloch, dann Nadel."

Kurt sagte: „Die unpersönliche Grundform lautet immer: Man steckt eine Nadel in ein Knopfloch. Konjunktiv. Alle

Fälle. Was geschähe, wenn."

Nino sagte: „Ich stecke meine Nadel in mein Knopfloch. Geschähe nichts. Du steckst deine Nadel in mein Knopfloch. Geschähe nichts. Er steckt seine Nadel in ihr Knopfloch. Geschähe alles."

Leo sagte: „Sie steckt ihre Nadel in sein Knopfloch. Geschähe nichts. Du steckst meine Nadel in dein Knopfloch. Geschähe nichts. Ich stecke seine Nadel in ihr Knopfloch."

Kurt rief: „Geschähe alles!"

Bettina sagte: „Sie kreischen."

Kurt sagte: „Englische Grammatik. Mögliche Fälle in experimentativer Anordnung."

Gerhard stieg mit dem Mathematikheft in der Hand die Treppe der Tribüne hinauf.

„Zweite habe ich. Für die dritte mußt du deinen Motor mit anwerfen, Nino."

Lisa schob den Kopf über das Heft. „Mathe. Der Himmel wird finster. Hatten wir auch in der letzten Stunde, Schlafpulver."

Bettina sagte: „Mathematiklehrer müßte man sozusagen ersäufen."

Margot sagte: „Oder sich als Haustiere halten."

Kurt sagte: „Katharina trägt einen schwarzen Badeanzug, Lisa einen weißen, heiter."

Gerhard sagte: „Rivalinnen."

Kurt sagte: „Da die Hölle, da der Himmel."

Gerhard sagte: „Oder umgekehrt."

Lisa sah Gerhard ins Gesicht. „Schwarz deckt das Geheimnis."

Gerhard sagte: „Schwarz trägt der Teufel, darin steckt die höllische Glut." Gerhard lachte.

Bettina sagte: „Aber auf ihren Wangen sitzt das Rot der flammenden Liebe."

Leo sagte: „Schwarz ist der Ofen, aber innen glüht er."

Katharina warf den Kopf zurück. „Was tue ich trockener Mensch? Ihr habt Phantasien."

Nino sagte: „Dazwischen hocke ich mit Mathe. Ich habe eine Schwester, das reicht mir."

Bettina sagte: „Nino hat zu große Ohrlöcher."

Nino steckte die Zeigefinger in die Ohren. Gerhard sagte: „Aber Weiß ist Venus. Jetzt weiß auch Leo, wer Lisa ist."

Lisa sagte: „Wer Weiß trägt, ist auch innen hell. Ich zeige offen meine Unschuld an."

Nino machte das Heft zu. „Ich gehe hier weg." Er rannte die Treppe der Tribüne hinunter.

Bettina zeigte mit der Zunge auf Katharina und Gerhard. „Wenn man die beiden so stehen sieht, weiß man, daß Katharina die Leiter anstellen muß, wenn sie ihn mal küssen will."

Gerhard ging mit ausgebreiteten Armen auf Margot und Bettina zu. „Ich werfe mich zu ihren Füßen nieder und drücke den Kuß auf ihre Stirn. Hahaha!"

Die Jungen gingen nach unten zum Schwimmbecken, ließen sich von den Startblöcken fallen und kraulten eine Bahn, eine zweite, eine dritte. Sie standen am Beckenrand und stellten die Füße auswärts. Die Badekappen der Mädchen leuchteten im Wasser. Da eine schwarz, eine weiß, eine blau. Leo, Gerhard, Kurt tauchten nebeneinander quer durchs Becken und wieder zurück.

Auf der Tribüne stellten sie ihre Zehen auf die Mädchenzehen.

„Das heißt: Ich klopfe an deine Tür", sagte Gerhard.

Lisa sagte: „Sie ist sehr verschlossen. Und das sollte sie in meinem Alter auch sein."

Nino sagte: „Zehen sehen wie Affen aus, da der Kopf, danach der Bauch, alle gehen auf einem Bein."

Gerhard sagte: „Wenn meine Zehen so schön wie meine Nase wären, wären sie auch adlig."

Kurt sagte: „Ich möchte nie um deine Nase biegen, man stößt sich an ihr wie an einer Hausecke."

Leo legte sich auf seinem Handtuch auf der Holzbank der Tribüne zurück. Mit geschlossenen Augen drehte er die eine, dann die andere Seite des Gesichts zur Sonne. Ein Wollfaden lief vom Nabel bis zum Kinn über seine Haut. Er wollte, wollte, wollte nichts merken.

Bettina sagte: „Sein Herz schlummert."

„Guck", sagte Katharina, „da lächelt er."

Leo sagte: „Ich brauche nur einmal zu raten: Bettina."

Bettina sagte: „Au weh. Halt meinen Spiegel."

Leo hielt ihren Taschenspiegel und sah neben Bettinas Schulter das Wasser im Schwimmbecken wippen. Sie kämmte ihr Haar, und er sah die breiten roten Lippen, mit denen sie die Haarklemmen festhielt.

Lisa sagte: „Er könnte Spiegelständer werden."

Katharina sagte: „Mein Blick hängt an deinen Lippen."

Gerhard sagte zu Leo: „Gehen wir." Er schwenkte sein Handtuch. „Wir müssen noch ins Geschäft."

Auf der heißen Kegelbahn setzten Leo und Gerhard die Kegel auf. Die Kugeln kamen. Die Jungen liefen den Kegeln nach. Die Kegelhölzer krachten gegeneinander und gegen die Bande. Die weißen Turnschuhe der Kegler sprangen am anderen Ende der Bahn, ein Paar Katzen. Leo und Gerhard zogen das Hemd aus und pflückten die Kegel mit nacktem Oberkörper.

Sie gingen durch die dunklen Straßen. Oben tänzelte der Mond. Von außen sah der Eissalon wie ein schwarzer Sarg aus, drinnen brannten bunte Glühlampen. Lisa, Katharina, Kurt, Nino, Bettina saßen um die runden Tische.

Katharina tickte auf den gelben Gartenstuhl. „Platz. Einer links, einer rechts."

Gerhard tippte Katharina auf die Schulter. „Großes oder kleines Bananeneis?"

Die langen nackten Arme und die Gesichter mit den hellen Zähnen leuchteten rot und dunkelbraun. Leo dachte: Katharinas Mund ist klein wie eine Kirsche.

Nino sagte: „Papier? Bleistift? Dritte Aufgabe, los, schreibt."

Bettina sagte: „Laß sie wenigstens erst ins Eis beißen."

Lisa sagte: „Wie hieß noch der römische Gott der Zitternden? Hilf mir, morgen Chemie und Physik zu überstehen."

Leo nahm eine Postkarte vom Küchenschrank und las.

„Lieber Leo!

Nächsten Sonnabend lohnt sich Dein Besuch bei mir. Als Hauptgericht habe ich anzubieten gebratenen Aal (eigene Herstellung, ff. pikant und noch mehr). Vorspeise wird sein: Plätzchen, durchaus karamelliert. Als Nachspeise reichen wir uns Vanillepudding, Ingredienzien eigener Lagerung. Zum Abend lade ich Dich in die Komische Oper ein, Die verkaufte Braut.

Bitte, die Zusage sofort in den nächsten Briefkasten zu befördern.

Dich grüßt herzlich

Dein Opa."

Leo dachte: Ich gehe nicht hin. Ich habe gerade Conz. Gibt mir Fischer nie wieder. Ich lass' doch den besten Club nicht sausen.

Rola sagte: „Wir sollen hinkommen."

Leo sagte: „Das ist doch nur an mich."

Rola sagte: „Ja eben. Ich existiere überhaupt nicht für ihn. Nicht einmal grüßen läßt er mich."

Leo sagte: „Einer oder alle. Soll er vier verpflegen?"

Rola sagte: „Geh hin, geh hin. So werden alte Rechnungen beglichen. Die Menschen treten sich gegenseitig in den Arsch, macht wohl ein besonderes Vergnügen."

Leo sagte: „Macht Spaß, die Luft zu verpesten?"

Rola sagte: „Das Maul soll man halten, das ist das Schlaueste."

Am Sonnabend schob Georg Renner Leo in Achims Zimmer. „Sitzen wir hier ein bißchen." Er klappte die Keksdose auf. „Der erste, den ich probiere – heute. Was sagen Archimedes, Heraklit und Larochefoucauld?"

Leo sagte: „Der erste verkehrte nur in feineren mathematischen Kreisen, nicht mit mir, der zweite erweiterte, als die Flüsse und Seen zufroren, seinen Lehrsatz um ein Wort: Alles fließt wieder, den dritten kenne ich nicht."

Georg Renner sagte: „Er sagt: Wenn es um Liebe geht, sind die Menschen ebenso klug wie die Esel."

Leo sagte: „Ei. Du hast dir ein junges Mädchen auf die Kommode gestellt."

Georg Renner sagte: „Man kommt wieder auf den Geschmack. Täglich komme ich einmal hier herein und sehe auch die Kleine."

Neben der Photographie von Julia lächelte eine junge Frau mit schmaler Nase und langen dreieckigen Ohrringen.

„Wie alt?"

„Zweiundzwanzig."

„Wie heißt sie?"

Georg Renner sagte: „Karoline Josephine Anna. Darfst sie gern genauer angucken. Deine Oma, als sie jung war."

Leo sagte: „Hätte ich nie erkannt."

Georg Renner sagte: „Ich vergesse fast das Wichtigste. Ich soll dich grüßen."

„Von wem?"

„Von vier Frauen und einem Mann, von Tante Käte, Nelly, Helga, Nellys Mutter und von Onkel Gregor."

Leo sagte: „Der redet mit dir?"

Georg Renner sagte: „Die drei Frauen treffe ich in der Straßenbahn, als ich zum Versicherungsamt fahre. Selbst die kleine Helga ist so braun wie eine Zigarre. Ihnen geht es gut auf dem Dorf, ohne Fliegeralarm. Nelly und Julia sind längst Hilfsvolk beim Bauern."

Leo sagte: „Warst du bei Onkel Gregor, oder war er hier?"

Georg Renner sagte: „Ach was. Ich gehe zum Fischhändler, um wegen der Aale vorzufühlen, und wen treffe ich vor der Tür? Meinen Schwager Musikus und seine beiden Geigen."

Leo sagte: „Immer seine beiden Damen."

Georg Renner sagte: „Wer auf die Straße geht, trifft die Leute. Über den Friedhof haben wir am Ende alle drei gelächelt. Erst hört man das Eis krachen, man denkt, jetzt reißt es uns mit Rock und Kragen hintenüber, dann fährt man auf dem blanken Fluß ein bißchen Boot im Sonnenschein. Er trug die

Einholetasche, sie die Geige." Er blinzelte Leo zu. „Beinahe zum Lachen. Du kannst jetzt die drei Schönen auf der Kommode miteinander vergleichen."

Leo biß in den heißen Aal. „Schmeckt mir. Aber ich brauche mehr Salz und Pfeffer."

Georg Renner sagte: „Junger Gaul. Noch nicht hitzig genug."

Leo sagte: „Ich wollte nicht kommen. Ich büße zwei Mark fünfzig Trinkgeld ein. Aber ich habe gedacht, seinen Aal lasse ich mir nicht aus der Nase gehen."

„Dann lange wieder zu. Iß. Iß. Schaff Platz für das nächste Stück."

Leo sagte: „Ganz tolle Alterslogik. Du schöpfst direkt aus der Erfahrung."

Georg Renner lachte aus einem dunkelroten Gesicht. „Knochen hast du am Leib. Nirgends Fleisch."

Leo sagte: „Was rätst du mir?"

Georg Renner sagte: „Immer wieder dasselbe: Lerne. Man lernt nichts Überflüssiges."

Leo sagte: „Was ich lerne, will ich verwenden können."

Georg Renner sagte: „Es wird dich einmal verwenden, paß auf."

Leo sagte: „Ich glaube gern, daß du recht hast. Aber ich bin mehr als faul."

Georg Renner sagte: „Das sagst du, und du lachst. Das ist verdächtig. Entweder bist du ein Dummkopf, oder du lachst schon über dich selbst."

Leo sagte: „Ich möchte denken lernen, darauf bin ich am meisten aus. Wie stelle ich es an?"

Georg Renner sagte: „Ich sage ja, es wird mit uns angestellt. Man denkt, jetzt möchte ich denken, aber die Gedanken kommen, wenn man sie nicht erwartet. Du trocknest dir die Hände ab und fragst plötzlich: Warum will ich Fisch denn trocken sein?"

Leo sagte: „Habe ich bisher wenig bemerkt."

Georg Renner sagte: „Wenn du merkst, mein Großvater redet

lauter störende Dinge, geht bei dir das Denken los. Du denkst: Warum langweilt er mich?"

Leo und Georg Renner lachten.

Georg Renner sagte: „Bei mir kommen die Gedanken, wenn ich den Fußboden fege oder wenn ich einschlafen will. Man meint, die Gedanken kriechen am Besenstiel oder springen als Flöhe aus dem Kopfkissen." Georg Renner stand auf und setzte die Teller zusammen.

Leo sagte: „Was denkst du jetzt zum Beispiel?"

„Eine kurze Rede bewirkt ebensoviel wie eine lange."

Georg Renner stellte zwei kleine Schalen voll Pudding auf den Tisch. „Dazu Johannisbeersirup, vor vier Jahren eingemacht."

Leo ließ den Bissen auf der Zunge liegen. „Warum schmeckt Vanille so gut?"

Georg Renner sagte: „Leo, du denkst", er lachte, „und merkst es nicht. Drei Gründe kriegt man zumeist zusammen, wenn man nicht mehr lockerläßt. Diese sind einfach. Vanille stammt aus den Tropen, ist Teil einer Orchidee und wird geerntet, ehe sie reif ist. Alle Süße einer ungewöhnlichen fremdartigen und jungen tollen Frucht hat sie also noch in sich."

Leo sagte: „Du bist pfiffiger, als ich dachte."

Georg Renner sagte: „Halb so pfiffig, reicht. Früher habe ich eine kleine Prise an den Kartoffelsalat getan, jedermann dachte, es seien Pfefferpünktchen."

Leo sagte: „Jetzt erzählst du Märchen aus Tausendundeiner Nacht."

Georg Renner sagte: „War Wirklichkeit vor vierzig Jahren, ich war der Salatmacher im Schwanen. Jetzt lacht man, aber ist auch nicht klüger als damals."

Georg Renner zog zum blauen Anzug ein weißes Hemd an. „Nimmst du mich so mit?"

Leo sagte: „Noch längst nicht. Die Krawatte sitzt wie ein aufgepumpter Elefant."

Auf der Opernbühne verkaufte der Bräutigam seine Braut an den Heiratsvermittler, aber niemand ahnte, daß er sie damit sich selber kaufte. Er war ihr nur scheinbar untreu und seine Braut nur scheinbar verraten. Niemand kam zu Schaden, der Trottel blieb der Trottel, und der arme Hans kriegte seine Braut. Georg Renner saß mit offenen Lippen und zurückgelegtem Kopf.

In der Pause trank Leo Punsch. Sein Großvater steckte eine Erbse in den Mund.

Als der Vorhang fiel, stand Georg Renner vor seinem Sessel und rief: „Bravo!" Er schlug die Hände so laut zusammen, daß Leo das Klatschen hörte.

Sie gingen langsam nebeneinander durch die dunkle Straße.

„Na, hat's dir gefallen?"

Leo sagte: „Mir gefällt nicht, daß sie singen, wenn sie reden müßten."

„Schönes Märchen. Das Publikum ist glücklich, wenn der treue und pfiffige Arme gewinnt und der dumme Reiche unterliegt. So sollte die Wirklichkeit sein. Künstlers Traum." Georg Renner sang: „Ich kenn' ein Mädchen, die hat Dukaten." Er fragte: „Das muß dir doch gefallen haben."

Leo sagte: „Das habe ich im Ohr. Könnte ich auch singen."

Wegen der Dunkelheit hakte sich Georg Renner bei Leo ein. „Ich denke über das nach, was dich stört. Kunst ist nie etwas Natürliches. Gerade da, wo die Natur aufhört, beginnt die Kunst. Aber nun kommt es andersherum. Kunst ist auch gerade da, wo die Natur ein zweites Mal geschaffen zu sein scheint. Das ist dann Arbeit und Vergnügen des Geistes, nur Täuschung. Wir werden so betrogen, daß wir meinen, jetzt haben wir die Natur erst ganz." Er lachte und blieb stehen. „Leo, das ist ein schwieriges Gebiet. Ich denke, aber komme an kein Ende."

Leo sagte: „Du denkst, also bist du."

Georg Renner sagte: „Ich singe, also fühle ich. Ich kenn' ein Mädchen ..."

Leo sang: „... die hat Dukaten, hahaha."

In Achims Zimmer stellte Georg Renner ein Glas mit grünem Likör vor Leo hin. „Du bist nachsichtig, daß ich mit mir vorsichtig bin und dich allein trinken lasse. Trink auf unser beider Wohl."

Leo nippte am Glas. „Auf deins, auf meins. Schon dies Gläschen ist mir zu scharf."

Georg Renner sagte: „Das muß ich prüfen." Er stellte ein kleines Glas vor sich hin und goß es halb voll. „Fein zu trinken. Für Alte ist das sozusagen wieder Kindermilch."

Leo lachte und trank noch einmal. „Schmeckt schon viel milder."

Georg Renner sagte: „Oper, das ist Welt aus Wort und Tönen. Was zu unsinnig ist, gesagt zu werden, wird gesungen, das trifft auf manche Oper zu. Aber diese entsteht aus Luft, vergeht in Luft und bleibt in uns bestehen." Er nickte Leo zu. „Probier doch. Schöne Vorlage, der arme Hans kriegt seine Marie, weil er sie verdient." Georg Renner goß sein kleines Glas wieder halb voll. „Das ist schon allerhöchste Kunst, wenn du lachst, aber nicht auslachst."

Leo lachte. „Allmählich gefällt mir die Oper besser. Ja, ja, ich probiere noch etwas."

Georg Renner sagte: „Ist das nicht ein schlauer Hans, er macht aus, daß nur ein Sohn seines Vaters heiraten darf."

Leo hob sein Glas. „Schmeckt."

„Einmal nichts von Schwermut, sondern Geist hat das Leben so arrangiert, daß es lustig bleiben muß."

Georg Renner sagte: „Ich sage auch Prosit." Er stellte das Glas auf die breiten Lippen. „Ich mache mir nichts aus Süßem, aber heute schmeckt es."

Leo sagte: „Möchtest du reich sein?"

Georg Renner sagte: „Nein. Leute, die ohne zu arbeiten leben, leben nicht. Zum Leben gehört, daß man sein Brot verdienen muß. Reiche sind unanständig. Mit dem Reichtum beginnt der Mensch wieder Schwein zu werden." Er hielt die Flaschenöffnung über Leos Glas. „Neugierig, aber vorsichtig. Nicht zuviel, mein Freund."

Leo sagte: „Eigentlich bist du ganz vergnügt, obgleich du alt und allein bist."

Georg Renner sagte: „Allein bin ich nie, das mußt du nicht denken. Ich bin einsam, allein bin ich nicht, mich umgeben immer Gesichter und Stimmen. Aber ganz schön, daß du eine Stunde länger da bist."

Leo sagte: „Wen magst du lieber, Nelly oder Julia?"

Georg Renner sagte: „Beide gleich. Alter Fuhrmann wie ich sucht Menschen. Hast du einen entdeckt, forschst du nicht nach Vorzügen und Fehlern. Wer lachen und manchmal die Wahrheit sagen kann, ist ein Mensch."

Leo trank aus seinem Gläschen und kicherte. „Auf deins."

Georg Renner nickte. „Ja, auf deins." Er warf den Kopf herum. „Du schläfst in Achims Bett, das ist klar. Sonst fischen sie dich morgen früh aus dem Rinnstein."

Leo rief: „Ich bin Schwimmer."

Georg Renner faßte nach Leos Arm. „Das merke ich. Ich sehe dich gerade untergehen."

Leo rief: „Los! Ich kenn' ein Mädchen!"

Er und Georg Renner sangen.

„Ich kenn' ein Mädchen,
ting, tang, ting, tang."

Sie gingen morgens hintereinander die Treppe hinunter, bogen aus der Passage in die Pottstraße, gingen an den Schlachthöfen weiter und sahen beim Bahnhof zur Lokomotive hinüber, aus der Rauch stieg. Es regnete, sie sprachen kaum. Georg Renner trug Achims Mantel und hatte den Kragen hochgestellt. Georg Renner ging langsam. Leo wäre gern schneller gegangen, um fünf mußte er auf der Kegelbahn sein, fünf bis neun oder zehn, aber er hielt den langsamen kurzen Schritt seines Großvaters.

Druck und Veröffentlichung als wehrwichtig und wehrnotwendig anerkannt.

Die Technik des römischen Straßenbaues

Um den römischen Straßenbau, seine Entwicklung und seine Eigenart zu erfassen und zu verstehen, müssen wir von dem etruskischen ausgehen. Das gilt auch für die Linienführung der Straßen. Die Etrusker teilten das Land in geradlinig begrenzte Flächen, die durch Wege voneinander getrennt waren. Der cardo maximus (Hauptweg) bildete die Grenze zwischen zwei großen Grundbesitzen, die durch senkrecht darauf geführte Wege (cardo decumanus) in kleinere Besitze zerteilt waren. Die weiteren Unterteilungen geschahen durch Wege, die den Hauptwegen gleichliefen und limites (Grenzen) hießen. Diese Unterteilung des Landes vereinfachte die Vermessung der Grundstücke für die Gebühren- und Steuerbemessung und erleichterte die Bearbeitung der zweckmäßig umrahmten Äcker. Sie entsprach auch dem natürlichen Sinne des Volkes, insbesondere des Landmannes. Der Urweg läuft gerade. Die Erkenntnis, daß im Gebirgslande ein längerer Weg gegenüber einem steilen, schwierigeren Wege nicht immer einen Umweg in bezug auf Arbeitsaufwand – Kraft und Zeit – bedeutet, ist viel später erwacht. Für das Altertum und lange darüber hinaus galt fast uneingeschränkt der Grundsatz: daß der gerade Weg der kürzeste ist. Mit einer Starrheit, die alle Naturhindernisse überlegen verachtet, wurde dieser Grundsatz und infolgedessen die gerade Richtung in Etrurien und im römischen Reiche festgehalten. In diesem Sinn kann der römische Straßenbau auch für die moderne Erschließung der Welt gelten.

Der Werdegang des römischen Reiches war die Hochschule des römischen Straßenbaumeisters, wie Straßenbau endlich immer erst Herrschaft sichert. Der römische Baumeister schuf das erste planmäßige Weltverkehrsnetz – Welt genommen als Umfang des römischen Reiches. Für die Linienführung galt der Grundsatz der geraden Linie als oberste Regel der Kunst. Das starre Bekennen zum geraden Weg zwang, tiefe Schluchten, breite Täler, ausgedehntes Sumpfland zu überschreiten, und machte die römischen Ingenieure zu Bezwingern der Natur.

Dem Willen zur geraden Linie gesellt sich im römischen Straßenbau der Ewigkeitsgedanke, der im Wesen des Römers ruht: Imperium sine fine, Herrschaft ohne Ende. Man will für die Ewigkeit bauen, darum gründet man die Fahrbahn auf einen Unterbau, der nicht vergänglich sein soll, sondern dauernd wie der Fels. Die viae publicae, die Staats-, Reichs- und Poststraßen, mußten bei jeder Witterung benützbar sein. Sie waren das, was gegenwärtig die Weltbahnen sind, die Hamburg mit Rom, Calais mit Konstantinopel, Paris mit Moskau, New York mit Chicago verbinden. Kein Staatslenker baute nur für sich, jeder baute auch für den kommenden Lenker. Rom mußte ewig bestehen, ewig der Mittelpunkt der Erde sein.

(Straßenbau, Jahrgang 12, Heft 3)

Das Weib mit dem Kopftuch, das da durch die Straßen torkelt, ist doch Ida Kreitsch, Studienrat Kreitschs Frau. Mit der waren ihre Lieblinge, Gerhard Tölke, Leo Klaiber, Nino Zielander, Kurt Wienke, zum Großen Rosenberg getippelt, fünfzehn Kilometer hin, fünfzehn Kilometer zurück, als besondere Attraktion die Besteigung. Ihren Otto hatten sie damals von einem Tag zum anderen eingezogen (Spezialist für englische Flugabhör), und sie mußte die Vertretung machen. Hä, da geht sie, Hilfsgöttin der Pädagogik.

Die Jungen stiegen von den Fahrrädern und stellten sich auf dem Trottoir in den Weg.

„Herrschaften, ihr bleibt so blöde, wie ihr lang seid." Die Kreitsch puffte Zielander gegen die Schulter und gab Klaiber, Tölke und Wienke die Hand.

„Wir wollten Sie besuchen."

„Ein löbliches Vorhaben. Ich bin auf dem Weg zur Arbeit, Brandwache in der Firma. Wenn die Nacht herum ist, hänge ich den Arbeitstag dran. Ihr kommt in genau neun Tagen zu mir zu Besuch, Donnerstag, Glockenschlag sechs. Ich füttere euch ab, und dann können wir einander einmal beriechen."

Die Kreitsch ging zwischen den Jungen, die ihre Fahrräder schoben, und verschwand in den U-Bahn-Schacht.

Nino sagte: „Unsere liebe Dame, zart und rauh."

Gerhard sagte: „Immer adrett wie auf der Wanderschaft durch Bauernland. Jetzt blickt nach rechts, Jungen. Caspar David Friedrich, Böhmische Landschaft."

Leo sagte: „Jetzt Augen schließen. Gelb der Horizont, taubenblau der Himmel, die Wälder, die schlafen."

Kurt sagte: „Vielleicht hat sie einen Kerl, und wir sollen sie nicht überraschen, wenn sie schäfert."

Die Jungen überlegten: Das ist natürlich möglich.

Am verordneten Donnerstag traten sich Gerhard, Leo, Nino und Kurt ziemlich wortlos auf der Fußmatte ab und gingen nacheinander in Ida Kreitschs Wohnung.

Die Kreitsch sagte: „Her mit den Fahrradpumpen, oder wollt ihr sie den ganzen Abend in der Hand halten."

Nino sagte: „Oder rollen hier nicht übermäßig viele Fahrräder ohne ihren Eigentümer weg?"

Kurt sagte: „Wir haben zwei und zwei zusammengekettet, dann noch einmal alle vier."

Die Kreitsch sagte: „In der Fürsorge für Sachen wendet ihr alle Kniffe an."

Leo sagte: „Man läßt nur seinen Einfallsreichtum spielen."

Die Kreitsch lachte. „Das zeigst du." Sie ging voran. „Da stehen die Bücher. Zwei Sessel habe ich nur. Einer muß nachher auf der Fußbank hocken, ihr könnt knobeln. Mehr als zwei von euch erträgt das Sofa nicht. Jetzt links, da wird euch aufgetischt."

Auf dem gedeckten Tisch im Eßzimmer standen zwei Porzellanleuchter. Gelbe kurze Rosen guckten aus einer weißen Vase. Auf der hellen Anrichte hatte Ida Kreitsch einen geschnitzten Frauenkopf stehen.

Die Jungen blieben hinter den Stühlen stehen, die Kreitsch rief vom Korridor: „Spielt nicht auch noch die Blöden. Immer eine Dame, vier Herren." Sie stellte eine Terrine ab. „Zwölf Würstchen sind es, zwei ganz Hungrige kriegen drei."

Gerhard sagte: „Sie haben es nicht unfreundlich hier." Leo, Nino und Kurt nahmen vorsichtig Kartoffelsalat. „Sogar Schnitzerei haben Sie."

Die Kreitsch sagte: „Hat Otto Kreitschs Schwester gemacht. Beißt Würstchen."- „Wir beißen."

Kurt sagte: „In schlechten Zeiten sind das recht gute Würstchen."

„Wenn Sie den Salat selbst hergestellt haben", sagte Nino, „zeigen Sie sogar als Hausfrau Geschick."

Die Kreitsch trug ein hellgrünes Kleid mit dunkelgrünen Spangen, sie hatte ihren Mund rot gemalt. „Für euch. Nein, wirklich." Sie lächelte.

Leo reichte ihr die Schale mit Kartoffelsalat hin. „Nehmen Sie auch noch ein bißchen?"

Die Kreitsch lehnte sich zurück. „Ihr habt euch schön herausgeputzt. Saubere Hemden, gewaschen und gekämmt. Wo sind die Blumen?"

Nino sagte: „Machen Sie Spaß?"

„Leider Ernst."

Kurt sagte: „Nehmen Sie es uns sehr übel?"

Die Kreitsch sagte: „Ihr seid unmöglich. In euren plumpen Händen wären Blumen abgebrochen, und dennoch müßt ihr sie bringen."

Gerhard sagte: „Wenn es uns rettet, fahre ich noch zum nächsten Blumenladen."

Die Kreitsch sagte: „Wer zur treuen Freundin geht, vergißt die Blumen nicht." Sie tippte mit dem Mittelfinger auf den Tisch. „Euch muß ich wie die Hunde dressieren. Erziehung nützt nichts. Oder ein Buch, ein Gedicht, einen Stein, den ihr gefunden habt, bringt ihr mit."

Leo sagte: „Wir sind gar nicht auf den Gedanken gekommen, für uns sind Sie Lehrerin."

Die Kreitsch sagte: „Ich bin ein Mensch, ich lade euch ein, eine Frau bin ich auch noch. Und ihr denkt in der Hauptsache an eure Fahrradpumpen."

Gerhard sagte: „Im Umgang mit Frauen sind wir nicht ganz unerfahren. Aber es ist schon ungewohnt, daß Sie hohe Hacken und Seidenstrümpfe tragen."

Leo sagte: „Ja. So geht es jedem von uns."

Die Kreitsch sagte: „Ja. Ihr geht auf allen vieren, was das Innenleben anbelangt."

Kurt sagte: „Wo wir sind, sind wir auf Wanderschaft."

„Warum bleibt ihr eigentlich Affen?"

„Was verstehen Sie darunter?"

Die Kreitsch sagte: „Mit dem Fernglas sieht man in euch

schon den Menschen. Mit der Lupe bleibt das rohe Fleisch nach."

Leo sagte: „Man soll nie übertreiben. Aber Sie übertreiben."

Die Kreitsch sagte: „Setzen wir uns da auf die Sessel." Nino erwischte den Polsterschemel. Die Kreitsch beugte sich zu ihm hinunter. „Er kriegt als erster Lutscher und Feuer."

Die Kreitsch rauchte aus spitzem Mund.

Nino sagte: „Was macht Ihr Mann?"

Die Kreitsch sagte: „Wohl ist ihm nicht. Er sitzt mit geschlossenen Augen unten und hört, wie sie oben ihr letztes Awfull und Goddam von sich geben."

Kurt sagte: „Interessante Tätigkeit."

„Wenn du meinst."

„Er ist im Augenblick des Todes immer dabei."

„Rauch lieber."

Leo sagte: „So haben alle zu tun."

Die Kreitsch sagte: „Das ist wahr." Sie legte den Kopf hintenüber auf die Sessellehne. „Otto Kreitsch bewacht Süditalien, und ich rupfe zwischen seinen Schülern Unkraut."

Nino sagte: „Das Leben geht weiter."

Die Kreitsch sagte: „Ich bin in der Zigarettenfabrik die Personalbetreuung, Abteilung Weib, Assistentin des Personalchefs."

Leo sagte: „Ach, deshalb müssen Sie Brandwache machen?"

Die Kreitsch sagte: „Sozusagen. Zweihundert Frauen stöhnen einander täglich ihr Elend vor, ich klopfe ihnen auf die Schulter und sage, halte dich aufrecht wie Ida."

Nino sagte: „Heimatfront." Er zerbiß Tabak. „Gutes Kraut lassen Sie herstellen."

Die Kreitsch sagte: „Ohne Scherz. Mich verwundert, was ich kennenlerne, Frauen ohne Männer sind nur halbe Menschen. Euch kann ich ja Sandpapier über die Backen ziehen. Der einen fehlt der Mann beim Fensterputzen, die zweite hat niemanden, mit dem sie sich streiten kann, die dritte mag nicht allein im Bett liegen."

Gerhard sagte: „Mich interessiert die dritte."

Die Kreitsch sagte: „Du Dussel."

Kurt sagte: „Sie vertreten wieder einmal Mutterstelle."

Die Kreitsch lachte. „Wenn irgendwo ein Nagel ist und du einen Hammer hast, triffst du den Nagel auf den Kopf. Ehrlich, es ist schon übel, wenn sogar Frauen über vierzig sich selbst nicht sagen können, weshalb sie den Kopf hängenlassen. Ich stehe da und turne vor. Rumpfbeuge links, Rumpfbeuge rechts, geradeaus, liebe Frau. Ihr seid sechzehn, bei euch kann ich ja noch hoffen, daß ihr einmal siebzehn werdet."

Leo sagte: „Ich glaube nicht, daß Sie wissen, wie alt jeder von uns ist."

Die Kreitsch sagte: „Eine verdammt philosophische Frage. Aber in die Richtung wollen wir es heute möglichst nicht kommen lassen."

Nino sagte: „Das Leben ist eine Plage, wie schon Cicero früher als die Bibel sagte."

Die Kreitsch zog mit der linken Hand das Licht in der Stehlampe an. „Nun sehe ich euch wieder. Wen hat Karl der Große gerade besiegt?"

Leo sagte: „Wir machen denkenden Durchgang durch die Griechen und Römer. Gerade die Römer."

Kurt sagte: „Virtus et concordia. Die tieferen Ursachen der sachzugewandten Kürze."

Gerhard sagte: „Dr. Tewes sagt, der Grieche sei beredt gewesen, der Römer dagegen wäge das Wort wie eine Hühnerfeder auf der Zunge."

Die Kreitsch sagte: „Sehr originell."

Nino sagte: „Die Römer waren dreifach Baumeister, in Stein, Staat und Stil."

Die Kreitsch sagte: „Das leuchtet mir gut ein."

Gerhard sagte: „Schon Cato sagt, rem tenere verba sequentur. Soll ich gleich übersetzen?"

Die Kreitsch sagte: „Lümmel."

Kurt sagte: „Das Familienleben bildete das absolute Zentrum der römischen Eintracht, der Sohn liebte den Vater, die

Tochter die Mutter."

Die Kreitsch sagte: „Es besteht keine naturgegebene Verwandtschaft zwischen Kindern und Eltern. Aber das ist wieder ein Ausflug auf den philosophischen Knüppeldamm."

Leo sagte: „Die Römer nannten die Kinder nach der Reihenfolge, in der sie kamen, Primus, Sekundus, Tertius bis Octavius. Beleg für den praktischen Sinn."

Gerhard sagte: „Dr. Tewes weiß sogar, warum die Römer so gesund waren. Sie aßen die Früchte ihres Landes, Erbsen, Bohnen, Speck."

Die Kreitsch sagte: „Ich müßte erst einmal nachsehen, ob es schon Erbsen gab."

Leo sagte: „Doch. Als die Perser Kleinasien unterwarfen, aßen die Griechen Erbsen."

Die Kreitsch lachte.

Leo sagte: „Dr. Tewes hat uns die Sätze zitiert: Wo warst du, als der Meder kam? Saßest du hinter dem Ofen und aßest du Kichererbsen?"

Die Kreitsch sagte: „Dein Gedächtnis funktioniert weiter tadellos."

Nino zählte die Tabakspfeifen, die in einem Holzgestell an der Wand hingen, eine immer kleiner als die andere.

Die Kreitsch sagte: „Otto Kreitschs Pfeifen, obgleich er nicht einmal ein großer Raucher ist. Ich mag das Spielzeug auch leiden."

Kurt sagte: „Sie reiten kein Steckenpferd?"

Die Kreitsch sagte: „Doch. Ich lese. Das ist alles. Aber das ist genug. Aus Büchern sprechen die Menschen dringlich. Man muß hinhören und auf sie eingehen. Man steigt auf seinen Esel oder sein Pferd."

Gerhard sagte: „So wird es sein."

Nino sagte: „Wann ist ein Buch gut?"

Die Kreitsch sagte: „Du bist so direkt wie ein Kind, das Milch haben will." Sie faßte nach den Zigaretten und zündete sich eine an. „Also, ein Buch ist gut, wenn es festhält und abstößt. Alles ist so glatt, daß es den Leser sofort weitergibt, und so voll Knoten, daß er sie immerfort lösen muß. Ich habe zuletzt Thomas Mann gelesen, davor Gogol. Das eine ist ein gutes Buch, und das andere ist ein gutes Buch. Es geschieht, was geschieht, das macht einen sprachlos."

Gerhard sagte: „Ich bin genauso klug wie vorher."

Die Kreitsch sagte: „Ich habe für Leser über siebzehn gesprochen. Wir verstehen nur das, was wir schon kennen. Wahrscheinlich fährt das meiste an jedem von uns Knallköpfen vorbei. Probieren wir, ob ihr schon intelligenter geworden seid, als ihr damals wart." Sie stellte sich vors Bücherregal und zog ein Buch heraus. „Babel, er schreibt über den Krieg. Paßt also in unsere Zeit."

Sie las vor.

„Der Kommandeur der VI. Division meldete, daß Nowograd-Wolynsk im Morgengrauen des heutigen Tages eingenommen wurde. Der Stab verließ Krapiwno, und unser Train zog als Nachhut lärmend die Chaussee entlang, die unverwüstliche Chaussee, die von Brest nach Warschau führt und die einst Nikolai I. auf Bauernknochen erbaut hatte.

Ringsum blühen Felder purpurroten Mohns, der Mittagswind spielt im gelblichen Roggen, der jungfräuliche Buchweizen erhebt sich am Horizont wie die Mauer eines fernen Klosters. Das stille Wolhynien gleitet an uns vorüber, perlmuttgrauer Nebel weicht vor uns in die Birkenwälder zurück, kriecht dann wieder die blumenbesäten Hänge hinan und verflicht sich mit seinen geschwächten Armen im Geäst des Hopfens. Die orangefarbene Sonne rollt wie ein abgehackter Kopf den Horizont entlang, ein zartes Licht flimmert aus den Wolkenrissen, die Standarten des Sonnenuntergangs wehen über unseren Köpfen, der Geruch des gestern vergossenen Blutes und getöteter Pferde tropft in die abendliche Kühle. Der dunkel gewordene Sbrutsch rauscht und knüpft die schäumenden Knoten seiner Wasserwirbel. Da die Brücken zerstört sind, setzen wir an einer Furt über den Fluß. Auf den Wellen liegt der majestätische Mond. Die Pferde versinken bis zum Rücken im Wasser, und plätschernd windet sich die Strömung zwischen Hunderten von

Pferdebeinen hindurch. Einer, der zu ertrinken droht, flucht dröhnend auf die Mutter Gottes. Der Fluß ist mit den schwarzen Flecken der Wagen besät, er ist voll Lärm, Pfeifen und Liedern, die über den flimmernden Schlangen des Mondlichts und den blinkenden Wellenmulden ertönen."

Die Kreitsch sagte: „Bis dahin. Reicht. Die Geschichte ist sowieso gleich wieder zu Ende. Er trifft noch auf eine schwangere Frau, die aufpaßt, daß niemand ihren ermordeten Vater im Schlaf stört. Was nun?"

Gerhard sagte: „Blumiges Zeug. Er übertreibt."

Leo sagte: „Uns hätten Sie das angestrichen."

Die Kreitsch sagte: „Wirklich ziemlich starke Attribute, purpurrot, jungfräulich, perlmuttgrau, majestätisch. Aber nehmt mal majestätischer Mond. Der Mond ist in der Kriegswelt das einzige, was unberührt ist."

Kurt lachte: „Ich gehe nicht in Ihre Falle."

Nino sagte: „Lesen Sie die Stelle vom Geruch. Das ist Kitsch. Geruch kann nicht tropfen."

Leo sagte: „Die Landschaft und der Nebel bewegen sich, das sieht der Verfasser in die Dinge hinein."

Die Kreitsch las langsam. „'Der Geruch des gestern vergossenen Blutes und getöteter Pferde tropft in die abendliche Kühle.' Man muß schon mehr als die üblichen Eselssinne besitzen, um zu bemerken, daß der Geruch etwas tut, was kaum mit Worten auszudrücken ist. Was der Soldat erlebt, ist präzise wiedergegeben. Eindeutig Synästhesie, Vertauschung der Sinneseindrücke, der Geruch, der eigentlich nur der Nase zugänglich ist, wird mit den Augen und Ohren erfaßt. Das heißt den Geruch dreifach bieten."

Gerhard sagte: „So ziehen Sie sich aus der Schlinge."

Die Kreitsch schlug sich mit dem Mittelfinger vor die Stirn. „Ach. Hört zu, wie er die Dinge tun läßt, indem er Objekt und Subjekt vertauscht, Wolhynien gleitet an den Menschen vorbei, der Nebel weicht vor ihnen zurück. Der Fluß knüpft schäumende Knoten. Oder hier, ein Wort wird neu geschaffen, Wellenmulden. In der Literatur gilt nur das Gute, das Befriedigende ist schon schlecht. Hier habt ihr das Gute."

Nino sagte: „Sagen Sie nicht, das sei ein Dichter."

Die Kreitsch sagte: „Das ist einer. Unter seinem Blick erwachen die Dinge, die Leser schlagen die Augen auf und sehen sie, wie sie sie noch nicht gesehen haben."

Gerhard sagte: „Ich kann verstehen, daß Sie Freude an der Literatur haben. Aber es muß nicht sein, nicht wahr?"

Die Kreitsch sagte: „Für dich muß es bestimmt nicht sein."

Leo sagte: „Und wann sagen Sie, daß ein Gedicht gut ist?"

Die Kreitsch sagte: „Das zu sagen ist idiotisch schwer. Eigentlich gebe ich schon vorher auf. Aber ihr strapaziert mein Innenleben so hart, daß ich schon sanft wie eine Taube bin. Gehe ich noch einmal übers Stoppelfeld und suche Halme. Ein gutes Gedicht ist so beschaffen, daß es den Boden der Tatsächlichkeit nicht verläßt und sich doch hundert Meilen über ihn erhebt. Es läßt den Amboß stehen und hebt ihn in die Luft. Das klingt blödsinnig, aber zeigt, wie es ist. Die Wahrheit geht eben über unseren Verstand."

Nino sagte: „Sind wir intelligenter geworden, als wir waren?"

Die Kreitsch sagte: „Sagen wir lieber, ich weiß zur Zeit nicht, was ich von euch erwarten soll."

Leo sagte: „So dumm?"

Die Kreitsch sagte: „Vielleicht. Ihr strapaziert einen. Ich muß wieder eine saugen. Nino, Feuer."

Sie ließ den Kopf nach hinten über das Sesselpolster hängen, über ihrem Gesicht stieg der Zigarettenrauch. Sie dachte: Verflucht, ich wollte gar kein Werturteil fällen, nur zeigen, woraus die Sätze zusammengesetzt sind.

Sie fragte: „Für wie blöde haltet ihr das Weib?"

Gerhard sagte: „Mittel."

Leo sagte: „Sie passieren noch."

Kurt sagte: „Anmerkungen, die ein Lehrer macht, nimmt man hin wie Regentage."

Die Kreitsch sagte: „So ist es. Wenn man euch sieht, meint man, ihr würdet täglich in die Länge gezogen."

Kurt sagte: „Männer wachsen sich aus."

Die Kreitsch sagte: „Was tut ihr so?"

„Rauchen."

Leo sagte: „Und so ein bißchen mit den Mädchen."

Nino sagte: „Die Römer schätzten gutes Wasser so sehr, daß sie von der Beute in der Schlacht gegen Pyrrhos eine Wasserleitung bauten."

Leo sagte: „Die Römer betrachteten ihre Wasserleitungen sogar als das achte Weltwunder."

Gerhard sagte: „Wertvoll waren für die Römer die Wasserleitungen, die Pyramiden dagegen zwar berühmt, aber praktisch wertlos."

Die Kreitsch sagte: „Womit füttert ihr den inneren Menschen? Habt ihr überhaupt so ein Tier?"

Kurt sagte: „Hören Sie nichts knurren?"

„Nein."

Gerhard sagte: „Stets haben die Römer dafür gesorgt, daß die Straße einen Neigungswinkel besaß, damit das Regenwasser ablaufen konnte."

Die Kreitsch sagte: „Allmählich müßt ihr gehen. Noch rausschmeißen muß ich euch. Sollen bloß keine Flugzeuge kommen, ich möchte durchschlafen. Heran." Sie bückte sich vor der Anrichte im Eßzimmer und nahm vier Päckchen Zigaretten heraus. „Ihr müßt sie fern von mir rauchen."

Nino sagte: „Bringen wir Ihnen das nächste Mal mit, Stein oder Kastanie."

Die Kreitsch sagte: „Ich erwarte beides und ein drittes."

Sie ging mit vor das Haus und sah und hörte, wie die Jungen im Dunkeln mit Schlüsseln und Ketten hantierten.

„Wir sind abgefahren."

„Ja, ist gut."

Leo suchte seine Wollbadehose, sie hing nicht auf der Wäscheleine.

„Hast du sie abgenommen?"

Rola sagte: „Wie komme ich dazu."

Leo stieg auf den Stuhl und guckte auf dem Küchenschrank.

„Irgendwo muß sie sein." Er rannte ins Schlafzimmer und wühlte in den Wäschefächern. „Ich will zum Baden."

Rola sagte: „Am besten gehst du so und hältst einen Palmwedel davor. In deiner Aufregung kannst du Männchen und Weibchen nicht mehr unterscheiden."

Leo hob einen Stuhl hoch und stampfte mit den Füßen.

Rola sagte: „Warum nimmst du keinen Eintritt? Auf der Bühne machtest du ein herrliches Bild. Jugendlicher Held auf der Suche nach seiner Badehose."

Leo rief: „Wo hast du sie gelassen?"

Rola lachte. „Du könntest auch den Schornsteinfeger fragen, er wüßte genausoviel."

Rola ging ins Schlafzimmer und fand die Badehose im Kleiderschrank. „Hier liegt sie doch."

Leo faßte die Badehose an. Die Wolle war noch warm. „Du hast sie angehabt!"

Rola schüttelte das graue Kinn. „Du bist übergeschnappt."

Leo schrie: „Alte Sau! Ich kann sie nicht mehr anziehen!"

Rola sagte: „Du kannst mich auch stinkende Ziege oder torkelnde Henne nennen, das trifft auch auf mich zu. Ich bin mancherlei, am wenigsten Gutes." Sie zog die Schultern hoch und ließ sie wieder fallen. „Aber unerträglich ist alles nicht."

Leo sagte: „Warum muß ich dich zur Mutter haben."

Rola kratzte sich den Kopf. „Das ist so. Habe ich auch schon gedacht."

„Du hast jetzt dreimal soviel Geld wie früher. Du mußt doch auskommen, eine Hose kannst du kaufen."

Rola sagte: „Das habe ich auch gedacht. Ich gucke mir auch zu. Ich glaube, ich habe Wasserhände, da fällt das Geld durch."

Leo sagte: „Ich kenne dich zu gut. Das sind Ausflüchte. Ich kenne dich allmählich."

Rola sagte: „Ich kenne mich auch. Frage nicht, es gibt nicht auf alles eine Antwort." Sie stemmte eine Hand auf die Hüfte. „Ich habe keine Hose, ziehe ich deine an. Gefällt mir sogar."

Leo sagte: „So nahe möchte ich dir nicht mehr sein."

Rola sagte: „So nackt auf den Schenkeln habe ich dich lange

nicht mehr gehabt."

Leo sagte: „Bist du wahnsinnig!"

Rola sagte: „Überhaupt nicht, sonst beliebte ich nicht, so zu scherzen."

Leo sagte: „Du bist ein widerliches altes Biest."

Rola sagte: „Wenn du die Wahrheit sagst, bin ich immer froh." Rola streckte in ihrem alten krummen Gesicht ein Stück Zunge heraus.

Leo rannte die Treppe hinunter. Er wußte nicht, wohin er gehen sollte, und ging wieder nach oben.

„Na, wieder da?" Rola stand am Küchenschrank und beschmierte eine Scheibe Brot mit Schmalz. „Auch hungrig?"

„Gib mir eine."

Rola sagte: „Die Badehose hättest du bei dem Durcheinander in deinem Kopf auch irgendwo liegenlassen haben können. Ich hätte sagen sollen, zwischen zwei bunten Mädchenfüßen, das hättest du geglaubt. Dann hättest du sie kühl wieder vorgefunden."

Leo sagte: „Halt das Maul davon."

Rola sagte: „Also sprechen wir von Liebe, das war immer schon ein großes Thema."

Leo sagte: „Ingo hat recht, du willst von der Wirklichkeit nichts wissen."

Rola sagte: „Was ist, kann man sagen. Aber ein bißchen lügen ist schön. Es schafft Vergnügen wie das Küssen, wenn ich mich noch erinnern könnte, wie das ist."

Leo sagte: „Ich habe gedacht, du bist viel älter."

Rola sagte: „Man ist immer jünger, als man meint, auch immer älter. Dein Vater zum Beispiel hurt, dein Großvater hat gehurt, und dir steht der Hurer ins Gesicht geschrieben." Sie nickte. „Schöne Gesichter lügen schon, ehe sie den Mund aufmachen."

Leo sagte: „Du sagst, was dir paßt. Die Wahrheit kümmert dich gar nicht."

Rola sagte: „Ich sage ja, Lügen ist Freiheit. Man muß nur wissen, womit man sich ein Vergnügen schafft, und nicht für wirklich halten, was man nur erfindet." Sie blinzelte. „Dein Vater hat sich mit seiner Wirtin eingelassen. Er hat die Präservative in seiner Jackentasche immer bereit."

Leo sagte: „Du spionierst."

Rola sagte: „Muß man. Man muß wissen, was ist. Nicht wahr?"

Leo sagte: „Du nimmst mich nicht für voll."

Rola sagte: „Ich halte dich für halb gar. Das ist viel. Manchmal bist du einsichtig, mehr kann man sogar von einem Erwachsenen nicht verlangen."

Leo sagte: „Stimmt das, was du über Papa sagst?"

Rola sagte: „Männer wollen unter die Röcke, und Frauen heben sie, damit es rascher geht. Hat sich nicht verändert, seitdem ich auf der Welt bin."

Leo sagte: „Du bist gemein und rachsüchtig."

Rola sagte: „Natürlich. Du bist ein Kind und hast keine Ahnung von der Welt. Zwischen Menschen ist immer Gewitter im Gange. Warum läßt Opa mich nie grüßen? Na, wie? Er ist rachsüchtig."

Rola zog die braunen Zähne nackt, und Leo dachte: Sie ist alt und häßlich. Wie gemein!

Rola sagte: „Mir hat Ingo anvertraut, wer ihn angetrieben hat, für Hitler schießen zu gehen. Seine rothaarige Nelly."

Leo sagte: „Jetzt mußt du die Wahrheit sagen, stimmt es, was du sagst, oder lügst du?"

„Warte mal." Rola drehte sich aus schwarzem Tabak eine dünne Zigarette. „Wieviel stammt von mir, wieviel hat er gesagt? Wahrscheinlich halb wahr. Könnte mich aber auch irren."

In der Wohnung in der Wiesenstraße hielt Helene Hagen ihrer Cousine Anita Forster die Kaffeetasse wieder hin. „Ja, verwöhne mich, mein ferner Soldat kann es nicht."

Christa, ihre Tochter, stöhnte unterm hellen Haar und verzog ihr rundes Gesicht. „Ihr sitzt hier so langweilig beim Kaffeetrinken, daß mir sogar der Hintern einschläft." Sie hob ein Zopfende und rührte damit in ihrer Tasse.

Frau Hagen sagte: „Bezähme dich, in drei Minuten gehen wir."

Leo und Gert Forster kamen vom Treppenhaus herein, sie drehten den Gummimotor eines kleinen Segelflugzeugmodells auf und ließen es vom Fußboden gegen die Korridordecke steigen.

Christa lehnte sich an den Türrahmen des Wohnzimmers. „Ich möchte es auch probieren."

Leo sagte: „Laß sie einmal."

Von Christas Schuh schnarrte das kleine Flugzeug steil aufwärts. Christa stemmte die Hände auf die Hüften. „Ich lasse es besser starten als ihr."

Leo sagte: „Natürlich kannst du das, mein Kind. Du bist noch jung."

Frau Hagen sagte: „Schön, daß ihr ihr gleich eines draufgebt. Christa, laß die erwachsenen Jungen in Frieden."

Gert Forsters Schwester Ellen kreischte: „Erwachsene Jungen! Helene, bist du verrückt. Die beiden sind komplette Kleinstkinder."

Gert sagte: „Ellen, eine etwas größere Schnauze, und aus dir guckt schon wieder der Säugling hervor."

Christa legte einen Arm auf Leos Schulter. „Spagat muß ich lernen. Oh, ich kann es bald." Sie schlang einen Arm um Gerts, einen um Leos Hals. „Haltet mich fest, sonst falle ich."

Mit runden Augen blickte sie zur Korridordecke und stöhnte, weil die Muskeln in Kniekehlen und Schenkeln spannten. Sie leckte mit breiter Zunge die Milchglasscheibe in der Toilettentür.

Frau Hagen guckte um den Pfosten der Zimmertür. „Anita, sie leckt deine Türen sauber. Ferkel. Dich muß man einsperren, sonst benimmst du dich so frei wie der Hund auf der Straße."

Christa sagte: „Mama, total verkalkt. Wir sind ein bißchen gelaunt, und du gießt über alles Tinte."

Leo sagte: „Woher haben Sie bloß das Unikum?"

Frau Hagen sagte: „Das habe ich mir vor fast dreizehn Jahren auf den Pelz gesetzt. Es ist schon eine Plage. Christa, er sieht es sofort."

„Ach was. Wir schwimmen um die Wette. Er ist ein Angeber, ich schwimme schneller als er."

Christa, Leo und Ellen gingen zu Fuß zum Freibad vor der Stadt. Der wasserscheue Gert war zu Hause geblieben.

Christa sagte: „Ich gehe lieber zu Fuß, als daß ich radfahre. Vielleicht falle ich runter und breche mir den Arm."

Ellen sagte: „Du kannst auch stolpern."

Christa sagte: „Sprich nicht davon, Stolpern bringt Unglück."

Ellens Schuh stand auf dem Weg. „Au, jetzt ist die Schnalle aufgesprungen."

Christa sagte: „Wir gehen barfuß. Dann kann kein Druckknopf aufspringen." Sie stellte ihre Sandalen in die Wachstuchtasche.

Christa, Ellen, Leo gingen barfuß. Leo dachte: Welch ein Unsinn. Was gehe ich überhaupt mit den beiden ins alte Betonbad?

„Die falsche Badekappe." Im Freibad blieb Ellen auf der Wolldecke sitzen. „Ich gehe nicht ins Wasser. Roter Badeanzug, blaue Kappe, das beißt sich."

Christa sagte: „Ach guck, das hat sie gewußt, du verdirbst uns den Tag."

Ellen sagte: „Geh doch ein bißchen mit der Kleinen ins Wasser."

Christa und Leo gingen zum Schwimmbecken, Christa schwenkte ihre weiße Badekappe. „Sie ist ein Kind, wenn solche Kleinigkeit wichtig für sie ist, roter Anzug, blaue Kappe."

„Wir starten hier." Leo stellte sich neben einen Startblock. „Eine Länge. Los!"

Er hörte das Wasser um seine Ohren brausen und drehte sich um. Christas Badekappe wippte mitten im Becken.

„Bist du eingeschlafen?"

Christa sagte: „Ich habe ein schönes Bad genommen. Wir können jetzt einmal um die Wette schwimmen."

„Schmetterling oder Kraulen?"

„Brust. Ich kann nur Brust. – Los!"

Leo stieß die Arme weit vor und zog die Beine hastig durchs Wasser. Zwei Längen vor sich sah er Christas Kopf auf und nieder hüpfen. Er sah über ihrem Kopf die Nummer auf dem Startblock.

Christa lehnte mit einem Arm in der Wasserrille am Beckenrand. „Ich ruhe mich hier aus."

Leo sagte: „Etwas schneller warst du."

Christa lachte. „Du kannst ja gar nicht Brustschwimmen. Schwimmen ist eine Tätigkeit, bei der der Mensch im Wasser schwebt wie der Vogel in der Luft. Meinst du, die Vögel patschen aus Voreiligkeit mit den Flügeln umher? Dann fallen sie wie Pflaumen zu Boden." Sie fächelte mit der Hand das Wasser in der Rille. „Kopf zurück, höher, höher. Arme weit vorstrekken, die Handflächen einander zugekehrt, dann die Handflächen nach außen und langsam im weiten Bogen die Arme durchs Wasser ziehen. Ich zähle. Eins – zwei – drei – vier."

Christa schwamm neben Leo. „Schlecht. Bewege dich zehn Meter weg und dann schwimm sauber heran. Langsamer. Geschwindigkeit ist ein ganz besonderes Tempo. In vierzehn Tagen schwimmst du besser. Macht lahm, nicht?"

Vor der Wohnungstür stellte sich Christa hinter Leo und sagte: „Ist Christa nicht zu Hause?"

Frau Hagen sagte: „Ist sie euch dreien sehr auf die Nerven gegangen?"

Leo sagte: „Gert ist gar nicht erst mitgegangen. Ellen ist schon mittags verschwunden, sie hatte die falsche Badekappe mit."

Christa sagte: „Mama, er will nicht zugeben, daß er ganz erbärmlich schwimmt. Erstens hänge ich ihn um acht Meter ab, zweitens kriecht er durchs Wasser und nennt das Brustschwimmen, und drittens hat er Angst, daß er untergeht. Er hält den Kopf, als wollte er Mais picken. Er wollte fragen, ob du etwas dagegen hast, daß ich ihm morgen wieder Schwimmunterricht gebe?"

Leo und Christa mußten auf dem Weg zum Betonbad zehn Schritte zurückgehen, Christa war gestolpert.

„Gestolperter Schritt muß unbedingt wiederholt werden. Rechts, da pecht's, links, da klingt's."

„War es rechts?"

„Wer links stolpert, kann weitergehen, da schadet es nichts."

An einem Griff trug Christa, am anderen Leo Christas Wachstuchtasche.

Christa sagte: „Hör, da schreit die Eule."

Leo sagte: „Weit ab. Das ist sehr weit entfernt."

Christa sagte: „Das war ein Huhn."

Leo sagte: „Ich kenne keine Vögel, nur Spatzen. Ich kenne noch Tauben, aber das sind keine Singvögel."

Christa sagte: „Ich kenne drei Vögel, Buchfink, Amsel und Haubenlerche. Oh, meine Hand ist lahm."

Jeder faßte mit der anderen Hand den Griff der Badetasche an.

Christa sagte: „Die Amsel schreit. Du brauchst bloß Augen und Ohren aufzumachen, dann siehst und hörst du sie auf dem Dachsims bellen. Sie reißen den Schnabel schuhweit auf. Hahaha. Püh, halt." Christa stieß den Kopf vor. Braune Vögel hüpften um die rostigen Schienen der Lurenbahn beim Betonbad. „Da, das sind die Haubenlerchen. Haben einen Zylinder auf dem Kopf."

Christa und Leo blieben im Wasser, bis ihre Gesichter blau waren.

Leo hielt Christas großes Badehandtuch, während sie sich aus dem Badeanzug strampelte. Christa sagte: „Reib meinen Rücken. Ich habe bestimmt Wasser geschluckt, das zu Eis geworden ist."

Im Freibad lächelten die Mädchen aus der Parallelklasse. „Hihi." Lisa kicherte und faßte mit den Zehen um die Kante der Holzbank auf der Tribüne.

Katharina sagte: „Wann wird sie schulpflichtig?"

Leo sagte: „Ich gehe ein bißchen mit ihr baden. Sie ist die Tochter einer Cousine eines Freundes von mir."

Bettina sagte: „Ich bin die Schwester meines Bruders eines Vaters von uns. Du badest im alten Zementbad, ein häßliches Entlein?"

Lisa sagte: „Er ist anspruchslos. Ich habe noch einen Puppenwagen auf dem Boden, wenn du ihr einmal ein nettes Spielzeug schenken willst."

Leo ging durch die Straßen und dachte: Ich mag Christa nicht einmal leiden. Sie hat runde Backen. Ich mag nur Mädchen mit straffen Wangen.

Er stieg die Treppe zu ihrer Wohnung hinauf. Christa saß auf dem Tisch im Wohnzimmer und gab Leo ein Rätsel auf. „Wer ist der Mensch, der auf der Straße immer zur Seite in die Schaufenster guckt? – Du! Schaufensterglas ist Spiegelglas."

In schwarzer Turnhose und weißem Turnhemd lief sie auf den Korridor, sie stemmte die Hände auf den Fußboden und schlug die Beine gegen die Wand über.

„Hilfe, halt mich fest." Sie stand über Kopf und rutschte zur Seite weg. Christa sagte: „Jetzt trinke ich einen Schluck Brause über Kopf. Der Mensch kann aufwärts schlucken. Guck zu." Sie stand kopfüber an der Wand.

Sie saß am Tisch und stieß sich einen Finger in die Wange. Sie sagte: „Leo, du hast erbärmlich gefeilte Fingernägel. Sie sind gefeilt, aber noch nicht richtig gefeilt."

Leo sagte: „Das ist nur eine Kleinigkeit."

Christa sagte: „Es gibt überflüssige und notwendige Kleinigkeiten, dazwischen müßtest du unterscheiden können. Vom Fingernagel weg feilen in Richtung Luft. Sonst feilst du dir die Nervenenden auf, das gibt Gewitter in den Fingerspitzen. – Ich könnte dir etwas verraten. Wenn man jemanden liebt, muß man ihm immer in die Augen sehen. Augen können sprechen, alle Augen verstehen die Geheimsprache." Sie beugte sich zu Leo vor. „Weißt du, wie die Geheimnisse zweier Liebenden heißen? Sie sprechen die Sprache des Herzens: Ohne dich hat mein Fahrrad Plattfuß."

Frau Hagen setzte sich neben Leo auf das Sofa. „Geht sie dir noch nicht auf die Nerven?"

Christa sagte: „Halt dich aus meinen persönlichen Angelegenheiten heraus, Mama. Dir müßte dein Herz sagen, daß Herzensangelegenheiten Takt erfordern."

Leo fragte: „Was ist Takt?"

Christa sagte: „Wenn dein Herz ein Ohr hat, das auch die Läuse wandern hört. Mama, hast du gehört, was ich gesagt habe. Richte dich danach!"

Christa und Leo gingen ins Kino. Sie gingen in den Zirkus. Sie gingen ins Varieté. Christa hielt die Hände verschränkt auf dem Schoß.

Leo sagte: „Hast du Angst, deine Hände fallen runter?"

Christa sagte: „Vielleicht schlafe ich ein, und jemand räubert mir sie weg."

Sie stiegen auf dem Jahrmarkt in die Raketenfahrt zum Mond.

Leo sagte: „Setze dich neben mich."

Christa sagte: „Dann fliege ich auf deinen Schoß. Das mag ich nicht."

Sie saß im grünen Kleid neben der Badetasche auf dem Tisch im Wohnzimmer. „Es regnet noch immer."

„Warten wir noch."

Die Regentropfen sprangen gegen die Fensterscheiben, sie liefen draußen am Glas herunter. Der Regen rann in langen Fäden aus dem Himmel, oben schwammen die blauen Wolken. Das Regenlicht blitzte in die Augen. Reiskörner sprangen auf dem Fenstersims. Die Regentropfen fielen auf die Blätter im Baum vor dem Fenster und rollten ein Blatt tiefer.

Christa sagte: „Laß uns Liebesbriefe schreiben. Jeder an einer Seite des Tisches."

Christa schrieb: „Lieber Leo,

ich fände es sehr nett, wenn Du nach dem Kegelaufsetzen noch einmal vorbeikämst. Es könnte ja sein, daß ich (schnell) eine englische Vokabel wissen möchte. Wir haben jetzt auch das blöde Spanisch. Voy a la ventana y abro la ventana. Escribo una carta a mi madre a mi padre y a mi amigo. Verstehst Du das? Das bist Du.

Mit einem ganz schweren Kopf nach all der Anstrengung
Deine Christa H."

Auf die Rückseite hatte sie geschrieben:

„Vokabeln

ir – gehen, abrir – öffnen, escribir – schreiben, y – und"

Leo schrieb:

„Liebe Christa,

Schwimmen ist Schweben, Schaufensterglas ist Spiegelglas. Die Amseln reißen ihre Schnäbel sperrangelweit auf, wenn sie bellen. Rechts bringt Unglück, aber links Glück. Das habe ich alles von Dir. Warum drehst Du Dein Blatt um? Ich kann Deine Fingernägel sehen, wenn Du schreibst. Was tun zwei Liebende, wenn sie nichts sagen?

Viele Küsse auf Papier

Dein Leo!"

Leo sagte: „Sprichst du Spanisch?"

Christa sagte: „Only a little bit."

Leo sagte: „Amiga heißt Freundin."

Christa sagte: „Ich küsse nicht."

Leo sagte: „Ich würde ewig an dich denken."

Christa drehte das Gesicht weg und sagte: „Nur einmal." Sie machte an ihren Lippen den Zeigefinger naß und tippte ihn auf Leos Mund. Dann küßte sie selbst den Zeigefinger.

Frau Hagen kam in die Stube. Christa sagte: „Wir haben uns geküßt."

Frau Hagen sagte: „Ich dachte, ihr habt längst Blasen auf den Lippen."

Christa sagte: „Wir glauben an ewige Liebe. Wie findest du das?"

Frau Hagen sagte: „Ich werde ganz kribbelig, wenn ich daran denke, wie gefährlich es mit euch ist."

Christa sagte: „Wir schreiben Liebesbriefe, kannst lesen."

Frau Hagen sagte: „Das mache ich sofort."

Christa sprang zum Tisch. „Nein, nein!" Sie lehnte sich an den Türpfosten. „Ewige Liebe. Sie glaubt alles."

Leo stieg im dunklen Treppenhaus die hohen Holzstufen hinauf und ging in die Wohnung.

Rola sagte in der Küche: „Ich habe eine kleine Überraschung

für dich. Ich habe Pudding gekocht."

Leo aß Vanillepudding.

Rola sagte: „War es ganz nett im Varieté?"

Leo sagte: „Das Programm ist fast wie vergangenen Monat. Ein Jongleur mehr, ein Clown weniger."

Rola sagte: „Hier ist es auch ganz nett. Ich bin sechsundvierzig. Wer glaubt dann daran? Ich habe es nicht mehr weggekriegt."

Leo sagte: „Kriegst du wirklich ein Kind?"

Rola sagte: „Strampelt in meinem Bauch herum. Läßt mir schon jetzt keine Ruhe mehr."

III

Leo kriegte einen Stahlhelm und einen Uniformmantel, er war Luftwaffenhelfer, die Flakscheinwerferbatterie lag zehn Kilometer vor dem Stadtrand.

Dr. Tewes sagte: „Jetzt ist das Vaterland in Gefahr und braucht jeden. Ich bin stolz, daß ich mit euch in den Krieg ziehen kann. Die Pflicht erfordert, daß jeder geht, ob er sechzehn oder sechzig ist." Er fuhr mit der Eisenbahn und ging dann eine Stunde neben Moor und Rübenfeldern.

Wenn nachts kein Fliegeralarm gewesen war, waren morgens drei Stunden Unterricht am Batteriegefechtsstand, sonst Unterweisung im Erkennen feindlicher Flugzeuge. „In der Nacht ist die Lancaster schon am Geräusch zu erkennen, am Tag verraten sie ihre typisch massiven Umrisse. Wuchtig, walfischartig, gedrungen. Hier noch einmal das Gegenmodell, kaum gekurvt, aalartig, ausgesprochen langgezogen."

Ladiges, Oberleutnant und Batteriechef, sagte zu Kurt Wienke: „Hast du das nun im Rucksack?"

Kurt sagte: „Randvoll. Schwere Bomber Halifax, Lancaster, Manchester, Stirling. Leichter Bomber Beaufighter, Blenhaim, Bristol, Havoc. Unterscheiden sich wie Omnibus und Pkw."

Ladiges sagte: „Und wie erkennst du sie nachts?"

Leo sagte: „Ich sperre die Ohren auf. Ringtrichterrichtungshörer ermittelt die genaue Entfernung, der Scheinwerfer setzt flugrichtungsvorgerichtet Licht. Telephonkontakt mit der K-Batterie ist stets gegeben."

Dr. Tewes lehnte seinen Regenschirm an die Wand der Baracke. Er sagte: „Meine Jungen, mit euch lege ich Ehre ein. Nino, du übernimmst den Part der Lady Macbeth, Gerhard, du sprichst den Arzt, das Kammerfräulein liest Leo. Bitte Aussprache, jede Silbe und ohne Übertreibung."

Er faßte mit Daumen und Zeigefinger ein Ohrläppchen an und horchte in der knackenden Holzbaracke Aussprache und Betonung ab.

„Ihr dürft diese Verse nie vergessen. Wo immer Menschen atmen, ergreift sie die Not dieser zerbrechlichen Mörderin. Ich spreche die Worte noch einmal frei vor."

„Here's the smell of the blood still; all the perfumes of Arabia will not sweaten this little hand."

Kurt flüsterte Nino zu: „Ihn erkennte man in der Nacht sofort, englische Maschine, etwas älteres Modell."

Dr. Tewes stampfte gegen die Fußbodenbohlen. „Auch Lernen, Kurt, ist Dienst. Ich weiß, daß du die Flugzeugtypen kennst."

Gerhard rief: „Herr Dr. Tewes, er kennt auch Sie!"

Dr. Tewes sagte: „Mach jetzt, bitte, keine Faxen. Ort, Tag und Stunde sind zu ernst."

Sengelmann, hinter Nino und Kurt, brummte: „Trrrr. Herr Dr. Tewes, erkennen Sie das Modell?"

Dr. Tewes sagte: „Dieter, muß das sein?"

Dieter Sengelmann sagte: „Sie sind zu ernst, Herr Dr. Tewes, da schlägt die Trauer schon in Gelächter um."

Dr. Tewes guckte zu Nino. „Lady, ist das so?"

Leo sagte: „Sie sagen zu oft, wir sollen ernst sein. Uns bleibt nichts als Lachen übrig."

Dr. Tewes sagte: „Wir alle müssen noch viel sinnen. Sonst ist eher das Wort als der Gedanke da. Das ist das Elend jeder gedankenlosen Zeit. Zwei Minuten stehen uns noch zu, aber wir schließen."

Nino rief: „Wir verzeihen es Ihnen!"

Leo setzte sich mit seiner Post auf den Milchtisch an der Einfahrt des Gutshofes. Ein Brief war von Lisa, einer von David Klaiber.

Lisa Konrad

an einem Aprilabend

„Lieber Leo,

mein lieber Junge.

Hoffentlich geht es Euch gut in Eurem Holzhaus und teilt Ihr Euch Eure Kräfte gut ein, damit Ihr Unterricht und Dienst ordentlich versehst. Ich bin froh, daß die Zeit des Herumbummelns und der Flirterei vorbei ist und wir gesagt bekommen haben, es gibt anderes als Eisessen und Sonnencreme. Ich habe Dich sehr lieb, aber nicht, weil ich Dich begehre, sondern weil Du in unserer allgemeinen Verrottung unverdorben geblieben bist. Man braucht Dir nur ins Gesicht zu sehen und hat Dich gern. Es ist empörend, wie weit Katharina und Gerhard sich gehenlassen. Sie ist so unverschämt, mir in der Turnstunde den Ort zu zeigen, wo es unterhalb des Äquators passiert. (Ich habe mir sofort aufgeschrieben, was sie gesagt hat.) Alle Menschen sind so widerlich, deshalb vertraue ich Dir. Ich weiß, daß Du die Kleine, mit der Du ins Betonbad zogst, sicher nicht verführt hast, dazu bist Du zu verschämt. Eher hast Du Dich als ihr erwachsener Bruder oder Vater gefühlt. Wem soll man sich eigentlich anvertrauen? Die Mütter tratschen, und kein Gedanke, den man ihnen anvertraut, ist vor der allgemeinen Bloßstellung sicher. Die Väter sind an der Front, und ich glaube, daß ihr Innenleben abnimmt, je älter sie werden. Wenn ich meinem Vater sage, daß ich Brüste habe, läuft es ihm sicher über den Rücken. Du siehst, wie sehr ich Dir vertraue. Nino macht auf mich einen gefestigteren Eindruck, obgleich er sich übermäßig affektiert gibt. Bettina hat sicher einen guten Einfluß auf ihn, sie hält sich sehr zurück, aber gerade das lenkt ihn. Katharina bleibt meine beste Freundin, was Du auch Gegenteiliges aus diesem Brief herausliest. Ich weiß, sie ist innerlich doppelt so alt wie ich, und ich frage sie um Rat, wenn ich wirklich in der Klemme bin. Was für ein Kind bin ich gegen sie, wenn ich an ihre körperliche Reife denke. In vierzehn Tagen kriegt ihr wieder Wochenendurlaub, dann können wir über alles reden, und vielleicht sprechen wir uns wirklich aus. Mein Vater tut in Breslau Dienst, Du weißt, Zivilkripo, es ist schrecklich, was er alles hört und sieht. Die Männer verkriechen sich in den Frauenbetten, und wenn es den Hals kostet. Verstehst Du das? Ich habe mich jetzt wirklich dem BdM wieder zugewandt. Ich führe den Jungmädelzug (3, 2, 74), Kinder sind gut, ich spüre, wie die dürren Dinger mich brauchen. Es ist ein guter Platz für mich, ich bringe ihnen Nadelarbeit, Kochrezepte und deutsches

Diktat bei. Im Heim steht ein Kocher, wir braten Haferflockenpfannkuchen. Ich schreibe am Schreibtisch meines Vaters, das hellblaue Papier ist aber von mir und soll Dir Hoffnung machen. Ob ihr oft rausmüßt heute nacht? Viertel nach elf, ich schreibe nur bei einer Fünfzehnerbirne. Ich bin sehr müde, aber entspannt.

Mein lieber, lieber Leo, jetzt weißt Du, wie gern ich Dich habe.

Deine Lisa"

Leo sah ein bißchen vor sich hin, aber öffnete dann Klaibers Brief.

„Lieber Leo!

Freudige Ereignisse werfen also ihre Schlagschatten voraus. Ich habe geglaubt, ich wäre hier weit vom Schuß, das kleine bißchen Realität belehrt uns aber eines Besseren. Ich denke, ich bin über fünfzig, und handle, als sei ich gerade zwanzig. Ich muß also erkennen, daß ich Teil eines Kosmos bin, der mich zu seinen Zwecken ansetzt und sich um meine blamable Meinung wenig kümmert. Ich muß Dir unverhohlen gestehen, daß in der Begegnung mit Deiner Mutter die Sinnlichkeit mich jedesmal mit sich fortreißt. Man sollte sich gegenüber allen natürlichen Vorgängen wie ein Philosoph verhalten, sie zur Kenntnis nehmen und lächeln, aber die Leidenschaften sind stärker als der Verstand. Man schüttelt den sehr nassen Kopf, aber kann nur prustend ans Ufer gehen. Dich bitte ich, hilf uns beiden, mit der sehr späten Pracht, die da auf uns zukommt, zu Rande zu kommen.

Ich lese ja nun täglich Briefe. Ein Sohn teilt seiner Mutter mit, daß es ihm gut geht und er nicht hungert. Darin kann nichts stehen. An zu knistern fängt es erst, wenn die Männer den Frauen schreiben. Staatsgeheimnisse werden da wirklich nicht weitergegeben, aber in puncto Amour kann man einiges ausspionieren. Die Post wird offen abgegeben, kümmert die französischen Gemüter nicht, sie handeln das Intime so offen wie wir die Kartoffeln. Es ist schon eine Schande, daß wir unsere Nasen und Ohren hineinstecken. Es gehörte verboten! Aber man legt das leider nicht schamhaft beiseite, sondern amüsiert sich nicht unangeregten Geistes darüber. Mit den Speziallexika laufen wir hin und her, vieles ist im Argot geschrieben, dem Pariser Kauderwelsch, der reinsten Schmutzfinkensprache. Schließe die Augen oder amüsiere dich, hieße hier die Entscheidung. Wofür die meisten sich entscheiden, siehst Du ja.

Wir sind hier eine stille, aber vergnügte Gesellschaft, Hauptmann Fiedler, ehemaliger Kompaniechef, ein Emil Wuttke, so etwas wie ein Sprachforscher, der das Baskenland bereist hat, Paul Sagner, ein dreiundsechzigjähriges Huhn, und M. Phrase, so haben sie mich getauft. Ich rede viel und bin wohl der Lebhafteste in der kleinen Runde, nach den vielen Jahren des Schweigens. Es ist schon eine andere Art, mit Menschen umzugehen, bei denen man auch den Geist ansprechen kann, als mit der gröberen Sorte, mit der ich Pappe gepreßt und verladen habe. Es finden sich Höflichkeit und Geistigkeit, die machen es erträglich! In Anwandlungen von Schwermut überlege ich manchmal, wie mein Leben ganz anders hätte verlaufen können. Aber das sind Flausen. Punktum. Ich habe mich barfüßig auf den Weg gemacht, bin vierzig Jahre über Steine gelaufen und spüre nun sozusagen einen Teppich unter den Füßen. Ich muß sehen, daß ich den Federhalter wieder aus der Hand kriege. Der Hauptpunkt steht gleich zu Anfang, er sollte nicht in irgendeiner Weise umgangen werden.

Welche Übermacht ist doch die Natur, wenn sie fordert, was ihr zusteht.

Herzliche Grüße

Dein Vater"

Leo steckte beide Briefe in die Brusttasche seiner Uniform. Irgendwann werde ich sie wieder lesen.

Vom Batteriegefechtsstand gingen Gerhard und Leo auf dem hügeligen breiten Feldweg zur Scheinwerferstellung, jeder ging auf einer Seite neben dem ausgefahrenen Weg auf dem Feldrand.

Gerhard rief über den Weg: „Was schreibt Lisette?"

Leo rief: „Wir sollen durchhalten."

Gerhard rief: „Mit ihren Parolen."

Leo rief: „ Sie stellt sich vor, wir steigen jede Nacht auf den Acker."

Gerhard rief: „Hast du Mathe kapiert?"

Leo rief: „Noch nicht. Bis morgen ist noch lang."

Leo dachte: Warum schreiben sie mir? An einem Tag kommt ihre Post an. Wenn ich mir Lisas Gesicht vorstellen will, sehe ich überhaupt nichts. Er hätte mir nicht zu schreiben brauchen, ich weiß ja, daß sie ein Kind kriegt. Beide wollen sich mit ihrer Schreiberei breitmachen. Ich brauche nicht wiederzuschreiben. Stehen keine Fragen drin. Argot, Schmutzfinkensprache. Wieso verstecken sich Männer in Frauenbetten? Wollen sie nicht wieder an die Front? M. Phrase, na klar. Das haben sie sofort erkannt. Aber mir schreibt er, was er wirklich meint. An einem Aprilabend.

Aus der ersten Holzbude der Scheinwerferstellung guckte der Koch. „Die beiden letzten. Dann sind wir alle wieder da. Heute abend Kartoffeln oder Pfannkuchen?"

Gerhard sagte: „Kartoffeln, er stimmt zu, aber anständig fetten."

Leo sagte: „War gestern gut, Sülzfleisch. Heute wieder."

Der Koch ließ die Tabakspfeife im Mund turnen. „Wenn man so seine Beziehungen zur bäuerlichen Zivilbevölkerung geknüpft hat, braucht an meinem Herd keiner mehr zu verhungern."

Leo sagte: „Was gibt es morgen?"

Der Koch lachte. „Zu essen."

Wagner, der Gefreite vom Dienst, stellte einen Fuß in die Holzbude der Flakhelfer. „Kratzt den Puff anständig aus, daß keine Kohlen am Unterrock hängenbleiben. Sonst verfüge ich absolute Besuchssperre."

Kurt sagte: „Die Damen kommen immer, nicht direkt, aber indirekt."

Wagner sagte: „Verdirb mein Gemüt nicht mit deiner intelligenten Phantasie."

Nino sagte: „Herr Gefreiter, wieso verwenden Sie für die Begegnungsstätte Neutrum?"

Wagner sagte: „Jetzt hat er eine ganz intelligente Schweinerei im Sinn, die ich nicht mehr verstehe. Irgendwann reißen sie euch Intelligenzböcken schon gründlich den Arsch auf."

Leo sagte: „Warum sagen Sie nicht Hintern?"

Wagner sagte: „Was ein Arsch ist, weiß jeder. Aber Hintern hält mancher vielleicht für vorn."

Leo sagte: „Und warum sagen Sie beim Scheinwerfer abdekken, wenn Sie ihn aufdecken?"

Wagner sagte: „Euch fehlt, daß einer mit der Bordspritze hier so reinhaut, daß ihr euren Bauch für ein Teesieb haltet. Dann wollt ihr wieder Kinder sein."

Auf dem Feldweg stoppte Roth, der Zugleutnant, sein leichtes Motorrad.

„Hallo. Mitglieder der Stellung haben in der Unterkunft der Jungen nichts zu suchen!"

Wagner rief: „Befehl ist Befehl. Ich halte nicht einmal den Daumen rein."

Roth trug eine hellblaue Schirmmütze über seinem weißen langen Gesicht. „Wagner. Ausgemachtes Filou, der Wagner. Laßt euch von ihm nichts erzählen."

Gerhard sagte: „Er behauptet, vor vier Wochen hätten sie jede Nacht dreimal die Laterne angezündet."

Roth sagte: „Wir brauchen gutes Wetter, über Tag Sonnenschein, aber nachts keine Märchen. War es so, Wagner?" Wagner nickte. „Also, es war so. Gewesen ist gewesen."

Wagner preßte die Hände an die Oberschenkel. „Jawohl, Herr Leutnant."

Roth ging über die Lattenroste quer durch die Stellung und verschwand im Ringwall, in dem der Scheinwerfer stand, und ging in den zweiten Wall ans Horchgerät und setzte die Kopfhörer auf.

Wagner sagte: „Wichtig macht er sich ja nicht, er prüft, ob wir wichtig sind."

Nino sagte: „Insgesamt ein freundliches Gemüt."

Wagner sagte: „Offiziere sind immer freundliche Hunde, bis

sie beißen."

Roth trat gegen die Holzbude der Hilfswilligen. „Heraus mit euch!"

Die Russen sprangen in Holzschuhen vor die Bude und stellten sich nebeneinander auf. „Wassili Pergamentow, Achim Ruchin, Peter Kulbin."

Roth sagte: „Mensch, bei euch stinkt es. Habt ihr wieder gegen die Bude gesprenzt? Man meint, ihr macht eimerweise wie die Pferde. Versteht ihr mich?"

Wassili sagte: „Ein bißchen."

Achim sagte: „Bisken."

Roth sagte: „Ihr habt doch Nasen wie jeder. Dann fangt doch mit der Kultur an und benutzt nicht ungebührlich das eigene Haus. Am Schluß macht ihr noch ins eigene Hemd und wischt mit dem Ärmel ab. Habt ihr keine Latrine?"

Wassili sagte: „Wir haben eine Latrine."

„Seht ihr!" Roth nahm die Schirmmütze ab und stieß sie in die Luft.

Wittig, Unteroffizier der Scheinwerferstellung, sagte: „Wir können machen, was wir wollen. Ohne Kommando gehen sie nachts nicht weiter als bis vor die Haustür. Die Brüder haben Angst, wenn es dunkel ist."

Roth sagte: „Herr Oberleutnant sagt auch, da steckt das Problem. Jetzt im Frühjahr haben sie den Wandertrieb, und wir müßten die Buden abschließen, damit sie im Dunkeln nicht weglaufen, aber sie kommen nicht drei Schritte frei, wenn sie nachts mal fiedeln müssen."

Wittig sagte: „Der Scheinwerferposten könnte ein Auge drauf haben."

Roth sagte: „Am einfachsten ist, wir stellen einen Marmeladeneimer rein, in den sie schnurren können."

Wittig lachte und legte die Hände an die Oberschenkel. „Soweit bei Scheinwerfer Berta alles wohlauf und gesund."

Roth sagte: „Ich fahre einmal zur nächsten Kapelle und gucke mir an, ob da auch schon die Rosen blühen." Er fuhr langsam den Feldweg hinab.

Nino sagte: „Er redet ja laut, aber deutlich auch."

Wittig sagte: „Nein, ruf Dora nicht an, denen soll er auch unangemeldet über den Pelz kommen." Er lachte zum Koch hinüber.

Leo dachte: Ich würde über mich ganz anders urteilen. Ich lüge ganz gern. Wie gut einen die anderen Menschen zu kennen meinen. Das denkt Lisa.

Der Koch sagte: „Meine Töpfe gucken so sehnsüchtig zur Tür, als ob sie wüßten, daß ihr gleich mit dem Teller kommt."

Wittig rief: „Kommt doch mal her, ihr hilfswilligen Helden."

Die drei kriegsgefangenen Russen polterten auf den Holzschuhen über die Lattenroste.

„Nun nehmt mal vernünftig Haltung an. Melden."

Wassili hielt seine Hand an die Mütze. „Wassili Pergamentow, Achim Ruchin, Peter Kulbin, Scheinwerfer Berta. Angetreten!"

Wittig sagte: „Habt ihr gegen die Bude geschifft?"

Wassili sagte: „Ja."

Achim und Peter sagten: „Ja, ja."

Wittig sagte: „Nun sagen sie auch noch ja."

Der Koch stieß die Tür seiner Holzbude auf. „Komm, komm. Jetzt merkt ihr wieder, wer eure Ersatzmutter ist, wenn ihr in der Fremde nichts als Hunger habt."

Christa nahm Leos Luftwaffenhelfermantel vom Haken und ging darin im Zimmer hin und her. „Schöne Fräulein, kluge Damen." Sie grüßte mit der Hand an der Stirn.

Leo sagte: „Uniform steht dir."

Christa sagte: „Leo will mich noch immer becircen."

Leo sagte: „Sonst wäre ich nicht hier."

Christa sagte: „Ich erkläre Ihnen die Zukunft. Später heiraten wir."

Frau Hagen sagte: „Halt die Luft an. Mir wird schwindelig. Müßt ihr?"

Christa sagte: „Später kommt alles auf meinen Mann an.

Wenn ich ledig bleibe, gehe ich auf die Kadettinnenanstalt."

Frau Hagen sagte: „Melde dich noch heute an, dann bin ich morgen geborgen. Es ist soweit, Leo, ich überlege täglich, an wen ich sie gegen einen Beutel Äpfel eintauschen kann, damit sie mir endlich eine Wohltat zukommen läßt."

Christa sagte: „Leo, wieviel bin ich wert?"

Leo sagte: „In Uniform kriegtest du sofort zehnfachen Wehrsold. Menschen darf man nicht eintauschen."

Christa sagte: „Höre, Mama, das ist die Stimme des Herzens. Wieviel dir fehlt."

Frau Hagen sagte: „Sie hat gelernt, ihre Mutter zu plagen. Ich soll vor Liebe weinen."

Christa lachte. „Leo ist nur eine Stirnbreite größer als ich." Sie schlug die Mantelärmel um. „Kluge Fräulein, schöne Damen. Wie lautet der Name der Dame mit der Innenrolle?"

Leo sagte: „Lisa."

Christa sagte: „Was machst du, wenn du aus Versehen Christa sagst?"

Leo sagte: „Ich beiße mir auf die Lippen."

Christa sagte: „Was würdest du in einem Liebesbrief an sie schreiben?"

Leo sagte: „Das weiß ich noch nicht."

Christa sagte: „Du weißt es genau!" Sie warf den Mantel auf den Stuhl und lief über den Korridor ins Schlafzimmer.

Frau Hagen sagte: „Albern, jetzt heult sie."

Leo sagte: „Soll ich lieber nicht mehr kommen?"

Frau Hagen nahm Leos Mantel über den Arm. „Ach was. Bist du ihr über, bist du ihr über. Oder es passiert anders herum, dich bläst der Wind in andere Richtung."

Leo sagte: „Meinen Sie, daß Liebe so schnell vergeht?"

Frau Hagen sagte: „Leo, du sprichst wie ein Alter. Bißchen bleibt immer."

Leo sagte: „Zu welchen Ergebnissen hat Sie die Liebe gebracht? Was ist Liebe?"

Frau Hagen grinste. „Da, wenn sie weint und noch allen Grund zum Lachen hätte."

Christa kam ins Zimmer. Sie zog sofort Leos Mantel an. „Flüstern verboten. Worüber sprachen Sie?"

Frau Hagen sagte: „Über Christa."

Christa sagte: „Das eigene Kind zu verunglimpfen ist verboten. Der Name der Dame mit der Innenrolle war schon ermittelt worden."

Leo sagte: „Was machen die Dienstgeschäfte?"

Christa sagte: „In meiner jungen Brust bin ich gern Soldat."

Leo sagte: „Aber man ist wenig allein. Man hat zu tun, was einem befohlen wird."

Christa sagte: „Wenn du wieder einmal Zivilist bist, was machst du?"

Leo sagte: „Ich schlafe bis Mittag. Ich lese viele Bücher. Ich komme dich besuchen."

Christa sagte: „Das dritte ist gelogen." Sie setzte sich ihrer Mutter auf den Schoß.

„Er schreibt wunderbare Liebesbriefe: Küssen heißt an die Tür seiner Wünsche klopfen. Das steht bei ihm."

Frau Hagen sagte: „Du stellst ihn bloß."

Christa sagte: „Das habe ich selbst erfunden. Dann kann ich ihn gar nicht bloßstellen."

In Zielanders Wohnung brannte ein blaues Notlicht auf dem Zimmertisch. In den Ecken saßen die Jungen und Mädchen im schwarzen Dunkel.

Kurt atmete neben Bettina in der Sofaecke. „Sie sind so still, nicht."

Bettina sagte: „Sie haben soviel miteinander zu beschweigen."

Lisa saß neben Leo, sie sagte: „Sie haben eine wahnsinnige Freude daran, wenn ich Topflappen mit ihnen häkele."

Leo sagte: „Wie alt?" Er versuchte, zwei Finger auf das Kleid neben Lisas Hals zu legen. „Sie haben doch in der Schule Handarbeit."

Lisa sagte: „Du verstehst nicht. Schule, da ist der Lehrer, ich bin nur ihre Freundin, mit mir häkeln sie um die Wette."

Sie hob den Kopf und sah durchs Zimmer zu Katharina und Gerhard hinüber. „Ein bißchen langsamer als gewöhnlich häkele ich, aber sie überholen mich auch wirklich."

Katharina legte den Kopf weit im Sessel zurück und leckte mit der langen Zunge Gerhards Lippen. „Salzig."

Nino sagte: „Mit meinem Vater bin ich morgens um sechs aufgestanden. Die Halle war fast leer. Wir sind jeden Morgen schwimmen gegangen."

Margot sagte: „Von eurem Vater könntet ihr zwei haben, könntet ihr mir einen abgeben."

Kurt sagte: „Für den Stummfilm kriegen wir noch Karten an der Abendkasse."

Bettina nickte. „Wenig gefragt. Das junge Publikum möchte wissen, was man bei Gelegenheit sagen soll. Nicht?"

Leo sagte: „Ich habe oft an die Soldaten in Breslau gedacht."

Lisa sagte: „Rede nicht von den widerlichen Kerlen. Für mich sind sie zum Schütteln." Sie faßte an Leos Jackenärmel und zog seine Hand von ihrem Hals weg.

Nino sagte: „Bettina, das faule Aas, schwamm natürlich nicht mit. Jedesmal eine halbe Stunde. Das gibt Brustkasten."

Margot kicherte. „Nichts für süße Mädchen."

Nino sagte: „Beim Tennis haben Schwimmerinnen einen anderen Schlag als Zigarettenraucherinnen."

Kurt sagte: „Mir gefallen Stummfilme. Augen und Hälse müssen sprechen. Sogar die Fingerspitzen müssen etwas sagen."

Bettina sagte: „Sie übertreiben sehr. Sie werfen sich einander an die Brust, als wollten sie ins Wasser stürzen. Du übertreibst."

„Mir gefallen Stummfilme."

Lisa sagte: „Phantastisch ist, daß jeder seine Pflicht tut. Du glaubst nicht, wie sehr die Kleinen mich brauchen. Viele von ihnen haben ja nicht einmal eine Mutter zu Hause. Unheimlich ist mir eine, ganz sommersprossig, die nach dem Dienst hinterm Haus wartet und von mir geküßt werden will."

„Die küßt du?"

Lisa sagte: „Sie sagt, du mußt mich küssen, ehe ich nach Hause gehe." Sie stand im Dunkeln auf. „Mir ist warm. Ich muß einen Augenblick auf dem harten Stuhl sitzen."

Gerhard nahm Katharinas Gesicht zwischen seine Hände und rieb ihre Wangen. Er stieß die Zungenspitze in ihr Ohr.

Katharina flüsterte: „Au. Das kitzelt."

„Soll es."

„Hier nicht."

„Guckt doch keiner."

Katharina zog mit dem kleinen Finger Gerhards Mund auf und schob ihre Zunge auf seinen Gaumen.

Margot sagte: „Ich rauche weiter, wie sehr du mir Zigaretten auch vergrausen willst."

Nino sagte: „Wie käme ich dazu. Herber Geschmack zieht mich an. Atem mit Rauch, ein angenehmes Parfüm." Er öffnete sein Zigarettenetui und schob es unter Margots Finger. Nino ließ ein Feuerzeug anspringen.

Gerhard rief: „Wer macht Licht?"

Lisa sagte: „Widerlich. Er ist widerlich."

Leo sagte: „Wer?"

Lisa sagte: „Beide."

Bettina sagte laut: „Mein gläsernes Herz zerspringt gerade unter Kurts betörenden Worten."

Margot sagte: „Nino braucht das Licht, damit er den Schlüssel zu meiner Seele findet."

Leo trat zu seiner Mutter in die Küche. „Warum hast du dein Korsett nicht an? Du weißt, das Kind fällt dir weg, wenn du dich nicht stützt."

Rola sagte: „Ich habe es an."

Leo warf das Korsett auf den Küchentisch. „Das habe ich im Schrank gefunden. Was ist das?"

Rola sagte: „Wahrscheinlich zwei Hausschuhe. Mir ist es zu eng. Noch mehr?" Sie klemmte das Korsett unter den Arm.

„Wo ist das Geld?"

Rola sagte: „Welches Geld?"

Leo sagte: „Achtzig Mark hast du mir gestohlen."

Rola sagte: „Das packe ich am Ersten wieder in deine Schublade. Ich dachte, da guckst du gar nicht erst, so verborgen lagen sie da. Harry und Birga wollen zu fressen, dein Vermögen ist nicht hungrig."

Leo sagte: „Warum stiehlst du? Du brauchst mich doch nur zu fragen, dann gebe ich es dir."

Rola sagte: „Ein Dieb liebt seine Freiheit. Macht Spaß, mit sich zu wetten, daß er nichts merkt."

Leo sagte: „Du bist keine richtige Mutter. Sie bestiehlt nicht ihr eigenes Kind."

Rola sagte: „Er schickt nicht genug. Was seinen Kindern gehört, bringt er mit seiner Wirtin durch."

Leo sagte: „Zeige mir die Postanweisung, ich glaube dir nichts mehr."

Rola sagte: „Habe ich wohl schon Feuer mit angemacht."

„Und den Pfandschein?"

Rola sagte: „Habe ich verwahrt. Hast du nichts anzuziehen? Ob dein Anzug hier oder im Pfandhaus im Schrank hängt, stört ihn nicht."

Leo sagte: „Nicht einmal hörst du zu, nicht einmal machst du den Versuch, dich zu bessern. Du widerst mich an!"

Rola sagte: „Das überrascht mich nicht. Dir geht es nur wie den meisten, die mich kennen. Aber ein Bückling riecht nicht plötzlich anders, als er immer gerochen hat."

Leo sagte: „Das ist meine Mutter, eine verlogene alte Diebin."

Rola sagte: „Du wirst alt, du redest immer dasselbe."

Leo sagte: „Halt dein verdammtes Maul!"

Rola sagte: „Das könnte ich machen, aber mir kommt so ein blödes Ding in den Sinn. Ein Kind habe ich einmal im Eisenbahnkasten gekriegt, ist natürlich keins geworden. Ich habe es in einen Strumpf gesteckt, ich hatte im Winter auf dem Güterzug dicke Wollstrümpfe an. Sogar im Bremskasten kann man liegen, wenn man nicht mehr sitzen und stehen kann. Beine kann man nicht recht ausstrecken, was stört einen das noch, wenn einem die Trompeten schon in den Ohren blasen. Draußen lag Schnee, drinnen ich mit einer halben Flasche Schnaps, die ich gerade für einen Velourhut eingetauscht hatte. So schnell stirbt es sich nicht. Ich habe nur kleine Schlucke getrunken, aber die haben es gemacht, war wieder warm. Das Kind habe ich in einen Aschkasten gelegt, ungefähr groß wie ein Babyschuh. Wie einem das im Moment einfällt."

Leo dachte: Sie lügt. „Wie bist du wieder nach Hause gekommen?"

Rola sagte: „Mit meinem Zug. Nachher haben sie mich auf dem Schlitten nach Hause gezogen, ich habe gesagt, mir ist mit einemmal so übel." Sie steckte den Daumen in den Mund und biß darauf. „Wenn der Papst wüßte, was alles passiert, hätte er mit dem Herrgott nichts mehr im Sinn."

Leo sagte: „Du deckst dich nicht gut zu, man sieht dich morgens nackt liegen."

Rola sagte: „Ich brauche Luft. Ich bin schon froh, wenn mir meine Kinder und die englischen Flieger überhaupt ein Auge voll Schlaf gönnen." Sie breitete das Korsett auf den Schenkeln aus. „Oma weiß es nicht, Opa weiß es nicht, dein Vater weiß es nicht, Ingo weiß es nicht, nun weißt du es." Sie sah den blauen Bremskasten und den blauen Schnee. An den tollen Mist habe ich lange nicht mehr gedacht.

Die grüngestrichenen Holzbuden der Flakscheinwerferstellung standen links vom Feldweg mit großen Abständen in einer Reihe nebeneinander, Unterkunft der Mannschaft I, Unterkunft der Mannschaft II, Haus des Unteroffiziers, Unterkunft der Flakhelfer, Haus des Kochs, Werkzeug- und Gerätehaus. Zehn Meter vom Scheinwerfer war die Unterkunft der Hiwis aufgestellt. Vom Feldweg führten breite Lattenroste direkt auf den Scheinwerfer und das Horchgerät zu. Scheinwerfer und Horchgerät hockten unter schweren grauen Planen, über Tag Übung: Abdecken, Zudecken, Licht an, Abblenden, Einrasten. Rechts vom Feldweg stand in einem großen Schuppen der Maschinensatz, Aggregat für Stark- und Schwachstrom, das hundertachtadrige Kabel lief unter dem Weg hindurch zum Scheinwerfer. Der Rübenacker um die Stellung herum war nicht bebaut. Auf dem übrigen Gutsland wuchsen Korn und Raps. Bis zum Dunkelwerden arbeiteten verschleppte Russinnen auf den Feldern, sie legten zusammengefaltete Säcke auf die feuchte Erde, auf der sie knieten. Am fernen Waldrand traten abends Rehe zwischen den Tannen hervor, man sah sie mit bloßem Auge, noch besser mit dem Postenfernglas.

Nino ließ die Beine vom schmalen Fensterbrett in die Luftwaffenhelferbude hängen. „Die russischen Mädchen grinsen nie."

Leo sagte: „Ich lächle sie manchmal an und winke. Sie lächeln nie, bisher hat keine zurückgewinkt."

Gerhard sagte: „Sie grinsen erst wieder, wenn sie zu Hause Kartoffeln ernten." Er saß auf dem Rand seiner Pritsche und trommelte mit zwei Fingern auf einem Holzhocker.

Leo sagte: „Ich möchte lieber verreckt sein als in Sibirien arbeiten."

Nino sagte: „Herbst ist besser für sie, dann haben sie Kartoffeln."

Gerhard sagte: „Naiv. Werden gefilzt. Guck die Typen hier am Scheinwerfer an. Wagner und Wittig kümmert nichts anderes als ihr Vergnügen."

Nino sagte: „Wem willst du langer Held das verbieten? Sie haben den dicken Koch und warmes Essen. Braucht man sich nur noch um eine bessergestellte Zigarettenmarke zu kümmern."

Leo sagte: „Ahnungen umrahmen ihr Glück. Morgen werden sie plötzlich verladen und zuckeln dem russischen Winter zu."

Gerhard sagte: „Meinst du?"

Nino sagte: „Wir bedienen den Scheinwerfer Tag und Nacht, sie werden arbeitslos. Warum üben wir Sonntagsdienst ein?"

Kurt stand im Wachmantel neben dem Postenhäuschen, Nino, Leo, Gerhard schnalzten mit den Fingern und setzten sich sechs Schritte von ihm entfernt auf die Lattenroste.

„Kalter Sonntag." Leo grinste.

Kurt hob das große Fernglas von der Brust und guckte in den Himmel. „Wienke auf Flugzeugposten. Beobachtungsfeld von fünf über neun nach sechzehn."

Gerhard sagte: „Nino sagt, Bettina hat was für dich übrig."

Kurt sagte: „Halt das Maul."

Gerhard sagte: „Bettina sagt, du bist nicht sehr gefühlvoll, aber hast Gemüt."

Nino sagte: „Kinderchen. Ich weiß, wo ihr Jungen in Gedanken weilt."

Wassili stemmte beide Hände auf das Fensterbrett der Russenbude und rief: „Junges Deutschland. Ja, ja."

Nino sagte: „Kommt her oder bindet das Maul zu."

Wassili stellte sich neben Leo auf den Lattenrost, er sagte: „Ich habe geschworen, drei Finger. Wassili gelobt, gegen Bolschewismus zu kämpfen. Treu, tapfer und sein Leben einsetzen."

Leo sagte: „Hoffentlich kommst du beim Scheinwerferputzen nicht um."

Wassili sagte: „Wassili nein. Scheinwerfer gut putzen, gut einrasten, gut essen. Haha."

Peter und Achim, die beiden anderen Russen, trappelten auf dem Lattenrost heran, sie nickten. „Ja, ja."

Gerhard sagte: „Ihr wißt ja nicht einmal, woraus ein Scheinwerfer besteht."

Wassili lief an den Scheinwerfer und schlug mit der Hand auf die Drehstange. „Drehstange."

Nino rief: „Einrasten!"

Peter und Achim rannten auf dem Lattenrost um den Scheinwerfer und klinkten die Drehstange ein.

Achim zeigte. „Lampenregelwerk."

Leo rief. „Bravo."

Achim rief: „Kreuzröhrenlibelle."

Wassili sagte mit zurückgelegtem Kopf: „Inverthochleistungsgleichstrombogenlampe."

Nino sagte: „In der Kehle ist er nicht einmal ungeschickt."

Wassili sagte: „Achim stinkt."

Peter sagte: „Ja, ja."

Gerhard sagte: „Wassili, Peter, Achim, ihr alle drei stinkt. Ihr führt euch ungebührlich auf."

Wassili sagte: „Nein, nein."

Der Koch, Obergefreiter vom Dienst, guckte über den Scheinwerferwall. „Haben sie es wieder richtig gewußt?"

Leo sagte: „Alle drei. Auch die beiden anderen."

Der Koch rief: „Morgen wieder Nachschlag, ihr Freßluken."

Wassili zog die großen Zähne bloß. „Rußland gut, Weißbrot, Eier, Schinken, Speck. Deutschland Kartoffeln."

Der Koch sagte: „Du altes Arschloch."

Wassili sagte: „Kommt der General, sagt er: Guten Morgen, Wassili. Wassili, eine Papirossa? Mit Freuden, Genosse General. Tabak gut, Wassili? Sehr gut, Genosse General. Wassili sagt: Schönes Wetter, blauer Himmel, grüner Wald. Genosse General, Wassili hegt eine Bitte. Er möchte machen ein Duell mit Peter."

Leo lachte. „Mit dem da?"

Wassili sagte: „Nein, ein anderer. Genosse General, schöne Frau, zwei lieben sie. Sagt der Genosse General, Rapport an Stalin. Genosse Wassili möchte machen ein Duell mit Peter. Schreibt Genosse Stalin: Wassili Pergamentow, der tapfere Genosse, soll machen ein Duell."

Gerhard schlug sich auf die Schenkel. „Wassili, der tapfere Genosse!"

Leo sagte: „Hast du gesiegt?"

Wassili sagte: „Wassili hat gesiegt. Der andere ist tot. Wassili empfing überall Wunden." Wassili zeigte an die Ober- und Unterschenkel, an die Oberarme, an die Brust. „Peter ganz tot."

Der Koch rief: „Habt ihr mit Schrapnells duelliert?"

Wassili sagte: „Mit Schrapnells."

Kurt, der Flugzeugposten, hüpfte im Mantel vor dem Postenhäuschen. „Er hat keine Ahnung, was ein Schrapnell ist."

Nino sagte: „Die beiden haben durch ein Sieb duelliert. Der Kasper zieht uns und sich gewaltig auf."

Leo sagte: „Zeige deine Wunden."

Wassili zog die Jacke aus und hielt seine weißen Arme hin. „Alles verheilt."

Der Koch sagte: „Ein Arschloch ist das."

Wassili sagte: „In Afrika hat Deutschland den Krieg verloren." Er zeigte seine deutsche Illustrierte. „Rommel geht, Eisenhower kommt." Er lachte. „Ja, ja."

Gerhard sagte: „Ich denke, du bist hilfswillig."

Wassili sagte: „Hilfswillig." Er zeigte auf die Photographie eines Panzers in der Illustrierten. „Königstiger."

„Richtig." Der Koch hielt seinen Daumen auf das Blatt. „Wer ist das?"

Wassili sagte: „Schauspielerin. Ilse Werner."

Kurt rief: „Habt ihr in Rußland überhaupt schon Leinwand?"

Wassili sagte: „Am Batteriegefechtsstand Bettlaken im Kino."

Peter zog die Augen klein und bildete aus Zeigefinger und Daumen einen Ring. Er stieß den Zeigefinger der anderen Hand hindurch. „Natura. Hahaha!"

Der Koch sagte: „Fehlt noch, daß ihr hier bevölkerungspolitisch aktiv werdet."

Wassili hielt zwei russische Zeitungen auf den flachen Händen, den Trud und den Bielaruski Rabotnik. „Alles steht hier. 'Der Beginn des amerikanisch-englischen Abenteuers in Nordafrika. Der einfache Italiener denkt: Kommt nur!'" Er lachte. „Wassili liest mit Kopf, nicht nur mit Augen."

Der Koch sagte: „Ich habe immer gesagt, das ist ein ganz verschlagener Hund."

Nino sagte: „Kasper ist er. Weiß nicht, wo oben und unten ist."

Wassili sagte: „Erst Italien kaputt, dann Deutschland kaputt."

Gerhard sagte: „Erst Rußland kaputt."

Wassili lachte: „Ja, ja. Sehr kaputt. Dann Frankreich, dann England."

Leo sagte: „Ich denke, du bist ein Hiwi."

Wassili sagte: „Ja, Hiwi."

Wagner, der Scheinwerferunteroffizier, trug eine zusammengerollte Wolldecke unterm Arm und kam über die Lattenroste heran. „Vergnügt euch wie im Zirkus, was. Ihr vollgefressenen Bären aus dem Osten."

Der Koch sagte: „Ein Arschloch ist er."

Wagner sagte: „Machst dich gut am Scheinwerfer, Wassili. Spitze Peter und Achim noch ein wenig mehr an, damit sie gelenkig werden."

Kurt meldete: „Luftwaffenhelfer Wienke auf Flugzeugposten. Beobachtungsfeld von fünf über neun nach sechzehn."

Wagner sagte: „Ja, ist gut."

Der Koch sagte: „Der Milchmann war vorhin da."

Wagner nahm eine kleine Milchkanne in die freie Hand und ging am Maschinenschuppen vorbei auf einem schmalen Weg quer übers Feld.

Nino sagte: „Er weiß zu leben, guck an."

Der Koch sagte: „Niederträchtiges Biest."

Kurt sah durchs Fernglas Wagner nach, der zu einer Feldscheune ging.

Gerhard sagte: „Was macht er da?"

Der Koch sagte: „Ja, was macht er da, wenn das Mädchen schon bereitliegt."

Nino sagte: „Ich wünsche ihm Alarm."

Der Koch sagte: „Dann ist es mit unserem Frieden aber auch aus."

Leo sagte: „Ich wünsche ihm nichts. Das ist das beste, was man sich wünschen kann."

Annerose, Karl Orths Frau, öffnete Leo die Wohnungstür. Sie sagte: „Julia ist noch nicht gekommen. Vielleicht kommt sie mit der nächsten Straßenbahn." Sie schlug auf das Fußende der Couch. „Hinsetzen."

Leo sagte: „Sie hat mir geschrieben, sie und ich seien bei dir eingeladen."

Annerose sagte: „Sie kommt noch. Ein bißchen knabbern können wir schon."

Sie trug ein violettes ärmelloses Kleid. Ihre Lippen waren sehr dunkel und breit. Unter dem kurzen braunen Haar sahen die Ohrläppchen hervor.

„Sonntag will Julia aufs Dorf zurückfahren. Bis dahin will sie alle Leute besuchen, einkaufen und alles gesehen haben. Julia will immer viel."

Leo biß in einen Keks. „Julia ist furchtbar schnell."

Annerose lachte. „Ja, das ist richtig. Sie wollte Zeltaufstellen und Essenkochen immer zugleich. Etwas verrückt, aber lebendig."

Leo sagte: „Diesen Schrank und die Kommode hat Nellys Vater gemacht."

Annerose sagte: „Die Möbel sind sowieso so wie bei Ingo und Nelly, nur um die Hälfte kleiner und billiger. Hätte ich Geld, würde ich nicht einmal andere kaufen."

Leo sagte: „Alte Bürgerin."

Annerose zuckte die Achseln. „Man will leben, das ist eigentlich alles. Die Gegenstände können einen sogar stören, wenn man denkt und fühlt. Zwei Couchen, ein Tisch, das ist wirklich genug."

Leo sagte: „Woran denkst du?"

Annerose sagte: „Ich habe zwei Kinder und einen Mann. Ich bin um Gedanken nicht verlegen. Wohin geht mein Leben, während ich Wäsche wasche? Daran denke ich."

Leo sagte: „Warum denkst du nicht in deiner Freizeit?"

Annerose sagte: „Das denke ich in der Freizeit. Wir gießen ein, ob Julia kommt oder nicht." Sie goß aus der schwarzen Kanne Tee in die schwarzen Tassen. „Moderne Farbe."

Leo sagte: „Deine Plätzchen sind gelungen. Sie schmecken nach Bienen und Heide. In Marienwerder kennen sie einen besonderen Teig."

Annerose sagte: „Lobe mich als gute Bäckerin. Das ist wirklich meine beste Backkunst."

Auf dem Bord im Schrank lehnte eine Photographie, auf der Karl, Wolfgang und Jochen zu sehen waren. „Alle deine Männer auf einen Blick."

Annerose sagte: „Besonders für die vorderhügelige Verwandtschaft gemacht." Sie zog mit den Fingerspitzen das Kleid über der Brust vor. „Wolfgang fünf, Jochen drei. Sie sind heute bei der einen, übermorgen bei der anderen Oma. Hör, welches Schlaflied Karls Mutter ihnen vorsingt.

Schließe die satten Guckäuglein zu,
alles ist ruhig und still wie im Grab,
ich wische die Fliegen dir ab."

Leo sagte: „Rabiate Großmutter. Könnte auch meine Mutter singen."

Annerose sagte: „Ja. Wann steht dir der nächste Bruder bevor?"

Leo sagte: „In vier Wochen. Vielleicht auch eine zweite Schwester."

Annerose sagte: „Ich möchte einen Brief schreiben. An Gott, so es dich gibt. Warum hast du eine unanständige Welt geschaffen? Die jungen Männer wissen, wie es zwischen den Beinen der Frauen aussieht, und du läßt sie noch Brüderlein kriegen. He, oben, findest du es nicht unanständig, daß wir irgendwo sitzen und für etwas ganz Notwendiges Papier brauchen?"

Leo lachte. „Wenn man will, kann man alles für mißlungen halten."

Annerose sagte: „Vermißt du Julia?"

Leo sagte: „Im Augenblick wenig."

Annerose sagte: „Was ziehst du vor, Nellys rote Haare oder Julias schwarze Strähnen?"

Leo sagte: „Ich habe noch nicht gewählt. Julia kenne ich zu wenig, und Nelly ist verheiratet."

Annerose lachte. „Julia auch. Guck, das vergißt du."

Leo sagte: „Wenn jemand verheiratet ist, denke ich daran."

Annerose sagte: „Auch bei mir?"

Leo sagte: „Bei dir besonders."

Annerose sagte: „Was siehst du, wenn du in die Augen der Frauen blickst?"

Leo sagte: „Nichts. Sie halten die Vorhänge geschlossen."

Annerose sagte: „Aber welche Farbe hat mein Kleid?"

„Violett."

Annerose sagte: „Die Farbe der Undurchschaubarkeit, danach kommt gleich die Farbe der Finsternis. Völlig undurchschaubar."

Leo sagte: „Warst du schon in der Finsternis?"

Annerose sagte: „Eigentlich ist man immer drin. Guck Netteres an." Sie schob Leo Photographien hin. „Hat Karl gemacht, Annerose. Mutter und Kind. Wieder Annerose. Da, Nackte. Karl muß immer Nackte photographieren."

Leo sagte: „Bist du auch dabei?"

Annerose sagte: „Karl hält sich ans Original. Für mich sind schöne Frauen, wenn sie Kleider tragen, noch schöner."

Leo sagte: „Das runde Kissen auf der Couch ist auch violett."

Annerose lachte. „Eine Gabe und der Geschmack der Großmütter. In gewissen Lagen hilft es mir, das Glück zu ergänzen."

Leo sagte: „Karl habe ich zuletzt gesehen, als er bei meiner Großmutter im Garten saß."

Annerose nickte. „Ja. Nacktsein ist gefährlich, denn dann müssen die Damen den Mund aufmachen. Der Körper ist völlig stumm, er redet nur in den Phantasien der Liebhaber."

Leo sagte: „Du illustrierst überzeugend. Ich habe noch keine nackte Frau gesehen."

Annerose sagte: „Keine Frau will wirklich einen klugen Mann haben. Frauen wollen herrschen, sie sind schwach, sie sind so schlau, es die Männer nicht merken zu lassen."

Leo sagte: „Herrschst du?"

Annerose sagte: „Immer. Alle Frauen müssen es. Ich schicke sogar Karl los, Unterwäsche für mich zu kaufen. Es selbst zu tun wäre für mich zu mühsam. Ich müßte entscheiden, was ich wirklich haben will. Ich ziehe an, was er bringt."

Leo sagte: „Du hast keinen Ehrgeiz."

Annerose sagte: „Ich weiß nicht, ob ich überhaupt irgend etwas habe. Ich bin vierundzwanzig Jahre, aber ich könnte auch sechzehn oder sechzig sein. Mitunter habe ich das Gefühl, ich habe schon alles gesehen, dann wieder, ich habe noch nichts gesehen."

Leo sagte: „Sechzig bist du noch nicht. Ich halte dich aber für ziemlich klug."

Annerose sagte: „Ich denke über vieles nach, aber ich handle zu wenig. So sehe ich mir zu, anstatt etwas zu tun. Hör mal, Leo, wie findest du Taten?" Sie drehte Leos Gesicht zu sich hin und küßte seinen Mund.

Leos Geschlechtsteil sprang hoch. Er spürte Anneroses Brustwarzen, die sie gegen sein Hemd rieb. Leo hielt beide Hände auf Anneroses Rücken und preßte seinen Mund auf ihre Lippen.

Annerose sagte: „Reiß doch wenigstens mein Kleid hoch!"

Leos Hand berührte sofort Anneroses Schamhaar.

Annerose sagte: „Karl riecht sofort, wenn ich keine Hose anhabe. Du merkst nichts."

Leo sagte: „Annerose, ich möchte es lieber nicht tun. Wir setzen uns wieder hin."

Annerose rief: „Bleib stehen. Du Idiot. Steck wenigstens ein paar Finger mehr rein."

Leo sagte: „Karl ist im Krieg. So gemein möchte ich ihn nicht betrügen."

Annerose legte den Kopf zurück. „Karl lacht über dich. Ach, Leo!" Sie faßte mit beiden Händen Leos Nacken und stieß mit dem Bauch gegen seine Finger.

Leo krallte eine Hand in ihre Schulter.

„Guck." Annerose hob die Arme und zeigte ihr Achselhaar. „Haar ist unanständig. Deine Finger sind so schön naß."

Leo beugte sich vor und biß Annerose in den Hals.

Sie trat einen Schritt von Leo weg. „Na, gut. Soll es mir eben reichen."

Leo hielt seine Hand auf dem Rücken, damit Annerose seine klebrigen Finger nicht sah.

Annerose sagte: „Strecke die Hand vor. Ich wische deine Pfote ab."

Leo sagte: „Ich möchte nicht von mir denken, ich hätte die Gelegenheit ausgenutzt."

Annerose sagte: „Ich bin von dir enttäuscht. Aber mir hat es auch so gefallen."

Leo ging auf Annerose zu und schob seinen Mund ganz über ihre Lippen.

Annerose sagte: „Ist gut, ist gut. Paß auf, daß ich nichts Dummes sage. Wenn schöne Frauen Dummheiten sagen, werden sogar junge Männer hellhörig."

Leo sagte: „Ich bin jetzt ganz hungrig." Er biß in ein Plätzchen.

Annerose sagte: „Passiert mir häufig." Sie drehte den Teelöffel in der leeren Tasse. „Ich würde in dem Brief an den himmlischen Herrn auch schreiben: Du läßt das Haar an manchen Stellen zu üppig wachsen. Vogel, was soll das!"

Rola weckte Leo. „Er ist da. Steh auf. Er hat Angst um sein Leben."

Leo sagte: „Grüß den Franzosen. Wenn ich ausgeschlafen habe, komme ich auch in den Bunker."

Rola rüttelte Leo. „Steh jetzt auf. Die Sirenen gehen schon wieder."

Leo stieß Rolas Hand weg. „Entwarnung. Ihr beide laßt einen nicht zur Ruhe kommen."

Klaiber stand im dunklen Türrahmen. „Bist du wach, Leo! Besser, wir haben sie unten."

Leo suchte vor dem Bett nach seinen Socken. „Mitten in der Nacht möchte ich nicht barfuß gehen."

Klaiber ging im hellen Gabardinemantel vom Hauseingang über das Steinpflaster des Hofes zum neuen Bunker.

Rola hüpfte vor Leo die Treppenstufen hinunter. Leo dachte: Wie sie wackelt mit dem steifen Bauch. Hinter den Scheiben des Treppenhausfensters sah er den rosa Himmel. Wird es schon hell? So spät schon? Rola riß die Hände an die Schläfen. Sie erschrak: Wo ist denn Birga? Das Holz des Treppenhausfensters sprang Leo auf Nacken und Rücken. Er drehte sich um.

Wie wenig man vom Glas hört, fast wie Sand. Die Flakabschüsse blitzten, eine Bombe tobte.

Unten am Treppenabsatz griff Rola im grünen Licht nach dem Geländerknauf. Sie sagte zu Leo: „Kommst du weiter mit?"

Leo sagte: „Was sollen wir sonst machen?"

Über dem Dach des Vorderhauses hing der Mond. Einzelne Splitter klickerten auf die Dächer.

Frau Bokeloh sagte: „Da sind doch Frau Klaiber und Leo. Ich dachte schon, ihr wolltet wieder oben bleiben."

Rola sagte: „Unser Alter ist da."

Frau Paukstat, Flurnachbar Klaibers, lehnte den Kopf an die Bunkerwand zurück. „Was ist nun passiert?"

Leo sagte: „Irgendwo in der Nähe ist eine Bombe runtergegangen."

Frau Paukstat faßte auf Leos nackten Arm. „Wie bist du staubig."

Klaibers Atem roch nach Bier. „Was ist da im Treppenhaus passiert?"

Leo sagte: „Das Fenster ist zerbrochen."

Klaiber sagte: „Sieh dich nachher vor beim Raufgehen, Karoline."

Rola dachte: Quatschkopf. Wäre er, wo er hingehört. „Was ist, Stück Brot habe ich jetzt nicht, Harry. Birga, sitz ruhig auf dem Schoß."

Frau Bokeloh sagte: „Ich bin so furchtbar müde. Meiner ist auf Montage."

Im Wintermantel, einen grauen Hut auf dem Kopf und mit einer Aktentasche in der Hand humpelte Herr Köppen, Haus eins, erste links, mit seinem steifen Bein in den kleinen Bunker.

Frau Bokeloh sagte: „Im Winter kommst du mit der Badehose her."

Herr Köppen nickte. „Ist so, ist so."

Herr Tiemann, der Luftschutzwart, rief Rola zu: „Ein paar Augenblicke, dann ist Entwarnung."

Herr Otto, der Handschuhmacher, Parterre, sagte: „Das Wetter macht durstig."

Herr Opfermann rief vom Eingang in den Bunker: „Das Vorderhaus brennt schon."

Leo sah zu Frau Paukstat, Frau Bokeloh, Frau Opfermann, sein Blick sprang die Reihe der Gesichter entlang. Er dachte: Sie sehen alle wie alte Affen aus.

Herr Tobien, Haus eins, zweite Etage, rauchte vor dem Bunkereingang eine Zigarre. Er stieg die Stufen zum Bunker hinunter und behielt die Zigarre im Mund. „Zandernstraße brennt jetzt, wer es sehen will."

Karla Opfermann rief in den Bunker hinunter: „Das Vorderhaus brennt längst."

Herr Tiemann sagte: „Haus drei brennt schon."

Herr Tobien steckte die Hände in die Hosentaschen. „Wir wollen löschen."

Herr Ziemank, Haus zwei, Parterre links, sagte: „Und woher wollen Sie das Wasser nehmen? Na, sehen Sie. Das ist nämlich eine ganz hübsche Pracht, wenn man sich umsieht."

Leo dachte: Lauter Idioten. Er lief über die Steinplatten zum Hauseingang. Er hörte auf der Treppe die Glasscherben unter den Schuhen klingeln. Er lief über den Korridor ins Schlafzimmer und schob im Kleiderschrank die Mäntel und Kleider zusammen und rannte in den kleinen Bunker. Er lief wieder nach oben, warf seine Bücher in den Waschkessel und trug sie nach unten. Auf dem Korridor griff er seinen Regenmantel, einen abkühlenden Topfkuchen und ein Bündel Rhabarberstangen. Keiner außer mir im Haus rennt nach oben. Was haben sie?

Im Bunker hockten die Frauen auf der langen Bank nebeneinander und warfen Hals und Kopf vornüber, wenn eine Bombe einschlug.

Frau Bokeloh sagte: „Ist heute heftig."

Rola nickte. „Kann man sagen."

Herr Köppen sagte: „Das ist vorbei. Hier haben wir zwanzig Jahre gewohnt."

Frau Bokeloh sagte: „Du hast in der Nacht aber auch Gedanken."

Leo sagte: „Frau Bokeloh, Sie kommen nicht wieder in die Wohnung."

Frau Bokeloh sagte: „Hole meine Marmelade, Leo. Küchenschrank, ganz unten links. Zwei große Gläser."

Rola sagte: „Aber dann nicht mehr, Leo."

Frau Paukstat schlug die Hände ineinander und sagte: „Bitte, bitte, laß alles gutgehen. Vater, Vater, hilf uns."

Frau Bokeloh sagte: „Paukstat, doch nicht das. Unsere Klaiber soll noch ein Kind kriegen."

Frau Paukstat sagte: „Aber wer hilft uns?"

Frau Tiemann sagte: „Morgen im Hellen sieht alles anders aus."

Herr Tiemann stand im Bunkereingang. „Wasser brauchten wir, das wäre ein schönes Löschen."

Die korngelben Flammen kletterten vom Hauseingang zum Dach empor. Aus dem Dachstuhl wedelten die Flammen.

Im Vorderhaus warf jemand Bettzeug und Matratzen vom Balkon. Er hängte sich ans Balkongitter und sprang dann nach.

„Herr Schwedt, haben Sie sich was getan?" Karla Opfermann kicherte, sie beugte sich zu ihrem Nachbarn.

Auf den Steinplatten der Terrasse lagen lange Brandbombenstäbe und sprühten Flämmchen aus.

Leo dachte: Sie sind wie jeden Tag. Alle sind verrückt.

Herr Kilian, Blockluftschutzwart, legte die Hände um den Mund und rief in den Torweg: „Nach drüben, nach drüben!"

Herr Köppen nickte im kleinen Bunker. „Es ist schon besser, wir verlassen das Rattenloch. Die Häuser stürzen über den Ausgang."

Frau Paukstat griff Leo am Arm. „Ich will mit!"

Leo sagte: „Gehen Sie zuerst." Er klemmte sich die Kuchenform und das Bündel Rhabarber unter den Arm. „Warte." Er faßte nach Rolas Handgelenk.

Aus dem Dachstuhl des Vorderhauses hüpften Holz und Funken. Leo sagte: „Wir gehen langsam."

Herr Kilian hatte einen großen Feuerwehrhelm auf und schwenkte im gekachelten Torweg die Arme. „Im großen Bunker bei der Kirche ist noch genug Platz. Stehenbleiben, Brandbomben."

Harry lief mit eingezogenem Hals, Klaiber zog Birga an der Hand mit. Rola ging langsam zum Kantstein. Sie dachte: Ich muß mich einen Augenblick hinsetzen. Sie grinste. Stamms Friseurladen ohne Scheiben. Sie warf die Arme hoch und rannte quer über die Straße, während sie eine Bombe dröhnen hörte. Leo dachte: Verflucht, sie ist schnell. Sie hat Beine wie ein Läufer, darüber der dicke Bauch. Der hüpft! Sieht wie ein Rotkohl aus. Rola ging die Stufen zum Eingang des großen Bunkers hinauf, als sei ihr Körper leicht wie Wolle. Wie es dem da drinnen wohl bekommt. Nicht jetzt auch noch mit dem Mist anfangen.

Frau Bokeloh sagte: „Wo soll ich hier schlafen?"

Leo sagte: „Auf dem Fußboden."

Rola sagte: „Ich stehe nicht wieder auf." Sie streckte die Beine lang von sich und lehnte sich an die Wand des Bunkers.

Karla Opfermann tippte mit der Schuhspitze gegen Rolas Schuh. „Und Sie sind immer dran. Fünf magere Jahre, dann ein fettes. Hahaha."

Rola sagte: „Sie sind ja vergnügt."

Karla Opfermann sagte: „Ich kann lachen, ich kann weinen. Beides habe ich nicht, kein Bett und keinen Freier." Sie lachte. „Hihihi."

Klaiber sagte: „Fräulein Karla, Sie sind auch in dieser ungewöhnlichen Lage bezaubernd schön."

Rola sagte: „Halt dein Maul. Gucken am Schluß die Leute."

Leo erzählte Frau Bokeloh: „Ich muß zum Arbeitsdienst. In sieben Tagen muß ich mich beim Wehrbezirkskommando melden. Dann sehe ich weiter."

Frau Paukstat rief: „Und die Wohnungsschlüssel für meine Wohnung, die es nicht mehr gibt, habe ich bei mir."

Rola sprach laut: „Ich komme natürlich nur im Bummelschritt die Treppe nach unten. Leo hat schützend seine Arme ausgebreitet, als die Bombe das Fenster einriß. Ich lebte schon längst nicht mehr, wenn er nicht die Geistesgegenwart besessen hätte. Von unten blicke ich zu ihm, und er steht da, als wollte er Nacht und Brand bändigen. Über die Straße bis zum Bunker ist er als einziger Schritt für Schritt neben mir gegangen, mein Mann war längst nicht mehr zu sehen, er hatte ja auch mit Birga und Harry zu tun. Ich habe alle um ihr Leben rennen sehen, ich konnte nicht schneller, da ist er auch gegangen."

Leo dachte: Alle lügen. Ich bin genauso schnell gelaufen wie sie. Das war Zufall, daß das Holz auf meinen Rücken gefallen ist. Sie ist gelaufen, ich habe ihren Bauch hüpfen sehen.

Frau Bokeloh sagte „Ist das Entwarnung?"

Karla Opfermann sagte: „Ist doch längst gewesen."

Von den Stufen am Eingang des großen Bunkers sah Leo Herrn Kruse, den Milchmann, der die Milchkannen vor seinen Laden trug. Quer über die Straße ging ein Mann unter einem umgestülpten Sessel. Aus der Parterrewohnung des Vorderhauses trug Herr Töpfer die Längsplanken eines Bettes heraus. Vor die Wand des großen Bunkers stellten Männer und Frauen Sofas, Chaiselongues und Stühle.

Herr Tobien schob die Hände in die schrägen Taschen seiner Winterjoppe und zog sie wieder heraus. „Wir hätten sofort löschen sollen. Das ist die Meinung, die ich vertrete."

Herr Tiemann schüttelte den Kopf. „Einen Brandherd hätten wir gelöscht, auch drei, aber es waren doch plötzlich achtzig da."

Herr Kilian, Blockluftschutzwart, sagte: „Die Brandbombenstäbchen huschten wie Ratten aus dem Himmel. Überall, wo ich war, Schererstraße, Trommelweg, Bergallee." Die Gasmaskenbüchse schaukelte vor seiner Jacke.

Rola saß im Bunker auf einem Polsterstuhl, Leo sagte: „Harry, wir suchen woanders Platz."

Harry hielt sich vor dem Bunker an Leos Handgelenk fest. Sie gingen am Löschwasserbecken hinter der Kirche vorbei, das Becken war dreiviertel voll wie immer. Keiner hat Wasser geholt. Leo sagte: „Komm, wir gehen rein."

In der Kirche standen die Kirchenbänke im blauen Schatten. Rechts vom Eingang saßen Menschen auf weißem Bettzeug. Hinter den bunten Kirchenfenstern flatterten die Schattenarme der Flammen.

Leo sagte: „Wir legen uns Kopf an Kopf, die Beine ausgestreckt."

Harry sagte: „Ich will bei dir liegen." Er legte den Kopf auf Leos Brust.

Leo sagte: „Sprich langsam. Schlaf." Er stottert.

Harry sagte: „Auf den Weiden sind die Tiere jetzt tot."

Leo sagte: „Die Kirche steht weit von allen Häusern, die Flammen greifen nicht auf sie über."

Harry griff mit den Fingern in Leos Gesicht. „Ich möchte hier raus." Er stotterte, erst kam Luft, dann sprangen Worte aus seinem Mund.

Auf dem leeren Platz vor der Kirche, auf dem am Tage die Straßenbahn wendete, bewegten sich die kleinen Ahornbäume im Schein der brennenden Häuser. Leo und Harry gingen zur öffentlichen Toilette hinüber. Aus der Klosettschüssel wuchs der schwarze Kot wie ein Kopf. Harry setzte sich zwischen die vielen Kothaufen vor dem Backsteinhäuschen.

Im großen Bunker lachte Karla. „Leo, du hast Kuchen gerettet. Er schmeckt."

Rola sagte: „Ja, jetzt ist er abgekühlt. Ich sitze hier wie die Herzogin von York, die nicht mehr vom Thron kommt."

Klaiber tippte auf die Stuhllehne und auf Rolas Schulter. „Wie geht's? Und wie geht's jetzt? Geht es dir besser?"

Rola sagte: „Ich möchte liegen. Das sage ich, seitdem ich das Licht der Welt erblickt habe."

Klaiber sagte: „Also machen wir uns fertig, Leo, und gukken nach Georg Renner."

Leo sagte: „Gehen wir los." Nichts fertigmachen, losgehen! Was redet er!

Klaiber und Leo gingen im violetten Halblicht der Flammen in der Mitte der Straße. In den Querstraßen, in die sie einbiegen wollten, leuchteten die zuckenden Flammen. Klaiber und Leo gingen auf die Kleingärten am Stadtrand zu, sie gingen neben der Friedhofsmauer und unterhalb des Bahndammes entlang. Gegenüber den Geleisen der Stadtbahn standen die hohen Etagenhäuser dunkel und still. Klaiber und Leo gingen die lange breite Straße abwärts, die zu den Schlachthöfen führte. Eine kurze dicke Bombe lag auf dem Straßenpflaster, im handhellen Licht lag die nächste. Wo sind die Menschen? Sie sind im Bunker oder schlafen schon wieder. Drei kleine Häuser und die Selterbude am Sportplatz brannten.

Klaiber und Leo bogen in die Passage, in der Georg Renners Wohnung lag.

Leo klinkte die Wohnungstür auf, Georg Renner sagte vom Bett her: „Hallo."

Klaiber sagte: „Georg, wir kommen als Vagabunden."

Georg Renner sagte: „Dann lebt ihr ja. War eine ziemliche Bewegung in der Luft."

Klaiber sagte: „Wir sind abgebrannt. Mit der Wohnung ist es aus."

Georg Renner sagte: „Das hier soll stehenbleiben."

Leo sagte: „Wir konnten nicht durchkommen, wir mußten den Weg am Bahndamm entlang nehmen."

Georg Renner zündete ein Talglicht an, das auf dem Nachttisch stand, und stellte sich im gestreiften Nachthemd vor das Bett.

Leo dachte: Was für ein schwarzer Schnurrbart, ich denke, der ist rot.

Georg Renner stand schief vor dem Bett, aus seinem Mund kamen Worte. „Kommt her. Ich werde dann warten." Er setzte sich auf den Bettrand und drehte Klaiber und Leo das Zifferblatt des Weckers zu. „Ich bin um Viertel nach zwölf aufgewacht."

Leo sagte: „Sechs Uhr. Ich hätte gedacht, es sei viel früher oder viel später."

Georg Renner sagte: „Ich muß mich hinlegen. Die Pumpe traktiert mich."

Klaiber und Leo gingen durch die dunkle Pottstraße. Die Schlachthöfe rochen nach verkohltem Holz. Am Bahnhofsplatz mußten sie nach rechts abbiegen. Die breite leere Straße vor den Krankenhäusern glänzte wie nasse Schwarte. Den Weg zum Kanal gingen sie mitten auf der Straße neben den Straßenbahnschienen, die brennenden Etagenhäuser standen weit von der Fahrbahn hinter den tiefen Vorgärten. Das Wasser im Kanal spiegelte den grauen Himmel. Das schmale, zweistöckige Haus, in dem Zielander gewohnt hatte, brannte. Klaiber und Leo gingen immer in der Mitte der Straßen. Die Flammen in den brennenden Häusern knisterten und seufzten.

Karla Opfermann sagte im großen Bunker: „Regnet es? Ihr seid ja ganz naß."

Leo sagte: „Ja, es muß regnen. Ich habe gar nichts gemerkt."

Frau Bokeloh sagte: „Leo, du hast schwarze Arme."

Leo sagte: „Es ist noch immer dunkel. Wir warten, bis die Rauchwolken weg sind."

Herr Köppen sagte: „Vor Mittag wird es nicht hell. Wer mag überhaupt noch die Welt sehen wollen?"

Harry sagte: „Liegt Opa im Bett?"

Leo sagte: „Auf seinem Nachtschrank liegen Glasmurmeln von dir. Du kannst gleich klickern gehen."

Klaiber und Leo gingen zur Lebensmittelkartenausgabestelle.

Klaiber sagte: „Ich schlage mich sofort zu meiner Dienststelle durch. Wer weiß, wie viele Tage ich brauche, ehe ich da bin."

Leo sagte: „Kein Hahn kräht, wenn du einen Tag länger bleibst."

Klaiber sagte: „Dir lege ich ans Herz, bemühe dich um deine Mutter. Sei ihr Stütze und bringe die beiden Kleinen gut durch."

Leo sagte: „Du könntest noch länger hierbleiben."

Klaiber sagte: „Mir schwant nichts Gutes. Sie setzen mich vor die Tür oder hängen mir einen Prozeß wegen Fahnenflucht an."

Leo sagte: „Was hast du?"

Klaiber sagte: „Ich fühle mich nicht wohl. Ich glaube, sie nehmen es zum Anlaß, mich in den Dreck zu stoßen." Er stellte sich in der Toilette der Lebensmittelkartenausgabestelle auf die Brille des Klosetts und rieb mit dem Wasser aus dem Spülkasten seinen hellen Gabardinemantel ab.

„Hättest du gedacht, daß hier Wasser ist?" Leo lachte.

Klaiber rieb mit dem nassen Taschentuch auf den Mantelärmeln. „Wie ein Schwein sehe ich aus. Was sollen die Kollegen und Offiziere von mir denken."

Leo dachte: Der Mann hat doch einen Stich. Steht auf der Klosettbrille und putzt seinen dreckigen Mantel.

Er sagte zu Klaiber hinauf: „Nimm doch den Mantel über den Arm."

Klaibers Unterlippe zitterte. „Der Mantel muß sauber sein. Ihr wißt, wo ihr schlafen könnt. Für mich zählt, daß ihr in relativer Sicherheit seid. Ich muß sehen, wie ich mich heraushaue."

Leo sagte: „Sei vernünftig. Dir passiert nichts." Er riß Klaiber am Ärmel. „Kümmere dich nicht um deinen Mantel!"

Klaiber standen Tränen in den Augen. „Leo, ich verstehe es nicht. Ausgerechnet mir muß das passieren. Hast du zufällig Seife?"

Leo sagte: „Nützt nichts. Der Dreck ist echt."

Klaiber sagte: „Bin ich schon einmal ein Wochenende auf Urlaub, passiert mir das. Leo, ich gehe jetzt, damit ich auf die Bahn komme."

Rola ging langsam neben Leo durch die sonnigen heißen Straßen, neben denen die herabgebrannten Häuser stöhnten. Birga und Harry starrten auf die ausbrennenden Etagenhäuser, in deren leeren Fenstern der blaue Himmel schwamm.

Rola verzog den Mund. „Ein Kind hat furchtbar mit Streichhölzern gespielt, kannst sehen, Birga."

Harry sagte: „Gar nicht wahr, das haben die Flugzeuge gemacht."

Rola sagte: „Hör nicht auf Harry, er erzählt dir dumme

Dinge, Birga. Hat ein böses Kind gemacht."

Leo sagte: „Wir können doch einen Augenblick stehenbleiben."

Rola sagte: „Möchte ich. Aber ich habe Angst, sie schütten uns die Suppe auf den nackten Kopf." Ich gucke demnächst nach unserem Haus, wenn ich wieder besser kriechen kann. Habe ich eine Zeitlang ganz gut gelebt. Hier sind alle Häuser weg. Da eben waren zwei weg, da sind wieder drei weg. Auch blöde. Hier stehen die Häuser, und mir müssen sie das Dach überm Kopf anzünden. Wäre er nicht gerade auf Urlaub dagewesen, hätten wir vielleicht verschlafen, und kein Engländer wäre gekommen, wer weiß.

Sie sagte: „Birga, laß dich nicht auch noch ziehen."

Gehen wird mir sauer, das war sonst nie. Ich mag das alles nicht mehr. Schluck schwarzen Tee und die Füße in kaltes Wasser stecken, paßte mir. Englische Heringe habe ich gern gegessen, englische Kohle brannte besonders lang, ich hatte gern Herren mit englischen Jacketts. Was sie nun gemacht haben, ist widerlich. Was soll ich überhaupt noch denken. Kopf ist mir ganz leer, ist alles zum Bauch gezogen. Wird mir mit jedem Schritt schwerer. Trägst wie ein Tier dein eigenes Kind spazieren. Der ganze Mist. Weg ist er wieder zu seinen Franzosen, bloß gut. Ist wahr, zur Zeit kann ich ihn besonders schlecht riechen. Wann mag die Straßenbahn wieder fahren? Guck, lehnt oben aus dem Fenster und guckt mit ihrer Mieze aus. Da möchte ich auch mal wieder lehnen. Warum guck' nicht ich da oben aus, und sie geht hier unten?

Rola sagte: „Birga, gleich lasse ich dich hier stehen!" Sie preßte Birgas Finger und riß sie mit.

Leo sagte: „Ich nehme sie auf die Schulter."

Rola sagte: „Unten bleibt sie. Du hast auch keinen Schlaf gehabt. Geh, Fräulein."

Harry lief dreißig Schritte voraus und setzte sich auf die schattigen Treppenstufen eines Hauses.

Rola sagte: „Da machen wir auch fünf Minuten halt, vielleicht auch zehn." Rola streckte die Beine von den Treppenstufen weit von sich. „Wir sitzen ja wie auf Kissen. Stell dir vor, Leo, wir machen die Augen auf, und der ganze Unsinn ist geträumt." Sie machte die Augen zu und spürte Fußtritte im Bauch. „Na gut, irgendwann sind wir auch bei Opa."

Georg Renner rieb die Handflächen an seinen Hosenbeinen. „Ich habe Wasser, ich habe Gas."

Rola sagte: „Du bist ein König."

Birga sagte: „Warum ist Opa ein König?"

Rola sagte: „Er hat eine Krone auf, kannst du sie nicht sehen? Er hat ein Bett, ein Dach, einen Tisch voller Teller."

Georg Renner sagte: „Iß, du weißt nie, wann du was wiederkriegst."

Leo sagte: „Das ist Rhabarbergrütze, nicht? Wollte Mutti heute auch kochen."

Birga sagte: „Opa hat keine Krone auf."

Rola sagte: „Er muß sie verstecken. Sei doch klug, alle Nachbarn sind neidisch, weil er eine hat. Sie liegt im Küchenherd, mit Ruß beschmiert, damit sie keiner erkennt." Rola rief: „Harry, komm doch her. Er forscht sicher, wohin du seine Glasmurmeln gelegt hast."

Leo ging ins Nebenzimmer. Harry lag auf Achims Bett. Seine Zähne ragten aus dem Mund, seine Lippen waren weiß. Er schlief.

Die feine Asche trieb durch die Luft und rieb die Augen rot. Die Menschen faßten immerzu in die Augenwinkel. Leo band sich eine Gazebinde vor die Augen und konnte wieder besser sehen. In der Straße, in der Katharina gewohnt hatte, saßen Menschen in Sesseln vor den abgebrannten Häusern. Leo fragte, niemand kannte Katharina. Auf der Marmorplatte einer Frisierkommode saß ein Mädchen vor dem großen Spiegel und las in einem Buch.

Leo sagte: „Wo schlaft ihr nachts?"

Das Mädchen zuckte die Achseln. „Weiß ich noch nicht."

Das Haus, in dem Gerhard Tölke gewohnt hatte, war ausgebrannt. An der grauen Mauer stand mit Kreide: Wir sind alle bei Max. Herta. Vielleicht treffe ich keinen mehr. Leo ging bis zum Hafen. Er lachte. Oberhalb der Dampferanlegestellen fuhr die gelbe Straßenbahn vorbei. Er fuhr bis in die Nähe von Ingos und Nellys Wohnung.

Nellys Mutter trat aus der Wohnungstür und machte einen Schritt zurück. „Leo, du, mit verbundenen Augen?" Sie legte beide Hände auf Leos Schultern. „Nelly hat gerade geschrieben. Sie fahren das Korn mit ein."

Leo sagte: „Man meint, die Welt besteht aus zwei Hälften, eine heil, eine zerstört. Vorn im Kanal habe ich gerade zwei Paddler gesehen."

Nellys Mutter sagte: „Das Schießen war so gräßlich, auf dem langen Weg zum Bunker haben wir die blauen und roten Abschüsse gesehen. Hier erzählen sie, über der Innenstadt soll es überhaupt nicht hell geworden sein."

Leo sagte: „Erst gegen Nachmittag. Im Bunker war immer Licht, die Bunker haben eigene Aggregate."

Auf dem Korridor lehnte ein Besen an der Wand, auf einem Aufnehmer lagen wenige Glasscherben. Nellys Mutter lächelte, bis an die Augenbrauen hing ihre braune Mähne. „Ich fege immer mal wieder. Die Glasscherben scheinen Junge zu kriegen. Ich koche Kaffee. Nur die Fenster zur Landseite hin sind eingedrückt, eigentlich hätte es die Stadtseite sein müssen."

Leo lehnte am Küchenfenster und sah die Krone einer hohen Kastanie. „Warum wir nicht gelöscht haben, weiß keiner. Ich war noch ein paarmal in der Wohnung. Die Brandbomben fielen so dicht, daß alle zehn Meter ein Feuer war. Immer wieder explodierten Sprengbomben, Wasser war nicht mehr da."

Nellys Mutter krallte die Finger in ihre grüne gefütterte Weste. „Ohne Wohnung. Ich frage mich nicht, wie das wäre."

Leo sagte: „Wir machen alle Wege zu Fuß. Meine Mutter soll in einigen Tagen ein Kind kriegen, sie bewegt sich wie eine Schnecke."

Nellys Mutter sagte: „Trink, Leo. Ein Unglück kommt selten allein, und es sollte doch ein Glück sein. Ich denke jede Minute, wie gut, daß Nelly und Helga auf dem Dorf sind. Hier nähme das Kind Schaden fürs Leben."

Leo sagte: „Der Schaffner in der Straßenbahn verlangt Fahrgeld, als wäre nichts geschehen."

Nellys Mutter sagte: „Mein Mann ist drüben in der Werkstatt. Er arbeitet. Was soll er den ganzen Tag lang tun, hier sitzen und grübeln. Vielleicht baut er gerade einen Schrank, der morgen aufbrennt."

Leo sagte: „Jetzt haben wir monatelang Ruhe."

Nellys Mutter sagte: „Glaubst du, was du sagst?"

Leo sagte: „Ich sage, was ich wünsche."

Auf Ingos Fahrrad fuhr Leo durch die Stadt. Die Hauswände hingen weiß wie durchlöcherte trocknende Fische unter dem Himmel. Frauen und Kinder fuhren auf Kinderwagen und Fahrradanhängern Möbelstücke umher. Ein alter Mann und eine Frau trugen in einem grauen Steinkrug eingesalzene Bohnen aus einem Keller. Sie langten mit nackten Fingern hinein. Am Kanal, an dem Dr. Tewes gewohnt hatte, waren die Hauswände ins Wasser gerutscht. Auf einer Schute, die am Grund festlag, stand eine Frau und wusch Wäsche auf einem Waschblech.

Leo ging auf den Soldaten zu, der vor dem zusammengestürzten Gebäude des Wehrersatzkommandos neben einem Holztisch saß.

Leo sagte: „Ich soll mich in vier Tagen hier melden."

Der Soldat scharrte mit einer Hacke auf dem Rasen. „Was willst du?"

Leo sagte: „Wohin muß ich gehen?"

Der Soldat scharrte mit der anderen Hacke auf dem Kopfsteinpflaster. „Mensch, hier ist alles im Arsch. Lerne warten und denken. Hast du Anschrift, kriegst du Order. Abwarten."

Rola guckte auf die Reste des Hauses, in dem sie gewohnt hatte. Da oben habe ich oft Kartoffeln geschält. Sie legte den Kopf in den Nacken, um auch den schwarzgeräucherten Schornstein zu sehen.

Neben Leo ging sie mit Birga an der Hand langsam durch die Hauptstraße. So, der Gemüsekeller ist heil geblieben. Ins Kino geht hier keiner mehr. Metro, Astra, Filmpalast, alle drei weg. Eissalon, kann man also kein Eis mehr rausholen. Karstadt ist weg, Wagner ist weg, auch das schöne Uhrengeschäft ist nicht mehr da, der reinste Friedhof. Die Sirenen heulten, Rola, Leo, Harry, Birga stellten sich in den großen Bunker in der Buchenstraße. Heller sonniger Nachmittag, kann nicht viel werden. Die Flugzeuge stürzten sich mit ihren Bomben auf die Stadt. Rola hörte sie schreien: Euch stampfen wir jetzt das mürbe Fleisch zu Blut und Scheiße. Die Bomben schrien: Dir nageln wir jetzt das Gehirn an die Fußsohlen, Rola. Dicker Bauch, was kümmert uns der, der Inhalt hopst wie ein Gummiball, läuft der Mist eben aus. Ist das drinnen denn auch toll, springt mir gegen die Schenkel und an den Hals. Hört auf, hört auf! Gar nicht, Rola. Rola stemmte die Schultern bis über den Kopf und schlug die Augen wie Hoftüren zu. Laßt mich in Ruhe. Rola, oh, gar nicht. Die Bomben waren Besen und fegten ihre Därme blank. Angst kümmert uns nicht, zuck doch, zuck doch. Du sollst nicht mehr sehen, du sollst nichts mehr hören, du sollst nicht mehr fressen. Verrecke, verrecke, Rola. Rola fiel auf den Betonboden und blieb mit Birga und Harry in der Hocke sitzen. Was zieht Leo denn die Zähne blank. Rola merkte, daß ihre Kniegelenke auskugelten, und fühlte, wie ihre Augenbälle in die Hände fielen. Ich habe keine Spucke mehr, ich höre ja meine Ohren reden. Haltet doch den Mund. Rola, zu Asche, zu Grieß, zu Pisse sollst du werden. Altes, graues dickes Biest. Hilfe, Hilfe. Hier hilft keiner, Rola, schmeiß dich als Dreck auf den Boden und lecke dich ins Unsichtbare weg. Lebendes wird gespießt, gestochen, gebraten, gehackt. Nicht noch einmal, nicht! – Die Flugzeuge brummten oben im Himmel und ließen die purzelnden Bomben fallen. Sottfleckenklein sind sie für den, der Mut hat, die Augen noch aufzureißen, dann werden sie Raben, die schreien, dann flammende Stahlbälle, die zerreißen und in alle Mäuler springen. Ihr da, liegt da unten auf dem Sand wie zerbrochene Fische, oder seid Holz, das keinen Laut mehr gibt, oder Eier, die ausgeleckt sind. Wir dulden keinen Menschen, röcheln sollt ihr, zittern, auf allen vieren kriechen oder Würmer sein. Rola dachte, mit mir geht's aus. Sie machte die Augen auf und sah Birgas zerknittertes hundertjähriges Gesicht.

Während sie durch die stillen leeren Straßen gingen, sprang Rolas Bauch. Der Schutt vor und in den ausgebrannten, halb eingestürzten Häusern bewegte sich nicht. Rola, Harry, Birga und Leo gingen hintereinander, in der Mitte der Straße war schon ein Trampelpfad aus weichem Sand.

Erst als es dunkel war, waren sie wieder in Georg Renners Wohnung.

Rola sagte: „Hier in der Wohnung sitzen und mich abschlachten lassen, mag ich auch nicht. Strecke ich lieber einmal den Hals raus und lass' mich draußen abschlachten."

Leo sagte: „Morgen gehen wir nicht mehr umher."

Rola sagte: „Es kommt darauf an. Ich hätte nie gedacht, daß es mir so wohl tut, ein bißchen auf den nachgebliebenen Schutt zu gucken."

Georg Renner sagte: „Ich weiß, du hältst nichts von Vernunft, Rola, aber ihr müßt hier raus."

Rola sagte: „Gut. Fahren wir zu Nelly und Julia. Handvoll Stroh und einen Platz in der Scheune hat ihr Bauer sicher."

Georg Renner sagte: „Solange ich dich kenne, redest du Unsinn. Ein anständiges Bett und Ruhe braucht ihr. Ihr vier müßt diesen Rummel überstehen."

Rola guckte aus kleinen grauen Augen. „Und du?"

Georg Renner sagte: „Ich habe mein Bett. Ich halte mich so ruhig, wie es geht. Ich denke, ich komme durch. Ich habe gelebt, das ist ein guter Gedanke."

Megaphone riefen durch die Straßen: „Frauen und Kinder werden aufgefordert, die Stadt zu verlassen. Sammelstelle Grüne Weide!"

Rola lachte Leo in die Ohren. „Euer Vater hat uns um einen sorglosen Tod gebracht. Er mußte ausgerechnet da sein, wenn es hätte zu Ende gehen können."

Leo sagte: „Hör auf."

Rola sagte: „Bin ich ein Schaf? Warum müssen mich alle

mit dem Stock hauen?"

Leo sagte: „Werde endlich vernünftig."

Rola sagte: „Opa sagt, Vernunft habe ich nicht."

Megaphone riefen durch die Straßen: „Frauen und Kinder werden aufgefordert, die Stadt zu verlassen."

Rola sagte: „Ihr Gebrüll geht mir auch auf die Nerven. Warum wollen sie uns hier weghaben? Wir verrecken anderswo."

Leo sagte: „Willst du leben, oder willst du nicht leben?"

Rola lachte. „Gerade das weiß ich nicht. Du fragst dumm."

Georg Renner ging neben Rola und den Kindern bis zum Ausgang der Passage. Leo trug einen kleinen und einen großen Koffer.

Georg Renner sagte: „Rola, ich wünsche dir, daß du lebst. Ich war oft grob zu dir."

Rola sagte: „Ich wünsche dir auch, daß du lebst." Ich würde ihm nicht einmal um den Hals fallen, wenn ich jetzt ins Grab steigen müßte.

Auf der Grünen Weide stieg die dickbäuchige grauhaarige Rola auf einen Lastwagen. Die Frauen und Kinder streckten die Beine lang auf den Wagenplanken aus. Im Schrittempo fuhr die Wagenkolonne an den abgebrannten Häusern und blätterlosen Bäumen entlang. Die Lastwagen umfuhren Bombentrichter. Auf dem Bahndamm der Kleinbahn streckte eine Lokomotive ihre Räder zur Seite. Links und rechts der schwarzen offenen Straße wuchs grünes Gras. Pappeln tänzelten vor dem Himmel.

Der Personenzug hielt auf offener Strecke. Rola stolperte über den Schotter auf ihn zu. „Saumist."

Leo sagte: „Reiß dich zusammen."

Rola kicherte. „Beim Kommiß wärst du besser aufgehoben. Kommandierst hier." Sie quetschte Birga die Finger. „Hab dich nicht so, Birga. Harry, suche ein gutes Abteil."

Zwei alte Männer in Sonntagsanzügen zogen Rola von oben ins Abteil. Rola stellte einen Fuß vom Schotter auf das Trittbrett.

Die alten Männer rieben die Hände. „Die Dicke ist drin."

Rola sagte: „Hören Sie mal, ich bin natürlich dick."

Einer der alten Männer sagte: „Jede Frau ist natürlich dick. Das sagen unsere Madamen auch immer."

Rola sagte: „Ich bin schwanger, Mensch. Vielleicht spielen Sie hier im Coupé noch Geburtshelfer."

Die alten Männer nickten. „Verschonen Sie uns. Erst können wir ja ein Stück gemeinsam fahren."

Der eine alte Mann sagte: „Sieht man nicht, daß wir eine junge Mutter im Abteil haben. Man denkt, die Oma fährt mit den Enkeln spazieren."

Rola stellte die Füße auf die Schuhe. „Manchmal wird man in zehn Minuten zehn Jahre älter."

„Haben Sie recht." Der andere alte Mann wischte sich das Gesicht mit einem Taschentuch. „Haben Sie recht."

Fern schrien Sirenen. Tiefflieger flitzten über die Geleise. Der Zug stand neben einem breiten Bahnhofsgebäude. Hinter den heißen Fensterscheiben wippte das gelbe Korn. Der Zug hielt neben einem Schrankenwärterhäuschen.

Das Kind in Rolas Bauch setzte sich während der Fahrt nicht zurecht, sondern strampelte die langen hundertsiebzig Kilometer.

Rola und ihre Kinder saßen auf zwei Bänken vor den kahlen Wänden im kühlen gefliesten Korridor eines Krankenhauses.

Eine Krankenschwester kam langsam über den langen braunen Flur gegangen. „Es kann ein paar Stunden dauern. Wir haben nur den einen Wagen."

Birga lehnte an Rola und schlief.

Eine Krankenschwester raschelte unter einem weißen Häubchen aus einem Zimmer. „Kommen Sie, wir schieben Sie ein."

In einem schwarzen großen alten Auto fuhren Rola, Leo, Harry und Birga an Kühen und Pferden vorbei auf einer blauen Landstraße. Bäume standen in kurzen Abständen zu beiden Seiten.

„Hier ist Klockendorf. Dahin wollten Sie doch." Der Fahrer blieb am Steuer sitzen und sah zu, wie seine Fahrgäste ausstiegen. „Das Dorf ist kurz." Er fuhr rückwärts auf einen Feldweg und tuckerte davon.

Rola setzte sich sofort auf die Kante des Straßengrabens und ließ die Beine hängen. „Hätte ich nur eine Zigarette."

„Jeder guckt auf einer Seite der Straße, Harry." Leo rief: „Bauer Bosch, du mußt fragen."

Leo ging auf einen der ersten Bauernhöfe und blieb bei einem Pferd auf dem buckligen Hofpflaster stehen. Annerose saß zwischen ihren Kindern auf der Steinstiege des Hauses.

Nelly hastete mit ihrem schweren Bauch über die Dorfstraße. Sie sah die pferdegesichtige Rola am Straßengraben sitzen. „Mensch, Rola."

Rola sagte: „Das kannst du sagen. Ich sitze und überlege gerade, was mir gefällt, weiter sitzen oder aufstehen."

In der zweiten Küche des Bauernhauses rief Julia vom breiten Herd: „Heißes zu essen und zu trinken braucht ihr." Über der offenen Feuerluke war ihr Gesicht rot.

Die schwangere Nelly hockte sich lachend auf das breite Sofa.

Rola blies die Haut von der heißen Milch. „Haut habe ich nie gemocht."

Julia stützte den Ellenbogen auf den Tisch. „Du bleibst eine Feinschmeckerin."

Rola sagte: „Was ich nicht mag, mag ich nicht, aber mit Schlägen treibt man mir auch das hinein."

Annerose kicherte. „Deine Mutter hat eine gesunde Wirklichkeitsauffassung, Leo."

Rola sagte: „Leo war gut brauchbar, allein hätte ich das Zeug nicht hergeschleppt."

Julia sagte: „Meine Mutter und meine Schwester haben nichts als ihre Handtasche mitgekriegt. Sie sind zu meinem Onkel nach Stettin geflüchtet."

Nelly schob eine Hand in Leos Nacken. „Da sitzt er stumm und völlig ins Weiberland verschlagen."

Annerose sagte: „Ein Mann wird er nie."

Julia sagte: „Wenn ich denke, ich hätte Hannelore mit in die

Stadt genommen und die Bomben hätten sie mir aus den Armen gerissen, während ich vielleicht gerade im Kino gesessen hätte."

Annerose sagte: „Deine Gedanken sind ganz anmutig."

Rola sagte: „Leo? Eine Freundin nach der anderen. Er schrieb seine Liebesbriefe sogar erst mit Bleistift, dann mit Tinte, so kriege auch ich etwas von seinen Gefühlen ab."

Annerose sagte: „Ei, Mutter Karoline."

Julia sagte: „Ich vergesse immer, daß ich nichts weiter besitze als das, was ich gerade für den Sommer hier habe."

Annerose sagte: „Ich weiß nicht, ob das Haus steht. Ich habe die Wohnungstür abgeschlossen und meine Kinder an die Hand genommen. Beide Großmütter haben einen Türschlüssel."

Vor der offenen Tür saßen Birga und Wolfgang und Jochen, Anneroses Kinder, auf der Steinstiege.

Wolfgang sagte: „Erst gehen die Hühner schlafen, dann die Enten, dann die Pferde."

Birga sagte: „Harry sagt, die Hühner sitzen nachts auf den Pferden, damit sie morgens, wenn es hell wird, besser aus dem Fenster sehen können."

Jochen sagte: „Mitunter wird es nachts nicht dunkel, weil die Leute sonst nicht wieder nach Hause finden."

Leo sagte zu Nelly: „Deine Mutter trug ihre warme Weste, blau oder grün. Wir haben in ihrem Zimmer Kaffee getrunken. Eigentlich hat sie nur von dir und Helga gesprochen."

Rola sagte: „Leo ist so verrückt und geht noch für eine Nachbarin die Marmeladengläser aus dem Küchenschrank holen."

Julia rief: „Leo, du bist die einzige lebendige Größe in diesem Kreis trocknender Scharteken."

Rola sagte: „Man muß sich an die Wirklichkeit halten. Hat man volle Hände, hat man volle, hat man leere, hat man leere. Es zählt nur, was ist."

Rola, Leo, Birga und Harry stiegen die Treppe zum Dachboden hinauf und legten sich auf die beiden Betten, die in einer Kammer standen.

Der Regen trommelte auf die Dachpfannen und auf das Hofpflaster. Der Wind rüttelte die Baumkronen. Fern und nah sprangen Blitze, die Donnerschläge brüllten.

Rola faßte auf Harrys Arm. „Bleib liegen. Ist nur Gewitter."

Morgens saßen Nelly, Annerose, Julia, Rola, Leo in der zweiten Küche um den Tisch und bestrichen fußlange Brotscheiben mit Butter.

Annerose sagte: „Jetzt keine Kinder und viel Geld haben."

Rola sagte: „Das habe ich mir auch schon oft gewünscht. Ich fürchte nur, dann fehlte einem die gute Laune."

Julia sagte: „Was wolltest du machen, Annerose?"

Annerose sagte: „An meine Kinder denken und weiter frühstücken."

Nelly sagte: „Ihr habt Flausen im Kopf. Die Kinder sind da, also läuft man auch in Gedanken nicht weg."

Rola sagte: „Nelly, du mußt dich nicht in einen Käfig sperren. In Gedanken darfst du gern einmal ausfliegen, in einer einzigen Stunde wirst du dreimal zurückgeholt. Wenn du im Winter dein zweites hast, sechsmal in der Stunde." Sie schob mit dem Daumennagel ein Stück Brot in den Mund nach.

Julia sagte: „Es nimmt mir fast die Luft, wenn ich daran denke, wie ich dagelegen und gemeint habe, ich würde verrückt. Sag, Leo, was sollen wir eigentlich mit Kindern?"

Rola sagte: „Das habe ich mich manchmal gefragt."

Leo sagte: „Das Leben will weiterleben, es sorgt dafür, daß älteres Leben neues hervorbringt."

Annerose sagte: „Eine etwas kahle Philosophie. Im Kern halte ich sie für richtig, aber mir fehlt das Grün um diesen Knochen."

Leo sagte: „Es gibt keine Tür, an die man anklopfen kann, fragen kann man auch nicht, also soll man auch nicht darüber nachdenken, warum man sie hat. Es lohnt sich jedenfalls nicht." Er grinste und kaute.

Julia sagte: „Du bist ziemlich jung, aber du bist kurz und bündig."

Rola sagte: „Von mir hat er diesen Ton nicht. Er ist mitunter großschnauzig und tut, als kennte er sich in allen Töpfen aus."

Die junge Bäuerin Bosch klopfte ans Fenster und sagte zu Nelly: „Guck, Nelly, wen ich hier für dich habe."

Frau Biebrich, die Freundin von Nellys Mutter, kletterte unter einem aufgespannten Regenschirm die Steinstiege herauf.

„Tante Emmi, komm herein."

Frau Biebrich blieb einen Schritt von der Tür in der Küche stehen. Ihre weiße Mähne endete an den Augenbrauen. „Na, Nelly, dir hätte ich auch etwas Besseres erzählt. Deine Eltern sind tot, ich bin noch herausgekommen. Aber deine Eltern sind tot."

Nelly sagte: „Setze dich, Tante Emmi. Ist dir nicht gut?"

„Doch mir ist schon wieder gut." Frau Biebrich drehte vor ihren Schuhen den nassen Regenschirm auf seiner Spitze. „Ich bin mit Mama im Feuer geflüchtet, immer die Straße hin und her, von eurem Haus zu unserem, nirgends kamen wir raus. Mama ist hingefallen, das Feuer ist schneller gekommen, als ich laufen konnte."

Nelly sagte: „Wo ist Papa?"

Frau Biebrich sagte: „Er ist im Bunker unterm Haus geblieben. Die Glutklumpen stürzten vor den Vorderausgang, Mama und ich sind hinten raus, an der Teppichklopfstange vorbei. Wir haben noch gewartet, dein Papa ist nicht mehr gekommen. Ich konnte die Straße sehen, auf der die Flammen liefen. Ich habe im Kanal gestanden, bis es hell wurde. Meine Einholetasche habe ich über dem Kopf gehalten und immer wieder das Gesicht naß gemacht gegen die heiße Luft."

Nelly sagte: „Du hast ja keine schönen Sachen zu erzählen, Tante Emmi."

Frau Biebrich sagte: „Nein, Nelly. Aber das ist alles wahr. Alles ist vorbei."

Annerose sagte: „Geben Sie mir doch Ihren Regenschirm, ich stelle ihn da in den Eimer."

Frau Biebrich sagte: „Das ist so nett. Ich bin in Lübeck bei

Oma Melk untergekommen. Ich bin selbst hergekommen, damit es dir einer sagte."

Nelly sagte: „Steht deine Wohnung jetzt leer?"

Frau Biebrich sagte: „Da steht kein Stein mehr auf dem anderen. Wegen der Seuchengefahr mauern sie den Stadtteil zu."

Nelly sagte: „Dann ist das Leben eigentlich vorbei." Helga lief zur Tür herein und setzte sich vor Frau Biebrich in die Hocke. „Das ist Helga."

Frau Biebrich sagte: „Deine Helga, so groß ist sie schon?"

„Nein, nein." Nelly warf sich auf das Küchensofa. „Wenn ich sie nur einmal sehen könnte!" Sie schlug die Fäuste gegen die Polster. „Jetzt will ich nicht mehr leben!"

Annerose griff Nellys Arme. „Du darfst jetzt alles, mein Spatz, du darfst dich nur nicht aufregen."

Nelly rief: „Ich bin nicht dein Spatz! Laß mich los."

Frau Biebrich sagte: „Ich gönne dir deine Tränen, Nelly. Ich glaube, ich habe viel zuwenig geweint."

Annerose sagte: „Tränen lindern. Höre, Nelly, heule richtig los." Sie streichelte Nellys Nacken. „Gute Nelly."

Frau Biebrich sagte: „Es heißt, sie schwemmen den Schmerz fort." Sie sah hinter den Fensterscheiben den Regen fallen und blickte nach ihrem Schirm. Wo wohnt sie hier eigentlich?

Annerose sagte: „Nelly sagt, ich soll Ihnen eine Tasse zu trinken machen."

Nelly sagte: „Wann habe ich das gesagt?"

Frau Biebrich sagte: „Nun entdeckt sie mich wieder. Tante Emmi ist da."

Rola hielt einen Daumen quer vor den Mund. „Oh, Nelly."

Leo setzte sich zu den Frauen in der zweiten Küche auf die breite Fensterbank und rauchte ein Zigarillo.

Annerose ging zu ihm hin und zog am Zigarillo. „Wildwüchsiges Kraut."

Julia sagte: „Bald riecht er wie ein Mann."

Rola stieß ein Knie aufwärts. „Aber er zieht nicht an, er müßte schön sein."

Julia sagte: „Hätte er Haare auf der Brust und längere Arme, könnte er die Frauen wie ein Affe überrennen."

Leo sagte: „Ich rauche. Ich höre zu."

Annerose sagte: „Liebe ist der reinste Unverstand. Die Häßlichen werden am meisten geliebt."

Nelly sagte: „Leo ist redlich. Das reicht. Hätte ich die Auswahl zwischen dem Schönen, dem Klugen und dem Ehrlichen, ich wählte immer den Ehrlichen."

Rola sagte: „Kein Mensch ist ehrlich. Das wäre ein totgeborener Vogel, die anderen hackten ihm das Futter noch aus dem Maul."

Julia sagte: „Schönheit und Geist ziehen an. Vor der rohen Männlichkeit liefe ich wie vor einem Bullen davon."

Annerose lachte. „Gerade das kann das Anziehende sein. Warum man als Frau einen Mann liebt, ist unbestimmt. Er braucht nicht einmal schön oder klug zu sein. Eine behaarte Männerbrust weckt das Verlangen, sich umbringen zu lassen, aber auch, sich zu wehren. Schon seltsam."

Rola sagte: „Was an der Liebe Verstand ist, müßte erst in einem Preisausschreiben herausgebracht werden. Dreimal am Tag gibt es Prügel, und dreimal hält man den Buckel hin."

Julia sagte: „Zwischen Mann und Frau herrscht ein Geheimnis. Fehlt einem der Mann, fehlen einem drei Viertel der Welt. Ist es auch umgekehrt so, Leo?"

Leo zog am Zigarillo. „Natürlich."

Rola sagte: „Ihr sprecht von Liebe, ich müßte eigentlich den Mund halten. Ich weiß nicht, ob ich je geliebt habe."

Julia sagte: „Du hast doch fünf Kinder."

Rola sagte: „Männer sind wie Kinder im Wagen. Man nimmt sie auf, weil sie so unwiderstehlich lächeln, aber über das, was man im Arm hält, kann man sich nur wundern."

Julia sagte: „Wen liebst du, Leo?"

Leo behielt den Rauch im Mund, aber stieß ihn dann aus. „Die Frauen gibt es hier nicht, flachwangig, schwarzes Haar."

Nelly und Rola setzten sich in den Schatten auf die Steinstiege vor der Küchentür, Julia und Annerose legten sich neben Leo auf den welligen Wickenhaufen bei der Scheune auf der gegenüberliegenden Seite des Hofes.

Leo behielt die Augen geschlossen. „Wer hält die Finger in die Sonne?"

Julia kicherte. „Du bist ein eitles Bürschchen. Aber hast du während der Angriffe keinen Toten gesehen?"

„Keinen. Neugierig war ich. Ich habe nicht einmal einen Verletzten gesehen."

„Guck." Annerose rollte ihre kleine Turnhose so schmal zusammen, daß schon etwas Schamhaar heraussah. „Für mehr Sonne. Diese Bekleidung reicht auch noch."

Julia sagte: „Es hat nicht einmal Zweck, als Mensch besonders viel zu taugen, dann bereitet man den anderen besonders viel Schmerz."

Annerose lachte. „Kurioser Gedanke. Bleiben wir lieber am Leben."

Julia tupfte in ihr Bauchfett. „Schöner Bauch, nicht wahr?"

Leo sagte: „Ich blicke mehr in die Herzen."

Annerose sagte: „Diese weißen Striemen kommen, wenn der Bauch sich weitet, weil das Kind drinnen zuviel Platz braucht."

Julia sagte: „Annerose ist mager, sie kriegt große Babys. Ich bin fett, ich lasse ihnen nicht so viel Platz."

Annerose sagte: „Leo, höre nicht hin, sie will dich locken."

Rola sagte zu Nelly: „Leo will in die Stadt fahren und sich melden. Er soll eine Postkarte hinschicken, reicht doch."

„Nelly!" Annerose rief vom Wickenhaufen. „Wir zeigen Leo gerade unsere Schwangerschaftsbäuche."

Nelly sagte zu Rola: „Benehmen sich! Die Weiber wissen gar nicht, was sie anstellen sollen, um Leo zu ärgern."

Rola sagte: „Gefällt dem jungen Herrn. Sie ziehen ihn ein bißchen auf. Mich knurrt er um so mehr an." –

Annerose stieg die Treppe zum Dachboden empor und küßte Leo auf beide Wangen. „Na, Kind. Hier oben wohnt ihr?"

Leo sagte: „Gleich nebenan ist der Verschlag, in dem die Schinken hängen. Guck durch die Latten." Wollfadendünn zog der Rauch aus einer Keramikbüchse an das aufgehängte Fleisch.

Annerose sagte: „Freiwillig wäre ich nie hier heraufgestiegen."

Leo sagte: „Welche Not zwingt dich?"

Annerose strich mit einer Hand um Leos Gesicht. „Diese. Es hängen so viele Wolken in der Luft. Man treibt nur noch mit." –

Nelly hielt sich beim Fensterputzen mit der Hand am Kreuz des Küchenfensters fest und ließ einen Fuß in der Luft wippen.

Leo sagte: „Du stehst auf dem Drahtseil wie ein Känguruh, das ein Kleid anhat."

Nelly lachte. „Du hast Vergleiche."

Leo sagte: „Soll ich noch ein Porträt machen? Eine Ente fährt Dreirad."

Nelly sagte: „Unterlaß das."

Leo sagte: „Vielleicht gehe ich in einem Jahr schon wieder zur Schule."

Nelly sagte: „Wir bemerken den anderen gar nicht, während wir leben, und plötzlich ist der andere nicht mehr da." –

Annerose küßte Leo morgens auf die Wange.

Nelly stellte sich in der Küchentür vor Leo. „Das mußt du nicht zulassen. Du bist jung. Annerose fischt Männer. Wenn du meinst, daß sie dich liebt, bist du ein Trottel."

Leo sagte: „Meinst du, sie hat überhaupt nichts für mich übrig?"

Nelly sagte: „Annerose will immer zerstören. Sie tut, was ihr gefällt, sie nimmt auf keinen Rücksicht."

Leo sagte: „Mir tut sie gut."

Nelly sagte: „Denkst du, drei Minuten. Hinterher schmeckst du den Essig."

Leo sagte: „Machst du den Aufpasser?"

Nelly sagte: „Hornvieh. Lauf doch in die Dornen."

Die Wohnung beim Bauern Bosch wurde zu eng. Nelly, Helga, Rola, Birga, Harry, Leo zogen ins Nachbardorf. Sie zogen in ein Häuschen, das der Gutsinspektor bewohnt hatte.

Leo schwenkte ein Handtuch und jagte die Fliegenschwärme zum Fenster. „Raus, raus. Abfliegen, brummende Bande!"

Birga rief: „Die dicken Fliegen, alte Bande!"

Rola sagte: „Im Frieden war das einfacher, man hängte einen Fliegenfänger über den Tisch."

Nelly sagte: „Im Frieden wußte man noch, daß einem der Tisch gehörte, an dem man saß. Man hatte sogar einen eigenen Schrank."

Rola sagte: „Kauen nützt nichts, das mußt du ganz runterschlucken."

Nelly sagte: „Ihr lebt alle so vergnügt. Aus welchem Stoff bin ich?"

Rola sagte: „Wir lachen, damit uns nicht erst die Tränen kommen."

Harry sagte zu Birga: „Ich lerne reiten, aufsteigen kann ich schon."

Birga sagte: „Pferde schlafen im Stehen."

Harry sagte: „Ich lerne die Pferdesprache. Brrh heißt, Bleib mal stehen, Hüh heißt, Geh mal weiter."

Birga sagte: „Wie heißt: Lauf aufs Feld?"

Harry sagte: „Hoppla! Ein Pferd kann allein aufs Feld gehen und Korn holen, dann sagt man: Schnippelschnappel."

Birga sagte: „Das Pferd kennt den Weg gar nicht."

Harry sagte: „Da hast du recht. Aber in das Hufeisen ist er eingezeichnet, deshalb gucken die Pferde beim Gehen immer nach den Hufen."

Nelly sagte: „Ich denke manchmal, wofür ist es gut? Ihnen sind viele Enttäuschungen erspart geblieben."

Rola sagte: „Tote haben es gut, sie verlangt es nach nichts mehr, sie sind wirklich zufrieden."

Nelly sagte: „Glaubst du, daß es ihnen gutgeht?"

Rola sagte: „Ihnen geht es besser als dir. Du ringst die Hände, das haben sie vielleicht einmal im Leben getan, nun nicht mehr."

Nelly sagte: „Ingo kann kluge Worte sagen oder schreiben, Stütze ist er nicht. Er braucht zuviel Kraft für sich. Er raubt einem die eigene sogar auch noch."

Rola sagte: „Das befürchte ich bei allen meinen Kindern. Sie sind Menschenfresser. Erst verzehren sie die Mutter, dann die anderen Menschen."

Nelly sagte: „Das sagst du so einfach?"

Rola sagte: „Wenn es anders wäre, sagte ich etwas anderes. Die schlechten Eigenschaften haben sie sowieso von mir."

Nelly sagte: „Doch, du kannst einem etwas helfen."

Rola sagte: „Ich stelle mich wie ein Fisch an, ich halte mich möglichst still, dann brauche ich nicht so oft Luft zu schnappen. Mir hilft keiner, also muß ich mir helfen."

Leo fuhr im Krankenwagen mit zur Entbindungsanstalt, neun Uhr abends. „Doch, Sie können warten", die Krankenschwester zeigte auf die Holzbank im Korridor, „das geht in diesem Fall schnell. Das Fruchtwasser ist schon weg."

Leo saß und konnte die Uhr über einer Tür sehen. Gegen Morgen schlief er ein.

Eine andere Krankenschwester faßte an seine Schulter. „Gehen Sie. Es zieht sich hin."

Leo hörte seine Schritte auf den Steinen vor dem Eingang der Entbindungsanstalt. Die Umrisse der Dachziegel auf den gegenüberliegenden Häusern waren wie Büroklammern zu sehen. Er ging über die Bahngeleise. Die Landstraße stieg an. Aus dem Himmel fiel das grasgrüne Licht.

Nelly klopfte neben Leos Ohr aufs Polster. „Es wird Abend. Der Bürgermeister hat einen Jungen herübergeschickt. Wir brauchen erst morgen früh nachzufragen."

Mittags fuhr Leo auf Nellys Fahrrad zur Entbindungsanstalt.

„Noch nichts. Beunruhigen Sie sich nicht."

Leo sagte: „Kann ich sie sehen?"

Die Krankenschwester sagte: „Jetzt nicht. Sie liegt im Kreißsaal oder kommt in dieser oder der nächsten Minute hin."

Nach vier Tagen kam Rola Leo auf der leeren, gewittergrauen Landstraße entgegen. Rola hatte ein violettes Kleid an und hielt einen langen schwarzen Kamm in der Hand.

Leo lief auf sie zu. „Bleib stehen, der Wagen, der dich abholen soll, kommt sofort."

Rola sagte: „Soll er kommen. Eure Autos fahren mir zu langsam. Es soll noch acht Tage dauern können, bis es losgeht. Ich will nicht länger liegenbleiben." Sie ging Schritt für Schritt weiter und sah von der Seite auf Leo.

Leo sagte: „Ich habe Angst, du fällst mir um."

Rola sagte: „Für mich ist es Erholung nach der langen Quälerei im Liegen."

„Waren es wenigstens erträgliche Tage?"

Rola sagte: „Wenn das das Gesprächsthema sein soll, sie waren wie alle anderen."

Leo sah seine Mutter mit vorgeschobenem Bauch und steifen Armen neben sich gehen.

Rola sagte: „Wenn sonst das Fruchtwasser weg war, war das Kind da. Nichts klappt, wie es soll."

Der Kreisleiter klopfte an der Tür der neuen Wohnung. Er stand im Türrahmen und schob den Kopf weit vor. „Ich darf niemanden, der hier nicht dauernden Wohnsitz gehabt hat, hierlassen. Draußen steht ein Wagen, steigen Sie ein." Der Kreisleiter war ein kleiner dicker Mann in einem weißen Staubmantel. Er zog einen seiner Lederhandschuhe aus und zog ihn wieder an.

Rola saß im Sessel und guckte auf die Schuhe des Mannes. „Ich steige überhaupt nicht ein."

„Hören Sie, Frau. Der Zug steht abfahrbereit. Hören Sie, Frau. Sie sind die einzige, die fehlt, und alles wartet auf Sie."

„Lassen Sie abfahren." Rola zuckte die Achseln. „Vielleicht kommt jetzt das Kind."

Nelly rief: „Sind Sie wahnsinnig! Jeden Augenblick kann meine Schwiegermutter niederkommen!" Sie stellte sich neben Rolas Sessel. „Du fährst auf keinen Fall. Hören Sie, sie fährt nicht!"

„Ich habe den Befehl durchzuführen. Sie räumen sofort für neue Flüchtlinge. Frau, Frau."

Nelly rief: „Klaiber heißt sie, verdammt."

Rola sagte: „Ich muß lachen. Alles wird allmählich zur Faxerei. Das Haus brennt mir überm Kopf weg. Ich habe kein Bett, in das ich mich legen kann. Stuhl ist weg, Tisch ist weg, das Kind kommt nicht. Jetzt kommen Sie, junger Mann, und laden mich auf die Eisenbahn."

Nelly sagte: „Rola, du fährst nicht."

Rola sagte: „Jetzt will ich verreisen. Fassen Sie mal die Koffer an und zeigen Sie uns Ihre Fahrerkünste."

Der Kreisleiter faßte nach den beiden Koffern, die neben dem Sessel standen. „Ich will Ihr Bestes, glauben Sie mir, sonst geraten Sie in Kalamitäten."

Rola setzte sich vorn ins Auto, auf dem Hintersitz saßen Harry, Birga und Leo.

Rola kicherte den Kreisleiter an. „Ich bin verrückt, daß ich fahre. Aber ich lasse mich gern von Ihnen zur Bahn bringen."

„Ich will Ihr Bestes, Frau."

Rola sagte: „Sie, Herr, werde ich hängen sehen. Ich beschwere mich beim Führer persönlich. Das Kind krepiert, und es ist Ihre Schuld."

Der Kreisleiter drehte das Lenkrad. „Wenn Sie mich etwas weniger beim Fahren stören."

Rola sagte: „Mit einem blauen Auge kommen Sie nicht davon, das kostet einen blauen Hals."

Der Kreisleiter fuhr langsam. „Bitte, seien Sie etwas weniger erregt."

Rola sagte: „Mich erregt nichts mehr. Ich sehe nur Ihre Zukunft. Ich habe vor zehn Jahren die Leute wegen Hochverrats an die Wand treten sehen, was Sie jetzt tun, ist Zersetzung der Wehrkraft."

Der Wagen mit dem Kreisleiter rollte weg.

Rola drehte sich auf dem nackten Pflaster zu Leo. „Vielleicht schläft er diese Nacht unruhiger als wir."

Vor dem Bahnhof, hinter dem Bahnhof, im Bahnhof, auf dem freien Platz gegenüber saßen Frauen und Kinder neben ihren Koffern.

„Kein Zug." Rola sagte: „Hätte ich das geahnt, hätte ich

ihm wenigstens ein Auge ausgekratzt."

An eine Eiche gelehnt saß Annerose zwischen Wolfgang und Jochen auf einem Koffer.

Rola sagte: „Ich wollte das Kind auf seinem Polstersitz im Auto kriegen, dann bin ich auf den Gedanken gekommen, er könnte uns vor Überraschung gegen einen Straßenbaum chauffieren."

Ein leerer Zug fuhr langsam in den Bahnhof ein. Er blieb acht Stunden auf einem Nebengleis stehen.

Die braunen Felder neben der Bahnstrecke zogen vorbei, die Bauernhäuser schoben ihre roten Wände in die Nacht, im Zugabteil brannte eine blaugemalte Glühbirne.

Annerose sagte: „Ich bin ein Flüchtling, dessen Wohnung steht. Soll ich umkehren?"

Leo sagte: „Sie haben schon, als wir noch in der Stadt waren, ausgerufen, Frauen und Kinder sollen gehen. Eine Stadt nach der anderen wird geräumt. Sonst brauchten wir nicht für neue Flüchtlinge freizumachen."

„Ich finde keine Ruhe mehr." Annerose weinte.

Rola beugte sich zu Annerose vor. „Jetzt in der Entbindungsanstalt lag ich mit einer zusammen, die immer erzählt hat, wenn das mein lieber Mann sähe."

Annerose sagte: „Das war ein netter Zug an ihr. Sie wollte ihn vor so Schlimmem bewahren."

Rola stand vom Polstersitz auf und hielt sich am Rahmen des Gepäcknetzes fest. Birgas Schuhe hingen ihr an den Schnürbändern um den Hals. Die Schuhe huschten vor ihrer Brust hin und her.

Birga saß in der Hocke und stellte das Kinn auf Rolas Knie. „Wenn ich einmal Königin werde, wirst du denn Königinmutter?"

Rola sagte: „Selbstverständlich. Ich rücke sofort nach. Ich ziehe mir sofort ein feineres Kleid an, steige aus dem Zug und setze mich an die lange Tafel."

Wolfgang sagte: „Auf Erden ist der Löwe König, in der Luft der Adler."

Leo sagte: „Das ist richtig."

Birga sagte: „Auf dem Balkon stehe ich in der Mitte, du stehst einen Schritt zurück. Wenn mir der Arm lahm wird, winkst du."

Rola sagte: „Wenn es nicht zu windig ist, gehe ich mit auf den Balkon. Ich kaufe mir ein Haarnetz, dann kann ich auch bei Wind mit nach draußen gehen." Verflucht, das reißt im Leib, ich hätte nicht fahren sollen.

Birga klopfte auf Leos Knie. „Nimmt der König beim Waschen die Krone ab?"

Rola sagte: „Ja. Laß Leo schlafen."

„Nimmt er auch beim Schlafen die Krone ab?"

Rola sagte: „Nein. Er behält sie auf, sonst bringt der Mörder ja aus Versehen seine Frau um."

Flache Häuser mit roten Ziegeldächern sprangen weit von den Abteilfenstern vorbei.

Der Zug hielt in einer großen Bahnhofshalle.

Schwestern vom Roten Kreuz liefen auf dem Bahnsteig hin und her. „Heißen Kakao? Heiße Milch?"

„Heißen Kaffee?"

Der Zug brauste durch flaches Land. Einzelne fingergroße Bäume standen auf einem langen Hügelrücken.

Die Zugkrankenschwester sagte: „Na, wie geht's, Mutter?"

„Ich will aussteigen." Rola hielt die Schwester am Ärmel fest.

Die Krankenschwester sagte: „Wenn es jetzt anfängt, dauert es ja noch eine Weile."

Rola sagte: „Ich will nicht mehr länger warten. Ich kann nicht mehr länger warten." Sie warf den Kopf zurück. „Aussteigen will ich." Unter ihrer Nase stand Schaum.

Die Krankenschwester klagte in den Wagen und ins Abteil: „Dieser Wagen ist beim nächsten Halt noch nicht vorgesehen. Sie bringen den ganzen Transport in Unordnung."

Rola schrie. „Verstehen Sie, ich will aussteigen!"

Der Zug hielt hinter einem kleinen Bahnhof neben einem blauen Grandweg.

Zwei Sanitäter trugen Rola auf einer Bahre. Leo, Annerose, Jochen, Wolfgang, Birga, Harry gingen langsam hinter den Männern her.

Rola rief: „Leo!" Leo lief mit den Koffern in den Händen zu ihr hin. „Ihr könnt ruhig sein, der Kopf ist schon raus."

Annerose, Jochen, Wolfgang, Harry, Birga und Leo stiegen in den Zweispänner und fuhren vom Marktflecken hügelan. Die Pferdebäuche waren groß und rund, als seien sie aufgepumpt. Der Ginster am Wegrand stand schwarzgebrannt. Die Pferde ließen strengen Wind.

Annerose sagte: „Warum kommen wir aufs Dorf? Von hier oben sieht man immer mehr Häuser neben der Bahnlinie."

Der Kutscher sagte: „Das ist vorgesehen, erst Setko, dann Palsko. Der Bürgermeister hat für alles die Liste. Erst das obere Dorf, dann das untere." Er drehte sich auf dem Bock um. „Unten ist alles voll."

Die Wagenräder fuhren durch ein Schlagloch, die Körper in der Kutsche fielen vor- und rückwärts.

„Hoh." Der Kutscher ließ seine Peitsche über den Pferden wippen. „Dicke, zieh."

Zwei Jungen in naßgewordenen Hemden standen bis zu den Oberschenkeln in einem Teich, in ihren Händen blinkten Fische. Weit vom Weg ragte ein grauer Schloßturm.

Birga faßte nach Leos Arm. „Ich mag hier nicht sein."

Annerose zog die Zähne bloß. „Birga, da steht dein Königsschloß, jetzt fährst du in der Kutsche."

Leo sagte: „Vom Schloßturm flattert sonst immer eine weiß-blaue Fahne. Die Schloßherrin ist zum Einholen geritten, dann hängt keine."

„Ja, da steigen Sie aus!" Am Dorfeingang stand ein magerer Mann in grüner Joppe neben hohen Grasbüscheln und streckte die Arme zum Kutscher empor. „Die erste. Wieviel Fuhren sind es, Franz?"

Der Kutscher sagte: „Ich fahre die eine."

Aus einer Scheune heraus standen Tische und Bänke bis an

den Wegrand. Oberhalb der Tischplatten waren Persenninge gespannt.

„Alle Platz nehmen!" Eine Frau trug eine braun-rot gestreifte Schürze.

Eine Frau mit einer roten Kappe trat aus der Scheune. „Ja, sind nicht mehr Personen gekommen?"

Der Kutscher lenkte die Kutsche langsam im Kreis. „Ich habe die einzige Fuhre gehabt." Über den langen Pferdebeinen schaukelten die Pferdebäuche wie Buttertonnen.

„Au je!" Die Frau mit der Kappe schlug sich vor die Schenkel. „Aber ihr mögt doch essen. Wie mögt ihr hungrig sein."

Eine Frau trug vor ihrer Schürze einen Stapel Teller an die Tische. Die Frau mit der roten Kappe füllte Weißkohl mit großen Fleischstücken aus einem breiten Topf.

„Kinder, wie heißt ihr denn schön?"

Die Frau mit der braun-rot gestreiften Schürze sagte: „Essen, essen, ihr wollt groß werden."

Harry lief an den Wegrand und erbrach sich in den Graben.

„Nun das Malheur." Die Frau mit der roten Kappe schlug die Hände ineinander und wiegte den Kopf. „O weh, die lange Fahrt hat ihn überanstrengt."

„Aber die liebe Kleine langt tapfer zu."

„Essen Sie, junge Frau."

Die Frau mit der rot-braun gestreiften Schürze zog den Mann in der grünen Joppe an den Tisch. „Iß auch, August."

Die Frauen erzählten einander: „Die anderen kommen auch bald. Bis die nächsten kommen, bleibt das Essen heiß."

Der Mann in der grünen Joppe zog die Koffer auf einem Handwagen durchs Dorf. Er sagte: „So, hier bei dem Steisahmer zieht die Frau mit den beiden Kindern ein." Er lud ab und zog mit Leo, Harry und Birga vier Häuser weiter. Er stellte die Koffer in einen weißgetünchten leeren Hausflur. „Die Frau Anger wird gleich kommen." Er stieß in dem langen weiten Flur eine Tür auf.

Zwei breite Betten standen mit den Fußenden zueinander an der langen Zimmerwand. Harry, Birga und Leo guckten aus dem Fenster, auf der Straße wackelten Gänse.

Harry sagte: „Vielleicht kommt nie jemand." Sein Gesicht war weiß.

Leo trat im Hausflur mit der Schuhsohle gegen den Steinfußboden. „Hallo! Hallo!"

Harry zog die Schuhe aus und legte sich auf ein Bett. „Hallo." Birga legte sich neben ihn.

Leo ließ den Kopf hintenüber aufs Bettzeug fallen.

„Ach, die liebe Einquartierung schläft schon. Da liegen sie und schlafen allesamt wie die Murmeltiere. Ich will ja nur etwas saubermachen." Eine Frau mit einer schwarzen enganliegenden Wollkappe um den Kopf fegte mit einem Besen die Spinnenweben von der Zimmerdecke und aus den Zimmerecken. „So? Der große Bruder mit den Geschwisterlein. Es soll euch hier gefallen." Sie trat mit einer leeren Wasserkanne wieder ins Zimmer. „Wenn ihr nachher das gute Wasser holt. Nach dem Tag kommt die Nacht. Nach der Nacht kommt der Tag. Ich habe auch einen Christian, solchen Jungen."

Harry faßte Leos Handgelenk. „Laß uns weglaufen."

Birga weinte. „Das Bett ist so kalt."

„Reinlegen, zudecken." Leo strich Birga und Harry durchs Gesicht. „Ich hole Trinkwasser."

Mit einem Kaninchen im Arm saß Christian auf dem Küchenfußboden.

Frau Anger schob ihren Kopf bis an Leos Gesicht. „Christians Herzchen. Den ganzen Tag hat er fleißig gehütet. Euer Frühbrot habe ich gerichtet, und die warme Milch setze ich morgen früh an den Herd."

Christian lächelte Leo an. „Herzchen." Sein Kopf war rund wie ein Ball. Arme und Beine waren lange Spindeln. Er schob den Hals ins Fell des Kaninchens. „Herzchen."

Leo streichelte Birgas Kinn. „Schlaf gut, runde Lisa." Er klopfte Harry auf die Nase. „Auch du, Lama." Er legte sich ins Bett am Fenster.

„Ich möchte bei dir liegen." Harry legte sich neben Leo unter die Bettdecke. Birga stieg über die Bettplanke, sie legte sich an der Wandseite neben Leo.

Leo sagte: „Wie soll ich schlafen? Ich kann mich nach keiner Seite drehen. Einer muß raus."

Birga legte eine Hand auf Leos Bauch. „Ich nicht."

Harry sagte: „Erzähl eine Geschichte, Leo."

Leo sagte: „Seetier oder Landtier?"

Birga sagte: „Erzähl von einem Pferd."

Leo sagte: „Ich muß noch die Abenteuer erfinden."

Birga sagte: „Nun fang an. Du kennst keine."

„Ein Pferd hatte keinen Stall mehr, er war ihm überm Kopf weggeweht. Der Besitzer sagte: Jetzt habe ich keinen Stall mehr, jetzt brauche ich kein Pferd mehr. Geh fort. Das Pferd wieherte zum letztenmal in der Heimat und zog auf seinen Hufen über die Landstraße zur Stadt.

Ein kleines Auto stand so fest auf der Straße wie der Meilenstein daneben. Das Pferd sagte: Soll ich Benzin holen? Der Mann sagte: Ohne Geld gibt der Tankwart nichts, und meine Taschen sind so leer wie mein Benzintank. Das Pferd sagte: Ich spendiere dir einen Motor, wirf das Abschleppseil raus. Das Pferd legte sich das Seil über Brust und Schulter und zog das Auto zur Stadt, im Schritt und im Trab, wie die Chaussee gerade gepflastert war ..."

Leo horchte. Ihr schlaft schon?

Annerose schüttelte den Kopf. Sie lachte und weinte. „Wir sind schon lange wach. Wir werden hier auf eigenartige Weise geweckt. Wenn es hell wird, kommt der Herr Steisahmer und rasiert sich im Spiegel, der über den Betten hängt, in denen wir schlafen."

Leo sagte: „Werft ihn raus."

Annerose sagte: „Versteht er gar nicht. Er hat sein Rasiermesser wie sein Morgenbrötchen zwischen den Fingern und erzählt. Schlaft doch weiter, ich kann so früh nicht schlafen. Dabei schabt er. Ihr, heute nacht waren es wieder drei Züge. In der abgelaufenen Woche waren es in einer Nacht gar elf. Angenehme Ruhe. Jetzt lege ich mich auch hin. Spätnachmittag geht es wieder zum Dienst."

Fräulein Steisahmer war einen Kopf größer als Leo und hatte breite Schultern. Sie nahm Leos Hand in zwei große Hände. „Der Vater ist ein grober Kerl. Er sorgt dafür, daß ich ins Grab komme. Aber er täuscht sich, vorher beerdige ich ihn."

Leo sagte: „Wenn ich Sie ansehe, glaube ich es."

Fräulein Steisahmer sagte: „Ich gehöre nicht zu den Winzigsten, nein." Sie lachte und schlug sich mit einer Hand vor die Hüfte.

Herr Steisahmer rief durchs Haus. „Lotte! Lotte!"

„Das ist Eifersucht. Ruhe!" Fräulein Steisahmer stieß den Fuß auf. „Er mag nicht leiden, daß ich mit euch beiden spreche."

„Ich denke, er schläft." Leo lachte.

Fräulein Steisahmer sagte: „Er schläft, er lauscht, er erschreckt einen unversehens in der Küche. Er tut alles, was ihm guttut."

Annerose sagte: „Leo, wir ziehen mit zu euch hinüber."

Fräulein Steisahmer sagte: „Auf keinen Fall das. Er ist stolz, daß er als erster Gäste gekriegt hat. Nun muß er jedoch kommandieren, damit jeder merkt, wer der starke Vater und wer die schwache Tochter ist." Sie setzte sich auf einen Stuhl. „Er ist still."

Annerose sagte: „Über Tag führt er die Wirtschaft, nachts wacht er im Streckenwärterhäuschen. Das Fräulein sagt, er kann den Schlund nicht vollkriegen."

Fräulein Steisahmer sagte: „Ihr könnt ihm eine Mark schenken, er steckt sie wie ein Kind ein. Da wird er nie älter."

Leo sagte: „Wie wollen Sie ihn überleben?"

Fräulein Steisahmer lachte. „Die Mutter hat er ins Grab gebracht, aber ich kenne seine Kniffe. Er ist ein grober Mensch. Ich werde es ihm auch auf den Grabstein meißeln lassen."

„Lotte!" Herr Steisahmer rief hinter Türen und Wänden. „Lotte!"

„Schlaf!" Fräulein Steisahmer riß die Tür auf und ging auf

den Hausflur. Sie öffnete von der Küche her die Tür zum Zimmer. „Kommt her. Er schläft, er braucht mich bloß springen zu hören."

Unter stehendem schwarzen Haar streckte Herr Steisahmer den Kopf in die Küche. „Da liegen viele Äpfel im Garten. Ich habe drei Kisten hinterm Haus zurechtgestellt, lest die Äpfel auf."

Fräulein Steisahmer schlug ihm auf den Rücken. „Da geh." Sie küßte ihn auf den Mund.

Der große Hintergarten stand voll kleiner Obstbäume. An den Zweigen der Apfelbäume hingen kopfgroße Äpfel, sie lagen hellgrün im Gras.

Annerose und Leo setzten sich unter einen Baum.

„Sie küßt ihn, als sei er ihr Mann."

Annerose sagte: „Das breite Fräulein erzieht ihn. Sie will ihn begraben."

Harry und Birga, Wolfgang und Jochen trugen abgefallene große Äpfel einzeln an eine Kiste. „Wie groß. Wie groß."

Harry legte Annerose einen Apfel auf den Rock. „So große Äpfel habe ich noch nie gesehen."

Annerose sagte: „Vielleicht ist es ein verwunschener Garten. Jenseits der Hecke wohnen die sieben Wölfe und das Lamm."

Leo fuhr auf Fräulein Steisahmers Fahrrad in den Marktflecken. Rola lag in einem hellblautapezierten Mansardenzimmer über einer Drogerie.

Leo sagte: „Die Treppe hier herauf ist steil. Wie willst du sie hinunterkommen?"

Rola sagte: „Wenn ich wieder aufstehe, kann ich fliegen, das haben sie einkalkuliert."

Leo sagte: „Birga und Harry halten sich ganz gut. Besser, du wärest wieder da."

Rola sagte: „Die Alte hier läßt mich ziemlich ungestört. Aber sie reibt mir die Beine mit Franzbranntwein ab. Ich soll mich wohl fühlen, tue das einmal in der Fremde."

Leo sagte: „Ich fahre morgen in die Kreisstadt und sehe zu,

daß ihr eine Wohnung in der Stadt kriegt. Wer weiß, wann ich zum Arbeitsdienst muß."

Rola sagte: „Du hast genug mit Kind und Mutter zu tun. Laß andere den Spaten im Morast umdrehen."

Leo sagte: „Deserteure hängen sie an den nächsten Baum."

Rola sagte: „Diesmal war das Kinderkriegen wie einen Rotkohl scheißen. Ich glaube, ich wachse wieder zu."

Leo sagte: „Köpfe vergleichst du wahrscheinlich noch auf dem Friedhof mit Steckrüben. Ich habe gedacht, diesmal sei das Ende besonders leicht gewesen."

Rola sagte: „Guck mal in den Korb. Nur ein recht kleiner Kerl."

Leo beugte sich über einen Stubenwagen und sah blanke Hände.

Rola sagte: „Sehen seine Finger nicht aus wie Hühnerkrallen?" Sie sah auf ihre Finger. „Er wird ein Dieb."

Leo sagte: „Hör auf!"

Rola sagte: „Ich liege hier ruhig und friedlich und denke gar nichts. Ich komme nicht einmal auf einen Namen für ihn." Sie streckte einen Fuß unter der Bettdecke heraus. „Kneif mal in die mittlere Zehe."

Leo sagte: „Die Drogistin ist noch keine Alte. Sie ist höchstens fünfunddreißig Jahre. Alle Zehen bewegen sich. Keine starr, das träumst du."

Rola sagte: „Wie alt sie ist, merkst du, wenn du mit ihr umgehst. Hör doch. 'Halten wir uns an unseren Kopf, er korrigiert das Herz.' Sie redet wie die Vernunft selber."

Leo sagte: „Liegst du gut?"

Rola sagte: „Meine Kinder sind versorgt. Ich habe keine Not. Wenn sie Hunger haben, kann eins das andere fressen."

Leo sagte: „Denke dir Geschichten aus. Sie wollten eine von einem Pferd hören."

Rola sagte: „Ich nehme einen Vogel, bin ich schnell über alle Berge." Sie machte die Augen zu. „Wie mag es Opa und Onkel Gregor gehen? An die denke ich, wenn ich gar nichts denke. Ich glaube, wir nennen ihn Olaf." –

Auf dem Wirtschaftsamt in der Kreisstadt sagte der Mann hinter dem Schreibtisch zu Leo: „Den Wohnraum können Sie sofort haben, aber wie lange Sie auf dem Fußboden schlafen müssen, kann ich Ihnen nicht sagen. Möbel verteilen wir hier nicht."

Leo sagte: „Meine Mutter muß mit dem Säugling und den Kindern in einer Stadt wohnen. Ich fahre in einer Woche zum Arbeitsdienst."

„Am Kies sechzig", sagte der Mann, „siebenhundert Meter von hier, können Sie nicht verfehlen."

In einer geräumigen Villa standen im Erdgeschoß Türen und Fenster offen. Leo rief: „He, hallo! Ist hier jemand?" In der Wohnungstür war kein Schloß. Leo drehte am schmalen zweiflammigen Gasherd in der Küche. Die Gasflamme sprang an. Leo lehnte sich in dem hinteren Zimmer aus dem Fenster.

Eine alte Frau mit einem großen schwarzen Strohhut auf dem Kopf sah zu Leo hinauf. „Sind Sie der Neue? Es sollen Neue kommen."

Leo sagte: „Sind Sie die Hausverwalterin?"

„Ich wohne in dem Häuschen dahinter." Die Frau zeigte mit einem Arm über die Schulter.

Leo sagte: „Wir ziehen mit acht Personen hier ein."

„Die vorigen haben lange hier gewohnt. Sie sind bis nach Warschau weggezogen." Die Frau nickte.

Leo schob ein Brettchen unter die Tür, damit die Wohnungstür nicht offenstand. Die alte Frau rief ihm von der Steinstiege nach: „Sie haben das Türschloß mitgenommen."

Leo stieg in den Autobus und fuhr bis an die Bahnstrecke. Er fuhr mit dem Personenzug bis zum Marktflecken. Er ging den Weg, auf dem sie mit der Kutsche gefahren worden waren, zum Dorf hinauf.

Er klopfte ans Stubenfenster und rief Annerose schon von draußen zu: „Wir haben eine Wohnung in der Stadt!"

Annerose stützte sich an Leos Schulter. „Ach, Mensch. Man müßte aus Stein sein."

Leo fuhr auf dem Fahrrad die Koffer zur Bahnstrecke hinunter, stieg in den Zug und fuhr dann mit dem Autobus zur Kreisstadt. Er stellte die Koffer in der neuen Wohnung in einen Raum, dessen Tür ein Schloß hatte.

Fräulein Steisahmer sagte: „Es ist sehr schade, daß ihr so frühzeitig wieder geht. Jetzt habe ich mich an euch alle gewöhnt."

Harry sagte: „Vor den großen Äpfeln im Garten habe ich Angst."

Fräulein Steisahmer sagte: „Dem Vater gefällt es, wie ihr im Garten Äpfel auflest."

In der ersten Nacht schliefen sie auf dem Fußboden und legten die Köpfe auf ausgestopfte Ärmel. In die hohen vorhanglosen Fenster schien der Mond.

Das Wirtschaftsamt lieferte sechs Pritschen mit Matratzen.

Leo unterschrieb, er erhielt in der Kreissparkasse tausend Mark als erste Rate der Wiedergutmachung des Totalschadens.

Annerose sagte: „Was braucht ein junges Paar, das einen Haushalt beginnt, aber bereits vier Kinder mitbringt?"

Leo sagte: „Küchentisch, Schuhbänder, Schuhbürsten, Seife, Seifenpulver, eine Zinkwanne, einen Besen."

Er schrieb auf, was er einholen sollte: Sieb, Holzlöffel, Trinkbecher, Haarwickler.

„Zu Mittag essen wir Äpfel durch ein Sieb, das Mus streichen wir abends aufs Brot." Annerose sagte: „Nachher holst du noch einmal zehn Pfund Äpfel."

Leo schraubte zwei Stahlbügel an die Wohnungstür.

Annerose schnitt Fransen in eine Zeitung und hielt sie um die Glühbirne in der Küche. „Ist das nicht ein schöner Lampenschirm, Birga?"

Die alte Frau stand mit ihrem großen schwarzen Strohhut hinter dem Haus. „Immer hängt Wäsche auf Ihrer Leine. Alle Kinderchen sehen so frisch aus."

Annerose sagte: „Wenn ich sie nicht wieder an saubere Kleidung gewöhne, verwildern die Kinder."

„Ihnen mag ich zusehen, Sie greifen so kräftig ins Werk."

Die alte Frau erzählte: „Ein schönes Land, Sie werden es gern haben, wenn Sie länger hier sind."

Annerose sagte: „Liebe Frau, ich bin kaum zweihundert Kilometer von hier geboren."

Leo entdeckte in einem Kramladen eine Scheibengardine. Er drehte Häkchen in den Rahmen des Küchenfensters. Annerose spannte eine Schnur und steckte die Gardine mit Nadeln fest.

An einem Nachmittag gingen Annerose und Leo im Lärchenwäldchen des kleinen Stadtparks spazieren.

Annerose sagte: „Im Städtchen könnten wir uns zur Ruhe setzen, bis das Völkerschlagen vorbei ist. Wir kauften uns zum Winter festes Bettzeug und gäben ein älteres Ehepaar ab. Wenn der Krieg vorbei ist, heiratest du ein unbescholtenes Mädchen, und ich nehme Karl wieder auf."

Leo sagte: „Was macht Karl?"

Annerose sagte: „Ich denke kaum an ihn. Er ist ein Mann, der sich zu helfen weiß. Wenn ihn keine Kugel trifft, verschafft er sich täglich Essen und Trinken." Sie hakte sich leicht in Leos Arm. „Nach Karl sehnt man sich nicht, aber wenn er da ist, weiß man, daß ein starker Mann im Hause ist."

Leo sagte: „Ich gehe gern eingehakt neben dir."

Annerose sagte: „Geschieht ausnahmsweise. Wir sind so sehr mit Einrichten und Aufräumen beschäftigt, daß wir von Liebe weit entfernt sind. Aber ich verrate dir, wie man in meiner Heimat die Wege nennt, die kein dritter einsehen kann. Verlobungswege."

Leo sagte: „Hast du wirklich eine Heimat?"

Annerose sagte: „Ich glaube, ich habe keine. Ich bin gern dort, wo ich ein paar Bücher lesen kann und ein paar Menschen finde, mit denen ich mich nicht unwohl fühle."

Leo sagte: „Bei welchen Menschen hast du dich wohl gefühlt?"

Annerose sagte: „Karl brauche ich nicht mit aufzuzählen. Bleiben Ingo, du, Julia, ein HJ-Bannführer, Nellys Mutter. Nelly nicht. Meine Mutter und meine Schwester mag ich nicht in meiner Nähe haben. Ich höre Rola gern sprechen, aber nach fünf Minuten möchte ich sie gern weit von mir haben."

Leo sagte: „Ich kenne fast alle."

Annerose sagte: „Es ist blödsinnig im Leben, aber es gibt keine Überraschungen. Man meint immer, es werde einem Unglaubliches widerfahren, aber wenn man wirklich hinsieht, stößt man nur auf die gewöhnlichen Bekannten."

Leo sagte: „Daß Julia dir gefällt, überrascht mich."

Annerose sagte: „Sie will wissen, ohne dafür zu schwitzen, das stört mich an ihr. Aber sie schreckt vor der Wahrheit nicht zurück und hängt ihr eigenes Herz ins Feuer, um zu sehen, wie es brennt."

Leo sagte: „Ist das ein ostpreußischer Spruch?"

Annerose sagte: „Das ist ein Spruch Anneroses. Mein lieber Junge, es ist nie alles erklärt. Ein Wort wirft nur ein kleines Licht auf den Weg."

Leo sagte: „Nelly nicht."

Annerose sagte: „Ihr Kopf steckt in einem Hühnerschlag, ich kann darin nicht wohnen."

Leo sagte: „Eine bedenkliche Reihenfolge, erst der Bannführer, dann der Kommunist."

Annerose sagte: „Solange wir bewundern, sehen wir nicht. Ich war das Mädchen an der Schreibmaschine. Er war ein Angeber. Mir gefiel er, weil er sicher auftrat und nie zweifelte. Ich zweifle immer. Ich glaube, wäre er plötzlich da, würde er mir noch heute gefallen."

Leo sagte: „Obgleich du weißt, daß er ein Esel war?"

Annerose sagte: „Der Verstand zergliedert alles, aber das Gefühl sucht sich seinen eigenen Weg." Sie lehnte ihren Oberkörper gegen Leo. „Ich zeige dir was." Sie tupfte ihre Lippen gegen seinen Mund. „Ostpreußischer Schmetterlingskuß." Sie stellte sich auf Zehenspitzen und legte ihre Stirn an seine, sie stieß mit den Knien gegen Leos Knie.

Leo sagte: „Berührt der Schmetterling auch die Knie?"

Annerose sagte: „Das war Zusatz. Nur das leichte Berühren der Lippen ist gestattet."

Leo sagte: „Ich mache mich etwas kleiner, dann brauchst du

dich beim nächstenmal nicht erst auf die Zehenspitzen zu stellen."

Annerose sagte: „Auf dem Verlobungsweg wird nur ein Kuß vergeben. Ich fahre von hier zu meinen Verwandten. Ich habe geschrieben, damit meine Tante die Kinder und mich abholt."

Leo sagte: „Ich verstehe, du willst nicht erst warten, bis Rola da ist."

Annerose sagte: „Man kann Rola zuhören, auch mit ihr sprechen, auch staunen, wie sie sich selbst die Gurgel zudrückt, aber leben kann man mit ihr nicht."

Leo sagte: „Du hast Courage, zu deinen Verwandten zu fahren."

Annerose sagte: „Das ist nackter Egoismus. Sie werden mich und die Kinder am Leben erhalten wollen. Ich bringe ein Opfer jenseits der Vernunft."

Leo sagte: „Wie gern gehst du?"

Annerose schob den Kopf hin und her. „Es bleibt ein ungeklärter Ekel, den man überwindet. Wir spüren den Duft, der uns trennt, mehr als den Geruch, der uns verbindet. Ich werde sogar ein gesellschaftliches Ansehen genießen. Mein Onkel besitzt eine Apotheke, und ich bin die junge schöne Nichte."

Leo verschnürte Pappkartons für Annerose. Er schrieb die Adressen und brachte die Pakete zur Post. Leo buk Pfannkuchen und warf sie über der Pfanne in der Luft herum. Er tauschte Buttermarken für Bindfaden ein.

Annerose stieg mit einer alten großen Frau die Steintreppe zur Wohnung herauf.

Sie stellte die Frau auf den Wohnungsflur. „Das ist Tantchen."

Die Tante aus Marienwerder sagte: „Welche sind deine?"

Annerose rief: „Kommt her, Wolfgang, Jochen. Tantchen, diese beiden sind es."

Die Tante aus Marienwerder zog ihren großen, braunlippigen Mund breit. „Dazu noch all die anderen."

Annerose sagte: „Zwei befreundete Familien. Drei Kinder der einen Mutter, zwei Kinder der anderen. Jetzt kommt noch eins hinzu, dann hat die eine Mutter vier."

Die Tante aus Marienwerder sagte: „Wo bleibt sie denn?"

Annerose sagte: „Sie liegt noch mit dem letzten im Bett, es ist gerade geboren."

„Gerade geboren, das ist jung."

Annerose zeigte auf Leo. „Das ist der Älteste, bereits ein junger Mann."

Die Tante aus Marienwerder hob die Koffer auf und trug sie auf dem Flur hin und her. „Sind zwei leichte Koffer. Einen nehme ich, einen nimmst du, Rose."

Rola hielt Olaf im großen Kopfkissen, sie saß vor der Bahnhofsgaststätte des Marktfleckens und hatte sich ein kleines Bier geben lassen.

„Leo!" Sie winkte Leo, der mit einem kleinen Koffer aus dem Zug gestiegen war. „Willst du verreisen? Ich wollte nicht länger in der Einsamkeit liegen."

Leo sagte: „Wo sind deine Sachen?"

Rola sagte: „Kamm und Taschentuch habe ich ins Kopfkissen geschoben. Gepäck haben wir in der Hauptsache im Herzen."

Leo sagte: „Hast du sonst nichts zu tragen?"

Rola tickte mit dem Daumen gegen Olaf. „Den da. Etwas zu klein. Sehr leicht. Aber zu tragen ganz schön schwer. Setz dich ruhig etwas endgültiger hin. Du wirst mir erlauben, daß ich mir Land und Leute etwas ansehe."

Leo sagte: „Wie bist du über die steile Treppe gekommen?"

Rola sagte: „Die Alte hat ihn getragen, sie hatte wohl Angst, Mutter und Kind fallen sich einige Knochenbrüche und wir liegen noch länger auf ihrer Etage."

Leo sagte: „Wenn du sprichst, hört man, wie dankbar du ihr bist."

Rola sagte: „Sie hat mir eine Gummiunterlage ausgeliehen." Sie kicherte. „Soll sie ihr, wenn ich sie ausgebraucht habe, zurückschicken. Dem einen brennen sie das Dach überm Kopf weg, und der andere sagt, während er ihn aus dem Loch zieht, daß die Tat nur eine Leihgabe ist."

Leo sagte: „Wie gefallen dir Stadt und Land? Über die Leute hast du schon gesprochen."

Rola sagte: „Mich wundert, wie lang der Weg von der Drogerie bis hierher zum Bahnhof ist. Ich muß damals doch einen längeren Augenblick die Augen zugemacht haben. Lindenbäume haben sie an die Straße gepflanzt und einen breiten Bürgersteig gelassen. Ich bin solche Lindenalleen nur aus Schloßparks gewohnt. Bestell mir noch ein Bier, dir eine Brause."

Rola und Leo saßen im Zug und grinsten, wenn Olaf aus dunklen Augen um sich guckte. Rola guckte nach den fernen Landstraßen und den Feldern, die wie ausgebreitete Wolldecken nebeneinanderlagen. Einzelne Pferde stapften über die Erde, kurze Menschen gingen hinter ihnen. An einer Bahnschranke wippten Kinder auf der Deichsel eines Ziehwagens. Aus dem Autobus guckte Rola auf die selbstgezimmerten Holzhäuschen, die etwas entfernt zu beiden Seiten der Straße standen. Sie fuhren über den Marktplatz der Kreisstadt bis zu der Station, die der Wohnung am nächsten lag.

Rola trug Olaf im großen Kopfkissen und guckte die Leute an, die vorbeigingen. „Wir hätten auf dem Marktplatz aussteigen sollen. Ich hätte gern einmal wieder ein paar Augenblicke in Geschäfte geguckt."

Leo sagte: „Wir gehen zurück, ich trage ihn."

Rola sagte: „Fast falle ich auf deinen Vorschlag herein. Aber tragen kannst du ihn ein Stück." Sie schwenkte die Arme neben dem Kleid. „Leer und leicht und luftig wie vor dreißig Jahren."

Leo sagte: „Kannst du dich überhaupt noch daran erinnern?"

Rola sagte: „Du Idiot. Es ist gerade so, als ginge ich noch einmal neben mir selber."-

Die alte Frau mit dem schwarzen Strohhut rief zu Leo zum Fenster hinauf: „Jetzt hängen Windeln. Ist die Mutter mit dem Baby da?"

Rola lehnte sich aus dem Fenster. „Die junge Mutter ist da. Etwas älter geworden, aber zur Mutter reicht's immer."

Die Frau mit dem schwarzen Strohhut sagte: „Ich wünsche Ihnen eine gesegnete Zeit. Martha Hohbinder."

Rola sagte: „Rola Klaiber. Ist mir eine Freude. Haben wir uns hier in der Fremde kennengelernt."

Die Frau mit dem schwarzen Strohhut sagte: „Ein schönes Land. Es nimmt uns alle in die Arme."

Rola sagte: „Man muß nur Zeit haben, sich wiegen zu lassen. Im Augenblick muß ich den drei Großen den Mund stopfen." Sie stellte in der Küche die Füße auf einen Koffer, damit sie Olaf besser auf dem Schoß hielt, und summte ihm etwas vor. „Schlaf, kleiner Murkser. Das Leben ist länger, als du denkst."

Leo sagte: „Wir brauchen nur noch wenig, zwei Schränke, dickere Wolldecken, jeder ein zweites Paar Schuhe. Ich zimmere einen Schemel, dann kannst du die Füße darauf stellen."

Rola sagte: „Großartig. Du denkst nicht einmal an Bettlaken und Bezüge."

Birga sagte: „Wohin fliegen die Wespen?"

Rola sagte: „Dahin, wohin wir nicht kommen, in den Himmel."

Leo sagte: „Solange ich keine Post kriege, rühre ich mich nicht vom Fleck."

Rola sagte: „Hier einen Winter. Dann laufen wir vor Kälte um die Pritschen, und der einzige, der uns zusieht, ist der Schnee mit seinen weißen Augen." Sie stellte einen Zeigefinger unters Kinn und pfiff ein bißchen. „Ich denke oft an eine schöne Eisenbahnfahrt."

Birga sagte: „Wohin?"

Rola sagte: „Über den Schienen, auf den Rädern, im Coupé, alle Welt fliegt draußen vorbei, wir brauchen nicht einmal zu winken, keiner guckt uns nach, und wir treten dann ins Haus ein, und sie fragen, was möchten Sie haben, kühle Milch oder Kakao?"

Birga sagte: „Ich nehme Kakao."

Rola sagte: „Ich sage, eine Tasse Kaffee. Fremde war schön, wenn man wieder nach Hause gekommen ist."

Leo sagte: „Das redest du wohl den ganzen Tag lang vor dich hin."

Rola sagte: „Du wirst mir noch erlauben, mir vor Augen zu führen, was ist."

Leo sagte: „Wieviel Milch soll ich holen?"

Rola sagte: „Mache vor allem ein erschöpftes Gesicht, damit die Milchfrau vor Erbarmen ein paar Liter mehr gibt."

Die Frau mit dem schwarzen Strohhut saß auf der Holzbank hinter der Villa, Rola saß neben ihr.

„Guck, jetzt hören Sie es. Hier singen die Bäume, und der Fluß hinterm Hügel summt."

Rola sagte: „Ja, ist Abend, und man wird müde und melancholisch."

Die Frau mit dem schwarzen Strohhut sagte: „Sie sind ein Mensch, der ein Ohr hat, das habe ich sofort gespürt."

Rola sagte: „Sind hohe Apfelbäume und duften bis hier unten."

Die Frau mit dem schwarzen Strohhut zeigte mit zwei Fingern. „Der hat den Tag lang zuviel Schatten, er ist nur gelbbackig, aber der da hat rote Backen, er steht in der Sonne. Er wird sich leicht vom Zweig lösen, und man hat ihn mit dem Stielchen in der Hand."

Rola sagte: „Ich verstehe etwas von Fischen, ich habe sie gefangen, geräuchert und mariniert. In dem Augenblick, in dem sie wie Seide Widerhaken bilden, muß man sie einbeißen, dann sind sie gar wie Brot."

Die Frau mit dem schwarzen Strohhut sagte: „Der Herrgott macht die Dinge."

Rola sagte: „Nicht immer gut. Wenn ich an das denke, was der Himmel bei uns angerichtet hat."

Die Frau mit dem schwarzen Strohhut sagte: „Der Herr beschenkt uns reichlich, glauben Sie mir das."

Rola sagte: „Uns hat er Bomben geschenkt und die Wohnung gestohlen."

Die Frau mit dem schwarzen Strohhut sagte: „Die Verbitterung spricht aus Ihnen. Wer lebt, soll den Herrn erkennen."

Rola nickte vor sich hin. „Manchmal besser, einer wird

nicht erkannt. So lange bleibt uns wenigstens die schöne Täuschung." Sie wippte mit einem Fuß.

Die Frau mit dem schwarzen Strohhut sagte: „Sehen Sie den Apfel mit den goldenen Flecken an, dann glauben Sie wieder."

Rola sagte: „Die Heimat fehlt mir. Hier wohne ich neben Gras und Halm und weiß immer, daß es Orte gibt, in denen hohe Häuser stehen."

„Die Heimat." Die Frau mit dem schwarzen Strohhut strich sich über einen Schenkel. „Die Heimat bleibt immer die gute Mutter, auf der wir wachsen. Sollte ich einmal gehen müssen, ich trüge sie auch immer mit mir."

Rola sagte: „Einen Gott im Himmel kann es kaum geben, sonst hörte er Sie und mich."

Die Frau mit dem schwarzen Strohhut sagte: „Der Herrgott im Himmel hört alles, er hat auch schon die Salben und Binden bereit. Herr, so spreche ich, ich überlasse dir die Herrschaft über mein Leben. Wer heimkehrt zum Herrn, ist zu Hause."

Rola sagte: „Spreche ich ein bißchen in Ihrer Sprache: Ich werde mein Herzchen behorchen."

Die Frau mit dem schwarzen Strohhut sagte: „Das reine Herz bleibt auch im Kot rein. Warten Sie, nichts wird so sehr zur neuen Heimat wie das Bäumchen, das singt, und das Flüßchen, das summt. Das Paradies läßt uns ein, wir müssen nur stark klopfen."

Rola sagte in der Küche zu Leo: „Wann fährt der Frühzug? Und wann der Autobus?"

Leo sagte: „Wir müssen Julia und Nelly schreiben, ob sie uns aufnehmen können."

Rola sagte: „Nichts wird geschrieben. Wenn sie Zeit haben, sich Gründe auszudenken, weshalb wir nicht kommen können, finden sie welche. Wenn wir vor der Tür stehen, können sie uns nur reinlassen."

Leo sagte: „Was machst du, wenn der Kreisleiter wieder in die Stube kommt?"

Rola sagte: „Ich sage ihm, er soll hierherfahren und sich hinterm Haus erzählen lassen, was Heimat ist." Sie stieß Leo mit der Faust gegen die Rippen. „Du fährst sowieso nur als Kofferträger mit. Das reine Herz bleibt auch im Dreck rein. Die blödsinnige Alte."

Morgens um fünf gingen Rola, Harry, Birga vor die Wohnungstür. Leo hängte das Schloß vor den Sperriegel und schloß ab. Harry und Leo trugen die Koffer. Rola hatte Olaf im Kissen auf dem Arm. Sie fuhren mit dem Arbeiterbus zum Bahnhof und stiegen in den frühen D-Zug. Rola saß auf der Wolldecke und guckte das Land an, das im langen Mittagslicht vorbeizog. Birga legte den Kopf auf Rolas Schoß und wollte, wenn sie aufwachte, wissen, wie oft der Zug jetzt noch hielte. Harry schrieb auf, was das Pferd in der Geschichte, die er erzählte, erleben sollte. Leo aß und trank während der Fahrt nicht, damit seine Augen groß und seine Wangen hager aussähen und er Julia gefiele.

Sie fuhren von der Bahnstation auf einem Pferdefuhrwerk nach Klockendorf mit.

Julia stand im Türrahmen und trat einen Schritt zurück. „Laßt mich Luft holen. Ich glaube, ich sehe Gespenster."

Leo sagte: „Obgleich es gleich dunkel ist, sind wir keine."

Nelly sagte: „Wie stellt ihr euch das vor? Was ist?"

Rola sagte: „Mit der Fremde werden wir nicht fertig. Wir brauchen Menschen, die man anfassen kann."

Nelly legte eine Hand auf Rolas Arm. „Rola, du kommst wieder. Meine Mutter ist noch nicht gekommen." Ihr großer Bauch zuckte.

IV

Rola mit ihren Kindern wohnte in dem Zimmer, in dem Annerose mit Wolfgang und Jochen gewohnt hatte. Olaf kriegte die gute Kuhmilch. Harry ging in die Dorfschule. Leo wartete auf Post vom Wehrbezirkskommando.

Rola, Julia, Nelly, Leo saßen in der zweiten Küche. Nelly sagte: „Ich mag kein Kind kriegen, ich fühle mich allein in der Welt."

Rola sagte: „Du kriegst deine Eltern nicht wieder. Ich sage, schlucke das, sonst tragen wir dich hier auf den Friedhof."

Nelly setzte sich auf die oberste Stufe der Steinstiege und legte das Gesicht auf die Knie. „Ihr seid alle so hart zu mir. Keiner spricht mit mir."

Julia sagte: „Jeder spricht mit dir. Du willst nicht mehr mit uns sprechen."

Nelly sagte: „Was soll ich auch sagen? Ihr hört nicht zu. Warum kommen meine Eltern nicht wieder?"

Julia sagte: „Sie sind tot. Das heißt, es ist aus. Ramm dir das in den Kopf. Du sagst morgens dasselbe wie abends und nachts dasselbe wie mittags."

Nelly sagte: „Was soll ich noch sagen? Ihr seid nur abweisend zu mir."

Leo setzte sich neben Nelly auf die Steinstiege. „Nelly, ich spreche über alles mit dir. Komm, wir gehen hinterm Wäldchen spazieren."

Nelly schob Leo beiseite. „Nein." Sie ging ins Zimmer, in dem sie und Julia schliefen. Sie legte sich aufs Bett und deckte sich zu. „Stört mich nicht."

Julias Unterkiefer zitterte, aber sie kicherte. „Leo, sie landet in der Anstalt. Ein Mutterkind. Wenn Hannelore mir so kommt, trete ich ihr in den Arsch, damit ich sie hart mache. Man kann doch nicht wie ein Busen an der eigenen Mutter kleben."

Rola sagte: „Würdest du verrecken wollen, wenn ich sterbe, Leo?"

Leo rief: „Nein!"

Julia rief: „Ich auch nicht."

Rola sagte: „Ihr beide seid mir viel zu vergnügt."

Leo und Julia zogen den vollen Kübel unter dem Klosettsitz hervor. Sie trugen ihn mit seitwärts gehaltenen Oberkörpern über das knuppige Hofpflaster. Sie stiegen hinter dem Kuhstall über ein Brett auf den Misthaufen und gossen den Kübel aus.

Sie liefen mit dem leeren Kübel über den Hof und stellten ihn wieder unter das Sitzbrett.

„Ziemlich stark, daß das Leben am Ende so stinkt." Julia lachte.

Leo sagte: „Man wird ziemlich nachdrücklich mit sich selber bekannt."

Julia sagte: „Möchtest du nur Geist sein?"

Leo sagte: „Nicht einmal nur Seele." Er drehte die eingeseiften Hände im Wasser in der Emailleschüssel.

Julia roch ihre Hände. „Meine riechen nur ein bißchen warm. Zu schade zum Waschen." Sie rieb ihre Waden mit einem Schwamm ab. „Sie könnten stinken. Ist man manchmal ohne Körper, wenn man denkt?"

Leo sagte: „Ich nehme es an. Ich spüre Schenkel und Ohren nicht, wenn ich gerade mit einem Gedanken mitfliege."

Julia sagte: „Gestank. So riecht ein Teil von uns immer. Woran denkst du am liebsten?"

Leo sagte: „Im Augenblick einfach daran, wie das Hofpflaster daliegt, eine versteinerte Rübe neben der anderen. Ich kann schlecht zeichnen. Wie kann man es mit Worten vorzeigen?"

Julia sagte: „Wir können Zeichnen üben."

Leo sagte: „Mit Fleiß kann jeder das Profil des anderen zeichnen."

Julia sagte: „Warum können wir beide nicht Küssen üben? Wäre lebhafter."

Leo sagte: „Ich hätte Bedenken. Ich langte richtig zu, und wir säßen in der Patsche."

Julia sagte: „Seine beste Zeit verbringt man damit, Scheiße über den Hof zu schleppen. Du hattest eine schöne Zeit mit

Annerose. Weit und breit kein Aufpasser."

Leo sagte: „Annerose und ich mögen einander nur wenig, wir haben die Zeit damit verbracht, einzuholen und Kinderhosen zu waschen." Er setzte sich aufs Küchensofa und blickte zum Licht.

Julia zeichnete Leos Gesicht. Sie knackte mit den Zähnen. „Du stellst dich mit Absicht häßlich. Vorhin warst du schöner. Völlig blöde Züge."

Leo sah aufs Papier. „Du mußt mehr arbeiten. Einmal übers Papier fahren reicht nicht."

Er zeichnete Julias Stirn und Nase, dann Kinn und Mund. Er zeichnete unter die Ohren das fette Kinn. Jetzt zu dick, jetzt zu dünn. Der Mund muß kleiner, aber voller werden.

Julia schlug auf das Papier. „Warum malst du mein Kinn so gemein?"

Leo sagte: „Das bist du, mehr habe ich nicht getan."

Julia sagte: „Zu meinen Gunsten hättest du etwas lügen sollen."

Leo sagte: „Du willst doch nichts anderes wissen als: Wie sehe ich aus?"

Julia sagte: „Sehe ich so aus? Magst du mich so leiden?"

Leo sagte: „Es geht so."

Julia sagte: „Annerose hat es jetzt gut, sie kann bei Verwandten die Schutzbedürftige und junge Dame spielen. Du hast sie oben bei der Räucherkammer geküßt."

Leo sagte: „Ich weiß es nicht mehr. Sicher hat sie mich geküßt. Du würdest nicht an Anneroses Stelle sein wollen. Sie ist abhängig von Verwandten und muß den Mund halten."

Julia sagte: „Ich träume von Albert. Er ist weit von der deutschen Grenze. Zu Fuß kommt er nie wieder."

Leo sagte: „In kleinen Fußmärschen schafft er in zwei Monaten mehr als fünfhundert Kilometer."

Julia sagte: „Es wäre besser, man hätte, wenn Krieg ist, keinen festen Mann. Die Liebe ist eine Stecknadelgeschichte, wohin man faßt, überall sticht man sich."

Leo sagte: „Ich denke an deine Warnung und heirate nicht."

Julia sagte: „Nelly soll sich der Sache stellen. Wenn die Eltern weg sind, sind sie weg. Nachts heult sie. Wenn mir ein Finger abgeschnitten worden ist, kommt er nicht wieder."

Leo sagte: „Du wagst Vergleiche. Man muß Julia heißen, um das zu tun."

Julia rief: „Du lebst nur einmal, Leo! Das mußt du dir vor Augen halten. Wenn das Leben eines anderen zu Ende ist, mußt du sehen, daß du deins wieder in die Reihe kriegst. Ein Finger, den du hergegeben hast, fehlt dir mehr als das ganze Leben, das ein anderer verloren hat."

Leo sagte: „Willst du ihr helfen?"

Julia sagte: „Will ich nicht. Ich denke, du müßtest dich einmal nackt ausziehen, und wir alle guckten zu."

„Leo, du machst dich frei", sagte Leo, „und Julia, Nelly, deine Mutter gucken zu."

Julia sagte: „Warum geht das nicht? Sagen dürfen wir, was wir wünschen, aber in der Wirklichkeit darf es nicht geschehen."

Leo sagte: „Wenn ich ein Pferd wäre, könntest du mir sogar auf den Hintern klopfen, ohne daß ich wegspränge."

Julia sagte: „Es ist jedenfalls öde, ohne einen Mann zu sein."

Vor dem Kuhstall hielt Louis, der kriegsgefangene Franzose, den Bullen am langen Haken am Nasenring. Der Bulle sprang hoch und schlug die Vorderhufe auf den Kuhrücken.

Birga und Anita, Elsa, Karin, Detlef, Jörn, die Kinder der jungen Bäuerin Bosch und ihrer Schwägerin Käte, schrien: „Der Bulle! Der Bulle!" Sie rannten zurück zum Wohnhaus.

Julia kicherte. „Es ist, als ob er Funken schlägt."

Leo stand hinter ihr am Küchenfenster und zog sie am Haar. „Elementar. Vergeht einem das Kosen."

„He." Rola hielt eine Handfläche unterm Kinn, sie stützte mit der anderen den Ellenbogen. „Hätte etwas Dunkelheit und eine Bettdecke nötig. Ihr da, gefällt mir gar nicht."

Julia sagte: „Was, Rola, so richtig unverschämt."

Rola sagte: „Sei froh, daß der Mensch seine Natur noch ein bißchen verkleidet."

Die junge Bäuerin Bosch stand neben Louis und dem Besitzer der Kuh. Sie rief der Kuh zu: „Liese, ist doch schön." Sie lachte Louis an. „Dummes Schaf. Soll sie doch viel mehr ausnutzen."

Der alte Bauer Bosch stieß seinen Handstock auf das Hofpflaster. „Macht seine Sache ordentlich."

„Darauf trinken wir einen Blauen." Die junge Bäuerin Bosch zog den Besitzer der Kuh zur großen Küche. „Komm du auch, Louis."

Der Besitzer der Kuh leckte die Lippen. „Steht auch das Glas wieder leer." Er schob mit dem Zeigefinger das leichte Glas näher an die Flasche.

„Weil's so schön ist." Die junge Bäuerin Bosch legte den Kopf hintenüber. „Jetzt kommt das dritte, nicht?"

Der alte Bauer Bosch ging über den Hof und hockte sich hinter dem Stall auf den Mist.

Julia lief vom Hof in die zweite Küche. „Er hockt wie ein großer Hase, der Eier legt." Sie zog die Augen zu Schlitzen. „Ich gehe ahnungslos und sehe ihn blank dasitzen."

Leo sagte: „Er kennt seinen Tresor und will das Gold direkt einlegen."

„Die junge Bäuerin Bosch sagt, die Alten verwahren die Mettwürste und die Schmalzkruken unterm Bett", Julia kreischte, „neben den vollen Nachttöpfen, damit sie jederzeit ihren Vorrat kontrollieren können."

Rola schälte Kartoffeln, sie sah vom Messer auf Julias Mund. „Das Leben ist schweinisch."

Nelly klagte vom Sofa: „Ihr sollt euch benehmen."

Rola sagte: „Nelly, Mensch, habe dich nicht so."

Julia sagte: „Die junge Bäuerin Bosch macht Louis verliebte Augen."

Nelly sagte: „Louis hat schon manche angeguckt."

Leo stellte neben der Steinstiege die Holzkloben auf die Axt und schlug die stumpfe Seite auf den Haublock.

Die Schwägerin der jungen Bäuerin Bosch klapperte auf Holzpantinen über den Hof. „Leo, du schaffst was."

Leo sagte: „Ich muß mich ranhalten. Ich weiß nicht, wie lange ich Zeit habe, ehe ich wegmuß." Er zog Pullover und Turnhemd aus und hackte mit nacktem Oberkörper.

„Mädchen!" Die Schwägerin der jungen Bäuerin Bosch rief in die zweite Küche: „Ihr habt einen ganz stattlichen Mann bei euch." - Julia sagte: „Er hackt Holz, damit er uns im Winter warm hält."

Die Schwägerin der jungen Bäuerin Bosch kicherte. „Tut er nichts, damit er euch jetzt warm hält?"

Nelly klagte in die Küche: „Sie ist ganz gemeines Geschmeiß, wie die junge Bäuerin Bosch selbst."

Rola sagte: „Laß die leben, die noch leben."

Nelly sagte: „Nehmt euch in acht. Ihr zieht mich morgens aus dem Dorfteich, dann bin ich euch endlich entgangen."

Julia rief: „Ach du, du tyrannisierst uns." Sie schlug auf die Tischkante. „Du bist als Kind verzogen worden, das ist alles."

Im Hauklotz steckte unterm Beil ein Brief. „Warum so stolz, junger Herr? Sie können grüßen." Auf die Ecken des Papiers waren Schlüsselblumen und Veilchen gemalt.

Leo sagte: „Angela."

Julia schüttelte den Kopf. „Nicht das Pflichtjahrmädchen. Das ist die Russin, Anna. Sie zeichnet besser als wir beide."

Rola sagte: „Wo er geht und steht, gucken sie ihm nach. He, Leo, im Elend malt sie für dich ihr Herz auf Papier. Sie möchte, daß du sie anguckst. Sie möchte wenigstens einen Blick von dir an ihre Wangen halten."

Leo sagte: „Hör auf!"

Nelly rief: „Du siehst Anna nicht an!"

Rola sagte: „Nicht meine Sache. Hast du nun ein veredeltes Herz, oder lernst du die lateinischen Vokabeln nur auswendig?"

Leo sagte: „Sie soll mich in Ruhe lassen. Du faselst."

Rola sagte: „Auf die Botschaft eines Herzens ist das keine Antwort."

Julia lachte. „Los, Rola, stich Nadeln in die Sau. Er guckt

so talentiert scheu." Sie stieß Leo ins Küchensofa. „Bändele ein bißchen mit ihr an. Uns erzählst du, wie weit du mit ihr gekommen bist."

Nelly rief: „Laßt den Jungen zufrieden. Ihr beide wollt ihn versauen. Leo bleibt so, wie er ist."

„Halt den Mund, Nelly." Julia klopfte auf Leos Arm. „Erst lobst du ihre Augen, dann sagst du, sie hätte eine so klare Stirn, dann faßt du auf ihre schöne Brust."

Rola sagte: „Du verdienst eine aufs Maul, Julia."

Nelly sagte: „Leo denkt daran, daß er im KZ landet. Sie hat früher Tee bei uns getrunken, das muß reichen."

Leo sagte: „Ich werfe ihr eine Kußhand zu. Dann weiß sie, daß sie nicht umsonst geschrieben hat."

Julia rief: „Du listiges Biest, Rola, du bist doch ganz raffiniert."

Ingo kam auf Heimaturlaub.

Auf dem Hof des Bauern Bosch gingen alle auf Holzpantinen. Ingo zog sie aus, als er vor Leo die Treppe zur Dachkammer hinaufstieg, in der Harry und Leo nachts schliefen.

Leo dachte: Er hat große Füße in den grauen Socken. „Ich habe mich an die Holzpantinen gewöhnt. Man kann sogar leise darauf gehen."

Ingo zündete sich eine Zigarette mit Goldmundstück an. „Holzpantoffeln sind ein Zeichen der Gefangenschaft. Wer sie leiden mag, mag sie leiden mögen. Ich habe sie einmal eine Zeitlang verordnet bekommen."

Leo sagte: „Ich erinnere mich."

Das gelbe Nachmittagslicht schien in die Dachkammer, Ingo legte sich auf ein Bett und nickte zur Zigarettenschachtel neben dem Kopfkissen. „Du nimmst, wenn du möchtest. Brauchst aber nicht zu rauchen, ich halte dich auch so für irgendeinen Kerl."

Leo legte sich auf das andere Bett und drehte sich auf die Seite, er zog die Beine an, seine Knie berührten die Bettkante. „Wann wirst du wieder an der Front sein?"

Ingo sagte: „Ich habe einen Reisetag, aber man braucht leicht zwei oder drei Tage, das ist so ein geheimes Übereinkommen. Die hohe Führung weiß, daß sonst keiner mehr schießen würde." Der blaue Rauchfaden zog aus seinem Mund. „Man hat ein wenig Zeit nötig, wenn man dem Tod wieder näher kommt."

Leo sagte: „Siehst du oft Tote?"

Ingo sagte: „Man guckt zu wenig genau hin. Wenn einer den Mund zugemacht hat, zählt er nicht mehr. Manchmal fängt er erst dann an zu sprechen, das ist das Idiotische. Wie soll deine Schilderung vom Apfelpflücken heißen?"

Leo sagte: „Aufbruch der Apfelpflücker."

Ingo sagte: „Der Titel könnte dich ziehen."

Leo sagte: „Ich will nur drei Dinge darstellen, Aufwachen, Frühstücken, Abfahren."

Ingo sagte: „Allerlei. Wenn dir das gelingt, kann es eine gute Geschichte werden. Wir müssen wie die Verrückten leben und für jemanden in den Krieg ziehen, mit dem wir nichts zu tun haben wollen. Ich meine, früher Opa und Papa, heute wir beide."

Leo fragte: „Wie viele merken, was sie tun?"

Ingo sagte: „Das sind wenige. Mitunter trifft man einen, und man weiß, jetzt stehen zwei Verrückte beieinander und unterhalten sich. Warum schießt du auf den drüben? Weil er mir nichts getan hat."

Leo sagte: „Es gibt nur einen Ausweg, man muß sich selbst erschießen, dann kann man keinen anderen mehr erschießen."

Ingo lachte. „Richtig, du Verrückter. Großartige Haltung, uns nageln sie an die Wand, und wir sind so vornehm und nehmen ihnen nicht die Hämmer weg und schlagen ihnen nicht den Schädel ein."

Leo sagte: „Würdest du einen erschlagen können?"

Ingo sagte: „Das frage ich mich erst hinterher, wenn ich ihn erschlagen habe. Aber ich werde auf keinen, den ich nicht einmal kenne, schießen. Ich muß mir sagen, eher lasse ich mich erschießen."

Leo dachte: Ich glaube nicht, daß er es tut. Im letzten Moment handelt er doch anders. „Hättest du mit der Russin gesprochen, wenn sie dir eine Post geschrieben hätte?"

Ingo sagte: „Wohin Deutsche kommen, gewinnt man als Soldat kaum noch einen Ausländer zu einem Blick oder einem Wort. Schüttle ihr die Hand, Leo, vielleicht bist du der letzte, der es in ihrem Leben getan hat."

Leo verschränkte die Hände vor einem Knie. „Der Krieg nimmt kein gutes Ende, aber ich bin zu feige, daran zu denken. Ist Lachen verboten?"

Ingo lachte. „Eine so notwendige Lebensäußerung wie das Weinen. Mitunter das einzige, was einem bleibt. Du lachst, um dich nicht selbst ins Irrenhaus zu sperren. Wir fallen über Europa her, morden, töten, rauben und hoffen, daß wir gut davonkommen."

Leo sagte: „Ich denke, du hoffst nicht."

Ingo sagte: „Ich hoffe wie mein trister Nebenmann. Ich gehöre zu den kleinen Schweinen, die den Metzger und sein Messer sehen, aber fröhlich quieken, weil sie meinen, vielleicht nimmt er eine andere Schwarte." Er zog an der neuen Zigarette, seine Lippen faßten bis ans Ende des Goldmundstücks. „Wer denkt, ist in einer üblen Lage. Er könnte richtig handeln, denn er weiß, was sein Verstand ihm vorschreibt. Aber er ist faul und will leben. Das tut er, und er und das Ganze verrotten."

Leo sagte: „Erst möchte ich ein paar Jahre leben, dann bin ich bereit zu sterben."

Ingo lachte. „Du bist ein Arschloch. Das kann jeder sagen. Dein Leben ist dir am wertvollsten, du müßtest den Mut haben, es für etwas einzusetzen."

Leo sagte: „Wofür?"

Ingo sagte: „Es wäre ganz einfach. Du läßt dich dafür erschießen, daß drei Menschen, die du kennst, so leben dürfen, wie sie leben möchten, Rola, Nelly, Julia."

Leo sagte: „Wenn du mitmachtest."

Ingo sagte: „Jetzt kommt der Haken. Wer garantiert dir, daß sie wirklich leben bleiben und nicht nach dir an die Wand gestellt werden? Von Frankreich bis Rußland wird heute an die Wand gestellt. Wir haben den Wortbruch in die Welt gesetzt, wem willst du noch trauen? Die Menschen in Europa haben Durst auf deutsches Blut, sie werden uns in die Herzen beißen."

Leo hörte die lauten Flügelschläge der Tauben, die draußen in den Baum flatterten. „Wenn man daran denkt, mag man kaum ein Deutscher sein."

Ingo sagte: „Haben wir es noch verdient, als Volk am Leben zu bleiben? Ich kann nicht ja sagen. Wir haben an der Spitze einen Schlachter, und keiner bei uns nimmt ihm das Beil." Er sah zu Leo hinüber. Kind, wie er vor sich hin guckt. „Aber es bleiben Deutsche nach, die Unempfänglichen und Rohen immer."

Leo sagte: „Wie kann man die Menschen erziehen, gut zu sein?"

Ingo sagte: „Von hundert Menschen kann man neunzig nur dressieren. Belohnung, wenn sie gehorchen, sonst Strafe. Erziehen heißt ja, das Gute im Menschen freilegen, damit das feinere Gefühl und der klare Verstand ans Licht kommen. Menschen sind fast immer Egoisten, die für sich selbst sorgen. Die meiste Zeit unseres Lebens unterdrücken wir die zweite Hälfte in uns so sehr, als ob sie gar nicht vorhanden wäre."

Leo sagte: „Welche meinst du?"

Ingo sagte: „Die Empfindung für den anderen, sie ergänzt den Egoismus. Als Mensch kann kein Mensch allein leben. Egoismus ist nur berechtigt, wenn du dich für den anderen erhältst und du bereit bist, auch für den anderen Sorge zu tragen."

Leo sagte: „Mir ist klar, was wir von Staats wegen nach innen und nach außen tun sollen. Wir sollen jeden, der etwas anderes fühlt und denkt, als verordnet ist, wie einen Hund prügeln."

Ingo sagte: „Ganz schön, daß ich dich noch einmal gesehen habe, ehe du zum Arbeitsdienst abdampfst."

Leo sagte: „Guck, kennst du noch die Schattenspiele?" Er machte eine Faust und zeigte an der besonnten gekalkten Kammerwand einen dicknasigen Mann mit Schirmmütze. Er zeigte mit zwei Fäusten einen wandernden Elefanten.

Ingo sagte: „Ganz lustig. Man sollte sich im Urlaub freuen, aber er ist auch ein elendes Ereignis. Man zählt die Tage, anstatt sich in ihnen einzunisten. Man weiß zu gut, daß alles vorläufig ist, das erzeugt Schatten."

Leo sagte: „Stehst du an der Front direkt im Graben?"

Ingo sagte: „Ich glaube, du stellst dir die Front falsch vor. Selten, daß man im Graben steht. Meist läuft man hin und her, die Granaten erwischen einen irgendwo, beim Essenholen oder Austreten."

Leo sagte: „Hast du eine Geschichte über den Krieg geschrieben?"

Ingo sagte: „Ich kann den Helden nicht finden, also lasse ich es bleiben."

Leo sagte: „Die meisten Jungen in unserer Klasse sind vom HJ-Dienst einfach weggeblieben. Du sollst dich der Dummheit unterwerfen, dagegen sträubst du dich."

Ingo sagte: „Die rohen Brüder haben es im Krieg ganz gut, sie können raufen und sich austoben und kriegen sogar einen Orden dafür, wenn sie einem anderen Menschen den Schädel durchschießen. Man ist eklig dran, wenn man das bemerkt und nur zusieht. Du merkst zu gründlich, daß sie ihre Gemeinheit für etwas Belohnenswertes halten."

Leo und Ingo hörten die Tauben mit den Flügeln klatschen und aus dem Baum wegfliegen.

Leo sagte: „Es ist auch eklig, daß man nur selten klug ist. Man merkt immerzu, ich bin klug gewesen, und fragt immer wieder, warum bin ich meistens dumm?"

Ingo sagte: „Wenn man auf die guten Gedanken und Gefühle, die man schon gehabt hat, steigen könnte, stände man oben, aber man findet sich fast immer weiter unten."

Leo sah von der Seite Ingos große Nase an. „Was sollten die Menschen tun, damit sie in einem guten Staat miteinander lebten?"

Ingo nickte. „Das ist so einfach zu sagen, daß man es kaum noch aussprechen mag. Die Menschen leben gut miteinander, wenn sie nach Gesetzen leben, die jedem von ihnen das gleiche

Maß an Freiheit zubilligen. Der Kampf beginnt, wenn irgend jemand die Regel verletzt." Er grinste. „Aber das geschieht immerzu. Oder kannst du dir einen Menschen vorstellen, der sich noch nie in seinem Recht verletzt gesehen hat oder noch nie nur seinen Vorteil gesucht hat?"

Leo sagte: „Elende Rasse. Heißt Mensch. Tier auf zwei Beinen und unzähligen Gehirnwindungen. Herz mit unergründlichen Schluchten."

Ingo sagte: „Du ziehst mich ganz schön auf. Ich tratsche dir etwas vor, und du setzt die Summe auf den Doppelstrich."

Leo sagte: „Ich weiß schon jetzt nicht mehr, was ich gesagt habe."

Ingo lachte. „Das ist schon so. Alles, was wir sind, sind wir einen Augenblick lang; im nächsten Moment sind wir es gewesen und können uns nicht einmal mehr daran erinnern. Du, Leo, ich schlafe einen Augenblick."

Leo sagte: „Ich liege einen Augenblick wach."

Er dachte: Über Nelly haben wir nicht gesprochen. Ich habe Ingo nicht gefragt, was er von allem, was er verloren hat, am meisten vermißt. Ich vermisse mein Taschenmesser. Das ist alles.

Ingo hob den Kopf und machte die Augen auf. „Man muß etwas haben, für das man sein Leben einsetzen kann, sonst ist es nichts wert."

Leo sagte: „Ich habe gedacht, du schläfst."

Ingo sagte: „Jetzt schlafe ich."

In der großen Küche hielt die Schwägerin der jungen Bäuerin Bosch die Gans zwischen ihren Knien und streichelte ihr den langen Hals. Dann stach sie ihr mit der Spitze des dünnen Küchenmessers ins Gehirn. „So, sie ist abgegangen." Die Gans wackelte zwischen ihren Waden. „Jetzt sei aber ruhig." Die junge Bäuerin Bosch sagte: „Wollen sehen, daß ich sie gleich rupfe." Sie riß der Gans an Brust und Bauch und warf die Federn in einen Beutel. Sie hängte die nackte Gans an einem Strick vor die Tür der großen Küche.

Klaiber, auf Urlaub, sah den Frauen zu, er sagte: „Man sieht Sie immer beschäftigt. Ohne Sie bliebe die Wirtschaft stehen." Er trug einen grünen Anzug und hatte einen breiten, leeren Rucksack auf dem Rücken. „Sie gestatten doch, daß ich Ihr Besitztum abschreite."

Die junge Bäuerin Bosch sagte: „Zuviel können Sie in Ihrem Beutel nicht wegtragen wollen."

Klaiber stellte einen Fuß vor. „Hohe Frau, ich will nichts als Haus und Hof anstaunen."

Die Schwägerin der jungen Bäuerin Bosch sagte: „Dürfen Sie. Hinterher machst du hier einen Rapport über das, was nicht niet- und nagelfest ist."

Klaiber ging über das knuppige Hofpflaster vom Wohnhaus zum Stall, vom Misthaufen zur Scheune.

In der zweiten Küche lachte Nelly ihn an. „Du hast uns hier gefehlt, David. Ohne deinen Prüferstempel darf hier keine Silbe mehr zum Mund heraus."

Klaiber sagte: „Du erkennst es, Nelly. Ich habe immer gesagt, ein Mädchen wie du gehört in die Welt."

Julia schlug auf die Sofalehne. „So alt du bist, du sprichst doch wie ein junger Galan."

Klaiber sagte: „Alt, wie kommst du darauf? Ich bin jederzeit bereit, dir den Beweis meiner Jugend zu geben."

Rola drehte den Kopf herum. „Zügele ein bißchen deine Worte."

Klaiber faßte auf Rolas Nacken. „Meine Beste, nimm nichts wörtlich. Ein Blick in die Runde macht froh."

Rola sagte: „Nimm die Hand da weg, ich kann nach hinten beißen." Sie zog die grauen Zähne bloß.

Julia lachte. „Wer hat euch beide nur zusammengeknotet?"

Klaiber sagte: „Das wollen wir der höheren Weisheit des Kosmos überlassen." Er rückte seinen Stuhl näher zu Nelly.

Rola sagte: „Er hat mir nachgestellt. So einen kleinen Kerl hätte ich selbst bei Sonnenschein auf offener Straße nicht bemerkt."

Nelly sagte: „Jetzt kriegst du es, David."

Klaiber sagte: „Das prallt alles von meiner harten Brust wie weiches Wasser ab. Ich bin in vergnügter Runde, ich bin frei." Er lief aus dem Haus und stellte sich beim Pferdestall zu Harry und Louis, dem kriegsgefangenen Franzosen. „Saison mauvaise, il y a déjà de la grêle, bientôt de la neige." Er sagte zu Harry: „Heißt: Böse Jahreszeit, sie bringt schon den Hagel, bald den Schnee."

Louis grinste. „Deutsches Papier hält warm." Er öffnete die Jacke. „Eine Weste aus Zeitungen."

Klaiber zog Louis am Ärmel. „Maintenant, comment estimez-vous les perspectives de la guerre?" Er sagte zu Harry: „Heißt: Und wie schätzen Sie die Aussichten des Krieges ein?"

Louis sagte: „Bon. Oui, bon."

Klaiber sagte: „Auguste et Stute ce sont noms stupides extraordinaire pour des chevaux." Er sagte zu Harry: „Heißt: Ausgesucht dumme Namen für Pferde, Stute und August."

Drüben auf der Steinstiege grinste Julia ihn an. „Wie gut, daß die Gefangenen Männer sind, sonst kämst du gar nicht aus dem Stall zurück."

Klaiber sagte: „Auch wenn Mögliches Reales wäre, zögen mich doch Kräfte wie du und Nelly ins Haus zurück."

Nelly sagte: „Oh, bös, wenn er den Mund aufmacht, ahnt man Küsse. David, wie gut, daß du nur auf Besuch hier bist, sonst brauchte man Wachs für die Ohren."

Klaiber legte einen Daumen hinter den Hosenträger. „Ein wahres und höfliches Wort, das einer Frau Komplimente macht, ist das Unschuldigste, was es gibt. Wie das Sprichwort heißt: Für eine schöne Frau tanzt ein lahmes Pferd auf dem Drahtseil. Mich seht ihr immer als einen friedlichen Menschen."

Rola sagte: „Bis er mit der Faust kommt und schlägt, kennen wir ja."

Klaiber sagte: „Ich müßte überlegen. Sicher Jugendsünden, in der fernen Flut der Zeit verschwunden."

Leo drehte den Kopf zum Fenster. Halt deine Schnauze.

Klaiber nickte Julia zu. „Man wird plötzlich mit vergessener

Schuld beladen und guckt verworren vor sich nieder. Ich müßte ein anderer gewesen sein als der, der ich bin."

Rola sagte: „War ja schließlich auch gestern, nicht heute. Aber heute hätte ich dich auch nicht genommen."

Julia sagte: „Sag, Rola, warum nicht?"

Rola sagte: „Anstatt daß er die Dinge tut, sagt er sie nur. Keiner glaubt ihm wirklich."

Klaiber sagte: „Oh!" Er sah zu Nelly und Julia. „Beste, du siehst, du sitzt mit deiner Meinung ganz vereinsamt."

Rola sagte: „Hat mich nie gekümmert." –

Klaiber ging über das knuppige Hofpflaster vom Stall direkt auf den Eingang der großen Küche zu.

Er blieb bei der Schwägerin der jungen Bäuerin Bosch stehen. „Ich sehe Sie, Frau Käte, und staune über Ihr unermüdliches Wirken."

Die Schwägerin der jungen Bäuerin Bosch sagte: „Man hat zu tun, Herr Klaiber."

Klaiber sagte: „Meine Anerkennung muß ich Ihnen aussprechen, sonst gingen diese Tage ohne ein freundliches Lob zu Ende."

Die junge Bäuerin Bosch rief: „Wenn Sie Tauben mögen, kommen Sie herein. Wir haben noch eine, ganz warm."

Klaiber strich sich in der Sitzecke durchs Haar und hob mit einer Hand den Taubenbraten. „Auf das Wohl der beiden Damen." Er kaute das Fleisch.

Die Schwägerin der jungen Bäuerin Bosch sagte: „Das ist nur ein Happen."

Klaiber sagte: „Aber, Frau Käte, das ist ein besonderer Genuß. Wird er von schöner Hand gereicht, wird er noch größer."

Die Schwägerin der jungen Bäuerin Bosch sagte: „Sie sind mir der Richtige. Schnüren hier am Hasenbau wie der Fuchs, aber sagen, Sie kämen herein, weil wir so schöne Gesichter haben."

Klaiber sagte: „So ist es, das eine wie das andere, zwei Blonde und im zarten Schmelz, man muß bei der Wahrheit bleiben. Die Augen der Frauen leuchten, und das Brätlein schmeckt."

Die junge Bäuerin Bosch schlug ihrer Schwägerin auf den Schenkel. „O nein!"

Klaiber sagte: „Aber so ist es. Zwei schönen Frauen erliegt der stärkste Mann. L'amour, l'amour, c'est la vie. Die Liebe, das ist das Leben."

Die junge Bäuerin Bosch sagte: „Wenn Sie zur Ernte hiergewesen wären, hätten Sie zeigen können, was in Ihnen steckt. An die Rüben gehen wir erst nächste Woche."

Klaiber sagte: „Besitz und soviel Stattlichkeit wie bei Ihnen beiden sind selten gepaart. Aber mitunter will die Natur alle Dinge auf einmal, die Jugend und den Reichtum und die Schönheit." Er zog ein Taschentuch und wischte sich die Fingerspitzen ab.

Julia steckte den Kopf um den Türpfosten. „Ach, so geborgen sitzt du, David?"

Klaiber rief: „Ja, komm nur herein. Ich ging auch nur vorbei. Wir würfeln gerade, wer von beiden die Schönste ist."

Die Schwägerin der jungen Bäuerin Bosch rief: „Julia, auf den Mund gefallen ist dein Schwager nicht."

Klaiber sagte: „Man stottert verlegen, alles, was man auf dem Herzen hat, darf man nicht sagen."

Die junge Bäuerin Bosch sagte: „Er sagt genug."

Die Schwägerin rief Julia zu: „Er hat die ganze Zeit geredet. Aber die Taubenknochen sind sauber geworden."

Klaiber sagte: „Meine Natur. Fleißige Zähne, fleißige Zunge."

Julia sagte: „Komm zum Abendbrot."

Klaiber sagte: „Sie sehen, nun wirft man wieder ein Garn nach mir."

Georg Renner trippelte in seinem blauen Anzug zwischen den Kindern über das Hofpflaster auf die Schafe zu und versuchte, ein Schaf umzuwerfen.

Die Schwägerin der jungen Bäuerin Bosch sagte zu Leo: „Dein Großvater will wohl die Kinder verführen. Der ist noch lustiger als dein Vater."

Leo sagte: „Etwas vernünftiger ist er."

Die Schwägerin der jungen Bäuerin Bosch sagte: „Ihr bringt uns Leute her, die hier ihre zweite Jugend verleben."

Leo sagte: „Sagen Sie es ihm selbst, hören kann er noch."

„He", die Schwägerin der jungen Bäuerin Bosch winkte Georg Renner. „Kinderbetten haben wir reichlich, aber Milchflasche gibt's nicht mehr."

Georg Renner sagte: „Wenn ich auf dem Daumen lutsche, bin ich zufrieden. War es eine gute Apfelernte, Goldparmänen, Reineclauden, Freiherr von Berlepsch?"

„Guck an", sagte die Schwägerin, „er hat in seinem Leben schon einen Apfel gegessen."

Georg Renner sagte: „Fing alles mit dem Apfelessen an, seitdem sind wir aus dem Paradies."

Die junge Bäuerin Bosch sagte: „Fängt schon wieder einer von den Damen und Herren an."

Georg Renner ging mit Leo hinter dem Wäldchen und zwischen den abgeernteten Rübenfeldern spazieren. Amerikanische Flugblätter klebten am Boden.

„So?" Georg Renner nahm die Brille wieder ab. „Alle fünf Minuten stellt der Yankee jetzt ein Flugzeug her? Der Braune sieht und hört doch nichts."

Leo sagte: „Wunderte es dich, wenn die Amerikaner plötzlich hinter uns spazierengingen?"

Georg Renner sagte: „Mich wundert nicht mehr viel. Da die Menschen noch nicht alle Dummheiten gemacht haben, bleiben noch ein paar zu tun nach." Er legte den Kopf zurück und flüsterte: „Bleib stehen." Er stemmte die Hand gegen einen Baumstamm und suchte nach dem Specht, der im Wäldchen trommelte. „Da. Er rackert sich für sein Leben ab, essen, wohnen, Kinder füttern."

Leo sagte: „Fast ein Mensch."

Georg Renner sagte: „Wird alles nach einem Modell gefertigt. Du mußt den Willen haben zu leben, dann hast du die Kraft zu arbeiten."

Leo sagte: „Was brauchst du noch?"

Georg Renner sagte: „Die Lust zu arbeiten. Ohne Arbeit kein Leben, aber ohne Lust kein Gesang." Er summte. „Man merkt, daß man früher manches besser wußte, aber erst wenn man alt ist, weiß man es wirklich besser."

Leo sagte: „Was?"

Georg Renner sagte: „Nichts Besonderes. Ich stehe hier neben dir, meine Knie summen, oben trommelt ein Vogel, und das ist das Leben."

Leo sagte: „Was soll ich denken?"

Georg Renner sagte: „Nichts. Oder alles, was du magst. Ich weiß, daß die Dinge wirklich geschehen und auch ich selbst welche tue, aber ich sehe ihnen mehr zu. Die Hände werden klein und die Augen groß. Mir sagen die Dinge mit der Zeit nur noch das, was ich schon weiß. Der Trommler da oben sagt: Wer nicht arbeitet, lebt nicht. Zum Leben gehört, daß man sein Brot verdient."

Vor dem Wohnhaus des Bauern Bosch stieg er zwei Stufen der Steinstiege hinauf und klopfte ans Küchenfenster. „Kommt einmal heraus."

Nelly und Julia guckten aus dem Türrahmen. „Was ist bloß los?"

Georg Renner streckte den Arm aus. „Guckt nach drüben." Der rote Sonnenball sank hinter das Stalldach. „So haut sie ab."

Nelly und Rola schrubbten Zuckerrüben in der Zinkwanne, Julia und Leo zerschnitten sie auf großen Schneidebrettern.

„Der große Topf ist voll."

Rola sagte: „Wie lange wollt ihr bloß noch kochen?"

Julia lachte. „Mein Kind, einer muß immer rühren. Wir sind froh, daß uns keine Kinder stören können. Lege dich auch ins Bett, wenn du müde bist. Im letzten Jahr haben wir bis morgens um vier Sirup gekocht."

Rola verschränkte die Arme und schlug die Beine übereinander. „Wer sagt denn, daß ich müde bin. Ich rühre natürlich mit."

Georg Renner sagte: „Hier in der Sofaecke sitze ich wie in der Loge, ich vergnüge mich an eurem Spektakel."

Nelly sagte: „Opa, du solltest dich wirklich besser schlafen legen."

Georg Renner sagte: „Ich bin so munter, als sollte Caruso singen."

Die weißen Rübenschnitzel glänzten und sanken allmählich unter den Rand des Waschtopfes. Leo sagte: „Ich stelle mich auf den Stuhl und rühre."

Im Herd fauchten die Flammen. Leo und Julia zogen den vollen Waschtopf beiseite und legten einen Herdring mehr auf.

Leo rührte. „Noch rührt es sich leicht."

Rola schob die Nase vor. „Ich sehe euren Sirup anbrennen."

Julia stieg auf den Stuhl und rührte mit dem breiten Wäscheknüppel. „Der Saft wird dunkel. Guck du einmal, Nelly." Sie hielt Nelly einen Eßlöffel voll gelben Saft hin.

Julia wischte sich das Gesicht. „Ich müßte jetzt Kaffee haben."

Georg Renner sagte: „Ich bin ohne Kaffee wach."

Leo sagte: „Wenn du mir zuhörst, erzähle ich dir was."

Georg Renner sagte: „Ist gut."

Leo sagte: „Du sagst, wenn es stimmt. Du sagst, wenn es nicht stimmt."

Georg Renner sagte: „Ist recht."

Leo sagte: „Der Großvater auf dem Drahtseil.

Er sagte, besucht mich. Zu Besuch kam einmal sein Enkel, sonst keiner. Er trug eine verblichene blaue Mütze. Nach ein paar hundert Metern blieb er in der Straße stehen und faßte an sein Herz. Wenn nachts Bomben fielen, blieb er im Bett liegen und zog nur ein Makkohemd über sein Nachthemd. Die Luft war grün, still, voller Schreie. Stimmt es?"

Georg Renner sagte: „Es stimmt."

„Die Häusertrümmer, zwischen denen er wohnte, dampften und holten Luft, sie wurden größer und kleiner. Die Häuserwände standen als Gefängnisgitter mit leeren Fenstern und Türen. Er saß beim Krämer Lau im schuppengroßen Laden. Laus rübengroßer Kopf und Hals gingen ohne Übergang in den Rumpf über. Leos Großvater sah zu, wenn Lau weinte. Die

Tränen rollten als Käfer von den Augen zum Kittelkragen hinunter."

Georg Renner lachte: „Das ist Lau."

„Graupen in Zeitungspapier und eine Handvoll Pflaumen kriegte Leos Großvater mit."

Georg Renner sagte: „Das hast du gut behalten."

Leo sagte: „Das nächste erfinde ich. Mit der Zeit fertigte er ein Grabkreuz für seine Frau an. Er las gern Sätze, die offene Augen noch einmal öffneten. 'Wer nicht bellt, ist kein Hund.' 'Im Spiegel begegnet man nur Affen.'"

Georg Renner sagte: „'Ein Dummkopf lernt weder vor- noch nachher.' Auch einer."

„Hier liegt sie, Oma', sagte er zu Leo. Er hielt eine kleine Schaufel in der Hand, in der Erde steckte das Holzkreuz. Er zeigte Leo das Massengrab, in dem einige Zehntausend lagen."

Julia sagte: „War er wirklich mit dir an Omas Grab?"

Georg Renner schüttelte den Kopf. „Natürlich."

„Auf den Pfaden zwischen den Häuserruinen, die von den Straßen nachgeblieben waren, ging er morgens zu einem Fischgeschäft, und in der Dämmerung ging er mit Fischen nach Hause, er kannte den Mann, der hinter dem Verkaufstisch stand, seit vierzig Jahren. Er ruhte sich dreißig Kilometer von der Stadt im Gras neben dem Straßengraben aus und tauschte danach ein elektrisches Bügeleisen gegen zwei Pfund Speck ein."

Rola sagte: „Ich habe manchmal an dich gedacht, als ich nach der letzten Geburt allein in der Mansarde lag. Was macht er wohl?"

Julia sagte: „Vater, Leo erzählst du alles, wir hören nichts davon."

Georg Renner sagte: „Hört ihm doch zu."

Leo erzählte: „Er wartete auf Post von zwei Söhnen. Seine Schwiegertochter schrieb nicht."

Georg Renner sagte: „Ist ja auch kein Grund. Alles geht ruhig seinen Gang."

Leo erzählte: „Wenn die Gaswerke Gas ausgaben, sagte er:

Ich muß jetzt kochen. Er setzte sich zwischen Herd und Küchentisch und sah in den Lichtschacht vor dem Küchenfenster. Armlang war hoch oben am Dach der Sonnenstrahl. Er stellte sich in eine kleine Zinkwanne und wusch sich von den Zehen an aufwärts."

„Es stimmt", sagte Georg Renner.

„Was im Rundfunk gesagt wurde, begrübelte er. Klar, auch Lügen enthalten Wahrheit. Wenn über Tag Sirenen die Flugzeuge anzeigten, blieb er am Fenster sitzen und hielt den Mund wie ein Karpfenmaul."

„So. Aber es stimmt."

Rola sagte: „Nein, ich steige jetzt hoch und rühre, nicht du, Nelly, mit der Ladung im Bauch."

Der dicke Sirup im Topf fauchte, Spritzer sprangen über den Rand. Nelly öffnete die Herdtür und schob mit dem Schürhaken ein Brikett bis in die Mitte der Herdringe.

Leo erzählte: „Die beiden Schnäpse, die ihm auf Bezugsschein zustanden, vergab er in einer Kneipe. Mitunter knackte sein Herz. Er dachte, ist wahrhaftig eine Maus, die im Schwarzen beißt.

Er besuchte seine Schwiegertochter, die auf dem Lande lebte. Milch trank er eine viertel Tasse. Mitunter wunderte er sich, daß er nicht nach rechts oder links vom Drahtseil stürzte. Er durfte pro Tag einen Liter Flüssigkeit zu sich nehmen. Als sie nachts Rübensirup kochten, blieb er auch wach."

Georg Renner sagte: „Mit den Kindern, die drei Worte sprechen konnten, lief er vor den Gänsen weg, so muß es weitergehen."

Nelly sagte: „Drahtseil, das ist tiefsinnig."

Julia sagte: „Vater, warum ziehst du ein Hemd übers Nachthemd?"

Georg Renner sagte: „Ein bißchen straßenmäßig möchte ich gekleidet sein."

Rola sagte: „Hast du Onkel Gregor einmal getroffen?"

Georg Renner sagte: „In der Gegend steht nichts mehr. Tante Käte hätte sich längst gemeldet."

Julia leuchtete mit einer Kerze über dem Siruptopf. „Er wird wie letztes Jahr, ganz höllenbrauner Saft. Ich möchte nur wissen, wie es in der Stadt weitergeht."

Georg Renner sagte: „Es gibt zwei Möglichkeiten. Beide Söhne kommen aus dem Krieg zurück und paffen weiter. Oder kein Hahn kräht bald mehr nach uns."

Leo grinste Georg Renner an. „Die Sache geht gut aus. Eine Theaterkasse bleibt immer stehen, und davor stehst du um Karten an."

Julia faßte Rola auf den Arm. „Paßt dir das, daß er nur Leo etwas erzählt?"

Rola sagte: „Du mußt nicht glauben, daß Leo weiß, was wirklich passiert. Er sagt, was ihm einfällt. Das ist meistens so. Ein Wort hakt das andere ein, und schon gehen zwei weiter."

Julia sagte: „Du machst alles gemütlich."

Rola sagte: „Es ist alles ungemütlich. Was du dir nicht gemütlich machst, ist sowieso Abgrund."

Vier Schritte vom Eingang der großen Küche hielt die Schwägerin der jungen Bäuerin Bosch das Kaninchen über Kopf und schlug mit dem Bleiknüppel zu. Bumm. Der Knecht ist tot. Sie schlug noch zweimal zu.

Sie grinste Leo an. „Mach, daß du Hunger kriegst, du sollst den Hasen mit uns essen." Sie riß das Fell vom Kaninchen. Leo sagte: „Macht Musik. Man denkt, Sie reißen Geigensaiten durch."

Die Schwägerin der jungen Bäuerin Bosch sagte: „Wollen mal sehen, daß wir ihn noch ein bißchen musikalischer kriegen und er in der Pfanne pfeift."

Unter der hellen Küchenlampe warf die junge Bäuerin Bosch ihr leeres Gläschen hoch und fing es wieder auf. „Leo, trink auch einen Blauen, du bist zu jung zur Enthaltsamkeit."

Nelly hakte Leo ein und schlug auf die Tischplatte. „Ran, Leo, kippe ihn."

Leo goß den Branntwein über die Zunge in den Rachen.

Die junge Bäuerin Bosch sagte: „Endlich erleben wir dich bei einer männlichen Tat, Leo."

Julia sagte: „Bravo, er säuft wie ein Alter."

Nelly sagte: „Gebt ihm keinen mehr." Sie rüttelte Leos Knie. „Ach was, gebt ihm noch einen."

Leo setzte das Glas an den Mund und trank den Branntwein aus. „Ich küsse jede Frau."

Die Schwägerin der jungen Bäuerin Bosch stieß die Pantoffeln auf den Fußboden. „Iß, Leo. Erst mußt du dich stärken." Sie schob mit der Gabel Speckstreifen auf Leos Teller.

Die junge Bäuerin Bosch rief: „Von einem Mann wird viel erwartet."

Die Schwägerin der jungen Bäuerin Bosch schob den Mund bis vor Leos Lippen. „Spendiere uns am Abend, was uns zur Nacht fehlt." Sie drückte ihren feuchten Mund auf Leos Lippen.

Leo sagte: „Ich küsse alle."

Nelly sagte: „Nach Alter oder nach Schönheit?"

„Dich zuerst, Nelly." Leo tastete nach Nellys Mund. „Süße Nelly."

Julia rief: „Und ich?"

Die junge Bäuerin Bosch zog Leo an sich und biß ihm ins Ohr.

Leo sagte: „Gleich, gleich, Julia." Er wackelte um den Tisch auf Julia zu. „Ich muß Julia küssen." Er beugte sich zu ihrem Kinn.

Die junge Bäuerin Bosch rief: „Was macht er für einen spitzen Mund."

Julia sagte: „Er weiß, ich bin Blütenstaub, mich muß er vorsichtig küssen." Sie hielt Leos Kopf fest und stieß die Lippen von unten gegen seinen Mund.

Leo rief: „Ich habe noch Hunger! Ich will noch viel mehr Hasen essen. Ich habe noch Durst."

Die junge Bäuerin Bosch sagte: „Der Kerl kriegt noch einen Blauen! Nachher machen wir ihm einen Eisbeutel."

Die Schwägerin der jungen Bäuerin Bosch sagte: „Trink, Leo. Leo, leg dich auf die Küchenbank."

Leo sagte: „Ich will sitzen. Ich will stehen."

Die junge Bäuerin Bosch stellte zwei Schnäpse vor sich hin und goß sie hinunter. „Leo, leg mich einmal, hii!"

Leo sang: „Ich küsse sie die ganze Nacht –"

Julia rief: „Komm zu mir. Nicht immer zu fremden Frauen."

Die Schwägerin der jungen Bäuerin Bosch sagte: „Er weiß, was gut schmeckt."

Leo sang: „– von zwölf bis morgen früh."

Julia sagte: „Jetzt sagt er gar nichts mehr."

Leo legte die Arme auf die Tischplatte und starrte aus Fischaugen.

Die junge Bäuerin Bosch sagte: „Leo, sing weiter."

Die Schwägerin der jungen Bäuerin Bosch sang: „Und wenn dabei die Bettstatt kracht. Ich liebe sie! Ich liebe sie!"

Leo ging auf den Hof zur Pumpe und warf Wasser in sein Gesicht. –

Am Vormittag lachte der Schlachter in der großen Küche. Die junge Bäuerin Bosch sagte: „Na, gut. Ich auch einen." Sie tranken jeder zwei Blaue.

Die junge Bäuerin Bosch sagte: „Dann wollen wir." Sie ging voran auf den Hof.

Louis, der Franzose, hielt das Schwein am Strick. Die Schwägerin der jungen Bäuerin Bosch sagte: „Laß nicht los."

Das Schwein sah zum Schlachter aufwärts, als er die Patrone ansetzte. Das Schwein schüttelte sich und sackte auf das knuppige Hofpflaster.

Der Schlachter sagte: „So, das haben wir." Er stieß das lange Messer in den Hals der Sau.

Die Schwägerin der jungen Bäuerin Bosch rührte mit einem dicken Holzlöffel das Blut im Eimer.

„Geh du einen Schritt beiseite mit dem Eimer."

Die junge Bäuerin Bosch sagte: „Immer rühren, ist gut."

Louis goß kochendes Wasser über das Schwein, er und der Schlachter schabten die Borsten von der Schwarte.

Der Schlachter sagte: „Kiek" und warf Scheide, Zitzen und die herausgeschnittenen Augen auf das Hofpflaster.

Julia stand neben Leo und stieß ihn an. „Schweineaugen, schändliche Stücke."

Leo zog die Schultern hoch, der Schlachter riß die Schalen von den Schweinepfoten. Die Eingeweide rollten aus dem offenen Bauch heraus.

Julia sagte: „Ziemlich viel."

Die junge Bäuerin Bosch sagte: „Nein, Julia. Wollen wir alles essen."

Schneeplättchen fielen auf den Hof und blieben auf den Blutflecken und dem Steinpflaster liegen.

„Hau ruck." Auf einem Balkengerüst stemmten der Schlachter, Leo, Louis und die Schwägerin der jungen Bäuerin Bosch das Schwein an der Hauswand hoch.

„Soll es ein paar Stunden die Erde begucken, bis es kühl ist."

Birga, Helga, Hannelore, Karin, Anita, Detlef, Jörn, die Kinder, wagten sich näher. Sie schoben die Augen nahe ans Fleisch und tickten den leeren Hals des hängenden Schweins an.

Julia rief: „Geht da weg!"

Die junge Bäuerin Bosch sagte zum Schlachter: „Darauf können wir uns einen gönnen." Sie standen in der Küche vor den Gläschen.

Der Schlachter sagte: „Der ist ausgezeichnet, vor- wie nachher."

Die junge Bäuerin Bosch sagte: „Der nächste ist noch ausgezeichneter. Drehe das Lenkrad nicht nach links, wenn du rechts fahren willst. – Noch einen."

Rola, Nelly, Julia rückten mit quergebundenen Handtüchern vorm Bauch in der großen Küche an.

Leo schnitt am Tisch beim Fenster Fleisch für die Blutwurst. Julia fütterte den Fleischwolf mit roten und weißen Streifen.

Die Schwägerin der jungen Bäuerin Bosch sagte: „Schneid klein, alles Fleisch."

Die junge Bäuerin Bosch sagte: „Fühlt sich putzig an, als ob er noch nicht so weit wäre."

Rola kreischte: „Ha!"

Nelly sagte: „Ganz schöne Puhlerei."

Julia sagte: „Ein gewesenes Schwein, Leo, magst du daran denken?"

Die Schwägerin sagte: „Wir Schweine sind noch da. Ein Kind kommt von der Schule nach Hause und guckt auf der Landstraße zwei Hunden zu. Es fragt: Mama, warum pumpt der eine Hund den anderen immer von hinten auf?"

Nelly summte:

„Herrlich, herrlich wird es einmal sein,
wenn wir ziehn von Sünden frei und rein."

Die Zeiger der Hängeuhr in der Küche zeigten gegen elf.

„Grütze essen." Die junge Bäuerin Bosch schlug mit dem Holzlöffel auf den Tisch.

Die Frauen spülten mit einem kleinen Blauen nach.

Die Schwägerin der jungen Bäuerin Bosch nahm Leos Glas weg und trank es aus. „Nein, Leo kriegt nur einen aus dem Fingerhut!"